"十四五"时期国家重点出版物出版专项规划项目
千米级斜拉桥现代化运营养护技术丛书
苏通长江公路大桥运营养护技术丛书

千米级斜拉桥拉索减振控制技术

孙利民　陈　林　◎ 编著

人民交通出版社
北京

内 容 提 要

本书较全面介绍了斜拉索的振动、减振控制常用方法以及最新的多模态减振技术与工程实践，主要内容包括：斜拉索振动的基本分析模型和振动类型，斜拉索减振控制的气动措施，增加阻尼器和辅助索措施及减振优化设计理论，斜拉索阻尼器性能检测、减振效果测试和长期监测，苏通长江公路大桥斜拉索减振系统的初始设计、升级更换以及高阶涡振处置和减振装置日常维养等。

本书可供桥梁工程领域的建管养工程师、技术研发人员以及相关专业的高等院校师生参考。

图书在版编目(CIP)数据

千米级斜拉桥拉索减振控制技术 / 孙利民，陈林编著. — 北京：人民交通出版社股份有限公司，2024.9.
ISBN 978-7-114-19671-3

Ⅰ.U448.27

中国国家版本馆 CIP 数据核字第 2024NU2980 号

Qianmiji Xielaqiao Lasuo Jianzhen Kongzhi Jishu

书　　名：	千米级斜拉桥拉索减振控制技术
著 作 者：	孙利民　陈　林
责任编辑：	姚　旭　钟　伟
责任校对：	龙　雪
责任印制：	张　凯
出版发行：	人民交通出版社
地　　址：	(100011)北京市朝阳区安定门外外馆斜街 3 号
网　　址：	http://www.ccpcl.com.cn
销售电话：	(010)85285857
总 经 销：	人民交通出版社发行部
经　　销：	各地新华书店
印　　刷：	北京市密东印刷有限公司
开　　本：	787×1092　1/16
印　　张：	18.75
字　　数：	374 千
版　　次：	2024 年 9 月　第 1 版
印　　次：	2024 年 9 月　第 1 次印刷
书　　号：	ISBN 978-7-114-19671-3
定　　价：	98.00 元

(有印刷、装订质量问题的图书，由本社负责调换)

编 委 会

总 策 划	陈金东　陈志敏
策　 划	陈仲扬　吴赞平　吉　林　茅　荃　朱志伟　郭红蕊
主任委员	陈金东
常务副主任委员	陈仲扬
副主任委员	吴赞平　吉　林　孙利民　吉伯海　茅　荃　朱志伟 姚　蓓　王敬民　丁坤荣　王颖健　阚有俊　郭东浩 姚　波
委　 员	徐海虹　朱　伟　沈建良　欧庆保　鲁家斌　王　健 刘　勇　傅中秋　陈　林　何　超　许映梅
编审组	陈政清　袁　洪　华旭刚　汪正兴　段元锋　周海俊 赵　林　梁　栋　陈文礼　邹易清
本册主编	孙利民　陈　林
本册副主编	沈建良　许映梅
本册编委	刘　勇　狄方殿　左永辉　严　兵　李　奔　商洲彬 刘展行　夏　浩　陶一海　徐　锐　戴　蔚　覃　磊 李之隆　吴　昊

总　　序

　　习近平总书记明确提出"江苏要在科技创新上率先取得新突破,打造全国重要的产业科技创新高地,使高质量发展更多依靠创新驱动的内涵型增长"[1]。桥梁建设助力释放经济发展潜能,产生更大的社会发展效益。回首半个多世纪,400多千米长江江苏段上架起一道道现代化桥梁。截至2023年11月,江苏已建成18座过江通道,到2035年将建成44座。每一座穿江巨龙,都推动着中国桥梁建设技术快步前行,加速长江经济带一体化和扬子江城市群融合发展的进程。在"交通强国""桥梁强国"的历史重任下,江苏交通控股有限公司始终以"苏式养护"品牌建设为重要抓手,初步形成了一整套长大桥梁精细化养护技术体系,有效推动长大桥建管养高品质、可持续发展。

　　斜拉桥最大跨径不能超过900m,曾是国际桥梁学界的共识。2008年6月30日,拥有当时世界第一跨径(1088m)的苏通长江公路大桥正式通车,一段历史就此诞生,一块长三角一体化战略板块的重要拼图就此夯实。苏通长江公路大桥是当时我国桥梁史上工程规模最大、综合建设条件最复杂的特大型桥梁工程,建设期间攻克了10项世界级关键技术难题,其斜拉桥主跨跨径、主塔高度、斜拉索长度、群桩基础规模均列世界第一。苏通长江公路大桥运营养护团队在江苏交通控股有限公司领导下,传承苏通长江公路大桥建设期创新文化,不忘使命,立足"跨江大桥养护品质平安百年",始终坚持"科学养护、管养并举"的现代化养护管理方针,面对千米级斜

---

[1] 出自《人民日报》2023年07月08日01版。

拉桥超长斜拉索振动、钢箱梁疲劳开裂、钢桥面铺装病害等世界性技术难题,开展了长期的探索实践和科研攻坚,形成多项成套技术和养护工程解决方案。

当前,桥梁科技创新发展已由"建设为主"向"建管养运"全面协调发展转变。苏通长江公路大桥运营养护团队把准发展方向,依托苏通长江公路大桥通车15周年和世界同类型桥梁的运营管理经验,联合多家单位组织编写了"千米级斜拉桥现代化运营养护技术丛书"。该丛书共分3册,系统总结了千米级斜拉桥在超长斜拉索减振控制、钢箱梁疲劳裂纹处治、钢桥面铺装等方面取得的创新性成果、实践经验和教训,加强"苏式养护"技术积累和品牌基础建设,有效推动桥梁管养研发方向系统化、桥梁管养技术成果转化明确化。苏通长江公路大桥运营养护团队再次以"领跑者"的身份,向中国乃至世界展示千米级斜拉桥管养成就,值得同行们在运营养护工作中借鉴。

"桥何名欤?曰奋斗。"面临未来跨江大桥管养的技术挑战和管理难度,江苏交通控股有限公司将更好地肩负起"交通强省、富民强企"的时代使命,持续夯实"苏式养护"技术积累与品质基础,聚力实现拳头科技产品自主可控、创新平台量质齐升,在品质管养、智慧桥梁、低碳施工等关键领域,取得一批原创性、引领性、标志性的重大创新成果,全面实现长大桥精准养护、精细养护、科学养护,真正把科技创新这个关键变量转化为引领交通行业高质量发展的最大增量。

江苏交通控股有限公司
党委书记、董事长
2023年11月

序　一

　　苏通长江公路大桥首次实现了斜拉桥的千米跨越,是世界建桥史上的里程碑工程。大桥通车15年来,面对超大交通流、高比例重载车辆、大幅度温变带来的钢桥面铺装加速劣化、钢箱梁疲劳开裂和恶劣风环境下斜拉索复杂振动等难题,苏通长江公路大桥运营养护团队通过精心组织、深入研究、验证实践、不断改进,解决了一系列千米级斜拉桥养护技术难题,形成了"科学养护、管养并举"这一极具代表性与先进性的现代化养护管理经验。

　　"千米级斜拉桥现代化运营养护技术丛书"共分3册,系统总结了千米级斜拉桥在超长斜拉索减振控制、钢箱梁疲劳裂纹处治、钢桥面铺装等方面取得的创新性成果和实践经验,在多个方面均达到国际领先水平,部分填补了国内外空白,具有重要的参考价值。该丛书也是一套引领桥梁养护科技创新发展的高水平技术著作,对于推动形成千米级斜拉桥科学管养核心技术体系、促使我国乃至世界特大型桥梁工程现代化管养水平的大幅提升,具有重要借鉴意义和推广价值。希望本书的出版能为从事桥梁设计、科研、施工、养护管理等工作的人员提供有益参考,助力我国桥梁技术不断取得新的进步。

中国工程院院士
全国工程勘察设计大师
2023年11月

序 二

　　过去三十多年,我国开展了一场全球最大规模的桥梁建设,使中国桥梁技术实现了跨越式发展,中国桥梁已成为闪亮的中国名片。目前,中国已经成为一个桥梁建设大国,并正在稳步向桥梁强国迈进。随着特大型桥梁数量的不断增加,我国桥梁科技创新发展正由过去的"建设为主"逐渐向"建养并重"转变。在这一战略导向下,桥梁运营管理体系构建及工程养护技术的重要性日益凸显。

　　2008年6月30日,苏通长江公路大桥建成通车。苏通长江公路大桥是世界上首座实现"千米跨越"的钢箱梁斜拉桥,代表了当时世界桥梁建设的最高水平。通车15年来,大桥面临国内罕见的超大流量重载交通、大温域变化、超强台风频繁等恶劣条件的考验,其钢箱梁疲劳开裂、斜拉索振动、铺装劣化等问题日益凸显。大桥养护运营团队深知养好"百年大桥"之不易,以"大桥百年运营"为己任,以"功成不必在我"的胸怀,组织精锐科研力量共同开展关键技术科技攻关,逐步实现了从局部养护向全面养护、从粗放型养护向精细化养护、从被动养护向预防养护、从常规养护向科学养护、从零散型养护向数字化养护的转变,形成了一批自主可控、可复制、可推广的创新成果。

　　在苏通长江公路大桥通车15周年之际,大桥运营养护团队编撰了"千米级斜拉桥现代化运营养护技术丛书"。该丛书全面回顾了大桥15年来在斜拉索减振控制、钢箱梁疲劳开裂、钢桥面铺装等方面的养护历程,系统总结了千米级斜拉桥运营养护的先进理念、成功经验和科技创新成果。本丛书是一套引领桥梁养护科技创新发展的高水平技术丛书,对于推动形成千米级斜拉桥科学管养核心技术体系、促使我国乃至世界特大型桥梁工程现代化管养水平的大幅提升,具有重要借鉴意义和推广价值。

继往开来,百年大桥的养护面临着更大的挑战和困难。希望苏通长江公路大桥养护团队在已经取得的显著成绩和成效的基础上,坚持"不忘初心,艰苦奋斗",持续攻坚克难,并着力桥梁养护技术与装备的数字化和智能化,引领千米级斜拉桥的养护技术发展,支撑加快建设交通强国。

中国工程院院士
工程力学专家　陈政清

2023 年 11 月

前　言

本书配套动画

　　斜拉桥是大跨径桥梁的主要桥型之一，其结构为缆索承重体系，通过拉索将主梁自重和交通荷载传递至桥塔和基础，实现长距离跨越。进入21世纪，随着材料科学和设计施工技术的进步，追随悬索桥体系，斜拉桥跨径突破千米，并不断向更大跨径发展。斜拉桥钢制斜拉索质量轻、弯曲刚度柔、阻尼低，容易在风、雨等外部作用及交通荷载引起的主梁振动影响下发生多模态、复杂机理的横向振动，带来结构使用性、耐久性甚至安全性问题，因此倍受关注。大跨桥梁结构振动控制是桥梁工程最具挑战性的技术领域之一，其中斜拉索的振动控制技术是典型代表问题，也是斜拉桥跨径进一步增大需要突破的瓶颈。

　　自20世纪80年代末，我国开始大跨径桥梁的自主设计建造。2008年，我国建成了世界首座千米级斜拉桥——苏通长江公路大桥（主跨1088m）。目前，世界上已建成的千米级斜拉桥还有3座，即香港昂船洲大桥（主跨1008m，2009年）、俄罗斯岛大桥（主跨1104m，2012年）及沪苏通长江公铁大桥（主跨1096m，2020年），国内在建的有3座，即常泰长江大桥（主跨1208m）、三塔两主跨的马鞍山长江公铁大桥（主跨1120m×2）以及观音寺长江大桥（主跨1160m）。斜拉索的振动有多种，其中在风和雨共同作用下发生的风雨激振最为激烈，这一现象于1984年在日本名港西大桥（主跨402m）上被日本工程师观测到，之后在许多斜拉桥上被普遍发现。目前，通常针对跨径400m以上斜拉桥，均在设计阶段即要考虑拉索减振措施。关于斜拉索振动的研究，早期主要关注发振机理及气动抑振措施设计，伴随现代结构振动控制理念的提出，斜拉索振动控制理论和方法以及其在工程中的应用得到快速发展。随着斜拉桥跨径的增大，斜拉索长度不断增大，拉索的振动呈现出如高阶涡振等更加复杂多样的振动模式和发振机理，传统减振控制技术已经不能满足工程需求，同时新型减振控制装置的出现也带来了斜拉索减振技术的变革。

作为世界首座千米级跨径斜拉桥，苏通长江公路大桥的最长斜拉索长达到577m，远超过了当时世界已建成的跨径第一斜拉桥日本多多罗大桥最长索462m的长度。苏通长江公路大桥设计初期，在参考法国诺曼底大桥和日本多多罗大桥两座800m级斜拉桥拉索减振技术的基础上，开展了全面系统的气动、阻尼器及辅助索等减振措施的科研和方案设计工作，综合考虑减振需求和桥梁景观等因素，最终采用了气动措施和拉索阻尼器的联合减振方案，并做了辅助索减振措施预案。在苏通长江公路大桥建成后10多年的运营期间，通过对拉索减振体系的长期监测、日常检测和专项检测，积累了丰富的数据和经验，并发现了超长斜拉索高阶涡激振动的新问题。2019年，利用大桥运营10年后的维养契机，结合原有斜拉索阻尼器体系的升级，增设了针对高阶涡振的控制装置。

本书总结了二十年来作者以苏通长江公路大桥等大跨径斜拉桥为背景开展的拉索减振控制科研及工程实践成果，力求系统地介绍斜拉索的振动问题、常用的减振措施、减振系统设计理论、相关技术及其最新发展趋势，并且通过苏通长江公路大桥初始设计阶段的斜拉索减振设计和减振系统的更换升级工程案例，全面展示斜拉索减振设计流程、减振装置的选型测试、减振效果检验，以及千米级斜拉桥超长拉索减振出现的新挑战和解决方案。本书可供从事斜拉桥设计养护的工程技术人员、从事斜拉索减振研究的科研人员及研究生参考。因兼顾不同读者群的关注点，书的内容层次跨度较大，读者可根据自身情况通读或部分选读。第1章为绪论，简要介绍了斜拉桥结构和斜拉索技术的发展历史，引出斜拉索振动问题以及减振技术概要，同时概述了现有千米级斜拉桥拉索减振方案和设计要点，帮助读者对该领域的技术发展现状有一个基本了解。第2章为斜拉索振动，简要介绍了拉索动力学模型、风致振动的研究方法以及常见拉索振动的机理，同时介绍了对拉索复杂振动机理研究的最新进展，可供从事科研工作特别是应用基础研究的技术人员和研究生参考。第3~5章分别介绍斜拉索减振控制的气动措施、阻尼器和辅助索减振体系，是斜拉索减振控制技术的重要内容，这三章可供从事斜拉索减振设计和装置研发的技术人员重点参考。第6章围绕最常用斜拉索减振措施——拉索阻尼器进一步展开，介绍减振阻尼器性能检测、斜拉索减振效果测试以及拉索振动长期监测方法等,可供从事减振阻尼器产品研发、性能检测的技术人员参考。第 7 章详细介绍苏通长江公路大桥斜拉索减振系统初始设计、阻尼器升级更换、涡振处置措施、升级后的减振系统及维护要点等,可供从事桥梁运维管养的技术人员重点参考。第 8 章对本书的内容进行总结并展望了超长斜拉索减振技术的未来发展方向。为方便读者阅读,本书附录列出了书中出现的专业术语、符号、斜拉索-阻尼器系统动力分析理论公式推导、拉索阻尼器养护记录表等。

除作者外,还有多位同事、学生、合作专家、技术人员对本书涉及的内容和成果作出了重要贡献。如同济大学林志兴教授、赵林教授、史家钧教授,博士研究生周海俊、周亚刚、谢发祥、梁栋、狄方殿,硕士研究生时晨、杜世界、李小龙等,江苏省苏通大桥建设指挥部、江苏苏通大桥有限责任公司、江苏法尔胜缆索有限公司、上海浦江缆索股份有限公司、柳州欧维姆机械股份有限公司、德国毛勒(MAURER)集团、法国 Freyssinet 公司、瑞士 VSL 国际有限公司、新日本制铁公司(NSC)、江苏弘谷减震技术有限公司、日本中井商工株式会社等公司在阻尼装置试验方面提供了帮助。他们的研究成果和资料报告等均在相关章节处作了引用。围绕本书内容开展的科研工作也先后得到了国家高科技研究发展计划(863 计划)项目(2006AA11Z120)、交通部西部交通建设科技项目(200431882223)、国家自然科学基金项目(50678123、51608390)、上海市科委科技攻关计划(036511002)和江苏省交通运输科技项目等多方资助。本书稿整理过程中,得到狄方殿博士、刘展行博士研究生、李奔硕士研究生、访问学者覃磊高级工程师等的鼎力帮助。作者对上述支持和帮助表示诚挚的感谢!

作　者

2023 年 11 月于上海

目 录

第 1 章 绪论 ... 1
1.1 斜拉桥与斜拉索的发展 ... 2
1.2 超长斜拉索的减振控制技术 ... 11
1.3 本书内容 ... 19
本章参考文献 ... 19

第 2 章 斜拉索振动 ... 25
2.1 概述 ... 26
2.2 斜拉索动力模型 ... 26
2.3 斜拉索风致振动研究方法 ... 31
2.4 斜拉索基本振动类型与机理 ... 35
2.5 相关研究 ... 53
本章参考文献 ... 58

第 3 章 斜拉索气动措施减振 ... 65
3.1 概述 ... 66
3.2 风雨激振抑振措施 ... 66
3.3 涡振抑振措施 ... 72
3.4 尾流驰振抑振措施 ... 73
3.5 相关研究 ... 74
本章参考文献 ... 86

第 4 章 斜拉索阻尼器减振 ... 91
4.1 概述 ... 92
4.2 斜拉索阻尼器类型 ... 92
4.3 基本设计理论和方法 ... 104
4.4 阻尼器的构造要求 ... 126
本章参考文献 ... 127

第 5 章　斜拉索辅助索减振 …………………………………………………… 131
5.1　概述 ………………………………………………………………………… 132
5.2　斜拉索-辅助索减振体系的分类 …………………………………………… 132
5.3　工程案例 …………………………………………………………………… 136
5.4　相关研究 …………………………………………………………………… 139
本章参考文献 ……………………………………………………………………… 159

第 6 章　斜拉索减振效果测试 ……………………………………………… 165
6.1　概述 ………………………………………………………………………… 166
6.2　阻尼器单体性能测试 ……………………………………………………… 167
6.3　斜拉索阻尼测试 …………………………………………………………… 172
6.4　斜拉索振动的长期监测 …………………………………………………… 181
6.5　斜拉索阻尼测试 …………………………………………………………… 182
本章参考文献 ……………………………………………………………………… 189

第 7 章　苏通长江公路大桥斜拉索减振系统设计与升级 ……………… 191
7.1　苏通长江公路大桥概况 …………………………………………………… 192
7.2　拉索减振系统初始设计 …………………………………………………… 197
7.3　外置阻尼器更换升级 ……………………………………………………… 221
7.4　涡振控制措施 ……………………………………………………………… 237
7.5　升级后的减振系统及维护要点 …………………………………………… 252
本章参考文献 ……………………………………………………………………… 257

第 8 章　总结与展望 ………………………………………………………… 261
8.1　总结 ………………………………………………………………………… 262
8.2　展望 ………………………………………………………………………… 263

附录 ……………………………………………………………………………… 265
附录 A　拉索上两点分布阻尼器系统动力分析 ……………………………… 266
附录 B　索振动检测与阻尼器养护记录表 …………………………………… 270
附录 C　主要术语释义 ………………………………………………………… 274
附录 D　主要物理量 …………………………………………………………… 277

第 1 章

绪　　论

1.1 斜拉桥与斜拉索的发展

1.1.1 斜拉桥的发展

斜拉桥由梁、塔、索三种基本构件组成,梁作为桥面系受弯和受压,塔和索作为支承体系分别受压和受拉。有关斜拉桥的记载,最早出现在17世纪初的欧洲。由于在随后的二三百年里,发生了一些斜拉桥建成不久后倒塌的事故,斜拉桥的发展一度陷入沉寂。一直到20世纪,斜拉桥才再度得以发展。1936年,德国桥梁工程师莱昂哈特(Fritz Leonhardt)提出用肋板加劲的整体钢板梁作为斜拉桥的上部结构;1938年,德国工程师迪辛格(Franz Dischinge)提出斜拉索必须保持高应力状态,以克服垂度影响。这两点认识上的提高为现代斜拉桥的发展敞开了大门[1]。

1956年通车的瑞典斯特罗姆桑特大桥[Strömsund Bridge,图1-1a)]是第一座现代斜拉桥[双塔,跨径布置为(74.4+182.6+74.4)m][2]。这一时期,由于计算理论和计算技术等方面的限制,斜拉桥主要采用稀索体系。拉索在主梁上的间距一般为30~60m(钢梁)或15~30m(混凝土梁),主梁以受弯为主,弯矩和剪力较大,故需要较大的梁高。斜拉索的内力与索截面也较大,因此给架设施工带来较多的困难。此外,斜拉索锚固点的构造细节较复杂,其附近常需做大规模的补强。

20世纪60年代后半期,随着设计理论、新材料及施工技术的发展,尤其是计算机辅助分析方面的突破,斜拉桥的发展进入了一个新阶段——密索体系。1967年建成的跨越莱茵河的弗里德里希-埃伯特大桥[Friedrich Ebert Bridge,图1-1b)],是第一座密索体系的斜拉桥,拉索在主梁上的间距只有2.24m[1]。密索体系斜拉桥的主要特征是,拉索间距小,主梁的受力状态以受压为主,主梁截面尺寸较小,并可根据需要来更换斜拉索而不中断交通。结构体系较多地采用塔墩固结的飘浮体系,在承受地震水平力时主梁呈现飘浮状态,振动周期加长,地震作用力减小,同时结构阻尼增大,桥梁安全性提高。密索体系的应用,使主梁高度降低,也使斜拉桥的跨径显著增大。1975年建成的法国圣纳泽尔桥(Saint-Nazaire Bridge)标志着斜拉桥的主跨已突破400m,达到了404m[3]。1994年建成的主跨856m的法国诺曼底大桥(Normandy Bridge)和1998年建成的主跨890m的日本多多罗大桥(Tatara Bridge),标志着斜拉桥正式进入过去由悬索桥统治的特大跨径桥梁领域[4]。

a) 斯特罗姆桑特大桥

b) 弗里德里希-埃伯特大桥

图 1-1　早期的斜拉桥

进入 21 世纪，全球建成的首座跨径超过 1000m 的斜拉桥为中国的苏通长江公路大桥，其主跨达到 1088m。几乎在同一时期，在中国香港建成了主跨为 1018m 的昂船洲大桥。而后，世界范围内又建成多座千米级别的斜拉桥，包括俄罗斯的俄罗斯岛大桥和中国的沪苏通长江公铁大桥。截至 2024 年底，世界范围内建成的跨径超过 800m 的斜拉桥共计 17 座，其中跨径最大的斜拉桥为俄罗斯岛大桥，主跨达 1104m。据不完全统计，目前正在建设或规划的主跨超过 800m 的斜拉桥有 12 座，其中主跨超过 1000m 的有 3 座，包括在建的常泰长江大桥（主跨 1208m）、三塔两主跨的马鞍山公铁两用长江公铁大桥（主跨 1120m×2），以及观音寺长江大桥（主跨 1160m）。表 1-1 给出了已建成的跨径超过 800m 的 17 座斜拉桥和在建的主跨超过 1000m 的 3 座斜拉桥的详细信息。

主跨超过 800m 和在建主跨超过 1000m 的斜拉桥主要技术参数　　　　表 1-1

序号	桥名	国家或地区	主跨(m)	最长索(m)	索距(m)	索梁端锚固形式	索数量(根)	箱梁形式	桥塔形式	索塔端锚固形式	塔高(m)	拉索类型	通车年份
1	俄罗斯岛大桥[5-6]	俄罗斯	1104	579.83	24,12	钢锚管	168	钢箱梁	A字形	钢锚箱式	320.9	钢绞线	2012
2	沪苏通长江公铁大桥[7]	中国	1092	576.5	—	锚拉板	432	钢桁梁	钻石形	钢锚箱式	330	平行钢丝	2020
3	苏通长江公路大桥	中国	1088	577	16,12	锚箱式	272	钢箱梁	A字形	钢锚箱-混凝土组合结构	300.4	平行钢丝	2008
4	昂船洲大桥[8]	中国香港	1018	540	18,10	锚管式	224	分离式钢箱梁，混凝土箱梁	独柱式	钢锚箱式	298	平行钢丝	2009
5	武汉青山长江大桥[9-12]	中国	938	503	15,11.4	—	252	整体式钢箱梁，钢箱结合梁	A字形	混凝土锚固齿块；钢锚梁	284	平行钢丝	2021

续上表

序号	桥名	国家或地区	主跨(m)	最长索(m)	索距(m)	索梁端锚固形式	索数量(根)	箱梁形式	桥塔形式	索塔端锚固形式	塔高(m)	拉索类型	通车年份
6	鄂东长江大桥[13-14]	中国	926	494	15,7.5	锚箱式;承压式	240	钢箱梁,预应力混凝土箱梁	钻石形	钢锚箱式	243	平行钢丝	2010
7	嘉鱼长江公路大桥[15-16]	中国	920	494	15,9,14	锚箱式;混凝土齿块锚	240	钢箱梁(单箱三室),混凝土箱梁	钻石形	钢锚梁式	255	平行钢丝	2019
8	多多罗大桥[17-18]	日本	890	462	—	锚箱式	168	钢箱梁(单箱三室),混凝土梁	倒Y形		224	平行钢丝	1999
9	诺曼底大桥[19]	法国	856	460	19.65,16,14.5	耳板式	184	正交异性箱梁	倒Y形	钢锚梁式	215	钢绞线	1995
10	池州长江公路大桥[20-23]	中国	812	440	7.5,6.5	锚拉板	216	混凝土箱梁,钢箱梁结构(混合梁)	钻石形	钢锚梁式	243	钢绞线	2019
11	石首长江公路大桥[24]	中国	820	440	—	—	208	钢-混混合梁	倒Y形	钢锚梁-钢牛腿	234	平行钢丝	2019
12	九江长江公路大桥[25-26]	中国	818	441	7.5,15,10.5	钢锚箱;两侧设锚固块	216	预应力混凝土箱梁;钢箱梁	H形	钢锚梁-锚固	242	平行钢丝	2013
13	荆岳长江公路大桥[27-30]	中国	816	432	7.5,15,13	耳板式	208	分离式双边钢箱梁结构;PC箱梁;	H形	塔壁锚固;钢锚梁	266	平行钢丝	2010
14	武穴长江公路大桥[31-32]	中国	808	442	15,7.5,9,12	钢锚箱	208	PK钢箱混合梁	A字形	钢锚箱式	267	平行钢丝	2021
15	芜湖长江公路二桥[33-35]	中国	806	—	16	锚拉板	392	钢箱梁	独柱式	同向回转拉索锚固	266	钢绞线	2017
16	仁川大桥[36-37]	韩国	800	419	15	锚管式	208	钢箱梁	倒Y形	钢锚箱(内置式)	231	平行钢丝	2009
17	鸭池河大桥[38]	中国	800	425	16,8	—	192	钢桁-混凝土混合梁	H形	—	259	钢绞线	2016
18	常泰长江大桥[39-42]	中国	1208	633	14	钢锚箱	312	钢桁梁	钻石形	钢锚箱式	350	平行钢丝	在建,计划2025年建成

续上表

序号	桥名	国家或地区	主跨(m)	最长索(m)	索距(m)	索梁端锚固形式	索数量(根)	箱梁形式	桥塔形式	索塔端锚固形式	塔高(m)	拉索类型	通车年份
19	观音寺长江大桥[43]	中国	1160	611	—	钢锚箱	320	混凝土箱梁；钢-UHPC组合梁	A字形	钢锚箱式	262	平行钢丝	在建，计划2026年建成
20	马鞍山长江公铁大桥[39,44]	中国	1120×2	650	—	锚拉板	660	钢桁梁	A字形	钢锚梁	345	平行钢丝	在建，计划2025年建成

1.1.2 斜拉索的发展

斜拉索是斜拉桥的关键承力构件，其主要功能是将主梁承受的荷载传递到塔柱，再由塔柱传递到基础。在现代斜拉桥的设计中，一般通过锚具使斜拉索锚固在主梁和塔柱之间。在承受荷载的过程中，斜拉索会发生较大的拉伸变形，这种变形会对斜拉桥的承重能力产生重要影响。因此，斜拉索的材料选择和结构设计是保证斜拉桥性能的关键因素。

1) 斜拉索的类型

斜拉索的发展历史可以追溯到 19 世纪末期。斜拉索最早采用铁链或实体钢筋制成，由于材料的强度有限，结构的受力也无法分析，致使斜链易在节点处折断，导致许多桥建成不久后就毁坏。随后人们开始探索使用普通的钢丝或钢丝绳来制成斜拉索。由于当时工业水平不高，无法制造出高强度钢丝，再加上当时的理论体系不健全和计算手段落后，无法准确计算高次超静定结构，也无法分析风致振动对桥梁的影响，所以当时很多斜拉索在使用中发生断裂。进入 20 世纪以后，随着工业生产的不断发展，斜拉索用的高强度钢材的制造工艺逐渐得到改进和完善，大大提高了斜拉索的承载能力和耐久性能，为斜拉桥向超大跨径发展提供了极佳的物质基础。目前大中型斜拉桥主要采用平行钢丝拉索和平行钢绞线拉索。

平行钢丝拉索是将若干根直径 5mm 或 7mm 高强度钢丝平行并拢，同时同心同向做轻度的扭绞（扭绞角度为 2°～4°），再缠绕纤维增强聚酯带，最后在钢丝束外围挤裹单层或双层高密度聚乙烯护套作为防护层。图 1-2a) 为平行钢丝拉索索体结构示意图。平行钢丝拉索两端分别配有张拉端和固定端冷铸锚具。平行钢绞线拉索主要由公称直径 15.2mm 或 15.7mm 的高强度镀锌或环氧涂层钢绞线和高密度聚乙烯外护套组成，其中单根钢绞线外还有一层热挤聚乙烯护套。平行钢绞线拉索截面和平行钢绞线拉索索体截面，如图 1-2b) 所示。平行钢绞线拉索两端分别配有单根锚固夹片式张拉端锚具和固定端锚具。

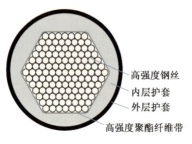
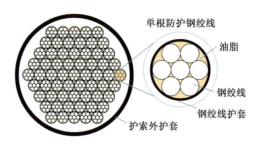

a) 平行钢丝拉索索体结构　　　b) 平行钢绞线拉索和平行钢绞线拉索索体截面

图1-2　平行钢丝拉索和平行钢绞线拉索索体截面示意图[45]

平行钢丝拉索为工厂化制造的成品索,产品质量可靠性高,是我国大量采用的拉索结构形式。与钢绞线拉索相比,它最主要的优点是斜拉索的直径小,减小了作用在其上的风荷载。钢绞线拉索因其施工轻便、高效、精确、防腐性能优良以及宜于单根钢绞线换索等[46],在欧美国家应用广泛,并成为主流。在我国,平行钢绞线拉索尚未推广到超大跨径斜拉桥的使用中,目前绝大多数大跨径斜拉桥采用了平行钢丝拉索。

随着斜拉桥的发展,斜拉索的材料强度也在不断提升。平行钢丝拉索的钢丝强度从最开始的1400MPa一路提升,到如今在建的常泰长江大桥和马鞍山长江公铁大桥斜拉索均采用2100MPa级别的钢丝。总体上看,斜拉索钢丝强度的提升与斜拉桥跨径的发展呈正相关关系。同样,平行钢绞线拉索钢绞线强度的提升过程先后经历了1770MPa、1860MPa、1960MPa,再到现在的2160MPa。最近也有厂家研发了2200MPa的斜拉索用钢绞线,但目前暂未见实际应用的报道。

平行钢丝拉索与平行钢绞线拉索一个主要的参数差别在于直径,而直径直接影响斜拉索风载性能。由于大跨径斜拉桥拉索数量多、长度大,斜拉索上作用的风荷载所占比例也越来越大,已经超过主梁。以苏通长江公路大桥为例,最长斜拉索达577m,全桥272根斜拉索在横桥向风荷载作用下,斜拉索的风荷载对于主梁位移及内力的贡献占整个风荷载的60%~70%,而主梁仅占30%,桥塔占5%~10%。因此,在大跨径斜拉桥设计中须高度重视斜拉索上的风荷载,它直接影响结构的安全性与经济性。如表1-2所示,在相近设计索力下,平行钢绞线拉索的外径比平行钢丝拉索约大60%,这导致作用于钢绞线拉索的风荷载远大于平行钢丝拉索。

两种拉索各规格直径对照表　　　表1-2

1860MPa平行钢绞线拉索(JT/T 771—2009)			1860MPa平行钢丝拉索(GB/T 18365—2018)		
规格	设计索力(kN)	拉索外径(mm)	规格	设计索力(kN)	拉索外径(mm)
15.2-12	1396	125	PES( )7-55	1575	72
15.2-19	2211	140	PES( )7-73	2090	82
15.2-22	2560	160	PES( )7-91	2605	93

续上表

1860MPa 平行钢绞线拉索（JT/T 771—2009）			1860MPa 平行钢丝拉索（GB/T 18365—2018）		
规格	设计索力（kN）	拉索外径（mm）	规格	设计索力（kN）	拉索外径（mm）
15.2-31	3607	160	PES( )7-127	3637	109
15.2-37	4305	180	PES( )7-151	4323	113
15.2-43	5003	200	PES( )7-187	5355	127
15.2-55	6399	200	PES( )7-223	6385	139
15.2-61	7097	225	PES( )7-241	6901	141
15.2-73	8493	250	PES( )7-301	8618	157
15.2-85	9889	250	PES( )7-349	9993	168
15.2-91	10587	280	PES( )7-367	10508	173
15.2-109	12681	315	PES( )7-439	12570	191
15.2-127	14776	315	PES( )7-475	13600	198

由于平行钢丝拉索与平行钢绞线拉索的构造不同，一般会认为二者的结构固有阻尼存在差异。然而，拉索的固有阻尼复杂，受到包括材料、锚固条件、受力情况等因素的影响，准确估计其数值难度较大。现有的实桥斜拉索阻尼测试数据并未表明拉索阻尼大小与其类型之间有明确的对应关系。此外，从拉索振动角度来看，也并未有报道明确哪种拉索的抗振性能有显著优势。因此，两类拉索均需采取措施抗振[47]，包括气动措施、阻尼器、辅助索或组合措施。平行钢丝拉索在日本采用较多，配套的减振措施产品已较成熟，并有许多工程应用实例。平行钢绞线拉索在欧洲采用较多，也有配套的减振产品。

2）斜拉索的长度

2008 年建成的苏通长江公路大桥是世界首座千米级斜拉桥，斜拉索长度达到 577m，超过日本多多罗大桥的 462m 索长且首次突破了 500m，为同类型结构最长索。目前已建成的斜拉桥中最长斜拉索均在 580m 左右，而采用斜拉-悬索协作体系的亚武兹苏丹塞利姆大桥（原名博斯普鲁斯海峡三桥）最长斜拉索达到 597m。

我国目前斜拉桥的跨径和斜拉索长度还在不断取得突破，预计 2025 年建成通车的主跨达到 1208m 的常泰长江大桥的最长斜拉索将首次突破 600m 达到 633m，在建的马鞍山长江公铁大桥的最长斜拉索将达到 649m。

与此同时，在建的世界最大跨斜拉-悬索体系桥梁——主跨 1488m 的西堠门公铁大桥的最长斜拉索也超过 600m，未来计划建设拟采用 2300m 主跨的斜拉-悬索体系的苏通第二通道主航道桥，斜拉索的长度将更大。此外，悬索桥和拱桥的跨径也在不断突破，桥梁吊索的长度也在不断增加，例如我国在建的世界最大跨径悬索桥——主跨 2300m 的张靖皋长江大桥，最长的吊索超过了 260m。

图 1-3 展示了斜拉桥跨径与斜拉索长度的发展历程。

图 1-3 斜拉桥跨径和斜拉索长度的发展历程

3) 索的锚固形式

除了斜拉索长度增加以外,斜拉索锚固端形式也在发生变化[48]。图 1-4 所示为斜拉索典型的梁端锚固形式。早期的斜拉桥采用混凝土梁,斜拉索多锚固在梁底或者内部[图 1-4a)],例如昂船洲大桥。采用钢箱梁的公路斜拉桥多采用锚箱,将斜拉索锚固在梁内部的隔板上[图 1-4b)],例如苏通长江公路大桥。近期建成的公铁两用斜拉桥多采用锚拉板或者耳板结构锚固斜拉索,索锚点位于桥面以上便于检测和维护[图 1-4c)],例如沪苏通长江公铁大桥和常泰长江大桥。然而,索锚固点越高,要求的斜拉索阻尼器的安装高度也越大,给阻尼器支架的设计以及阻尼器的安装和维护带来困难。此外,内置于斜拉索导管的阻尼器的安装方式以及减振效果也与锚固形式密切相关。

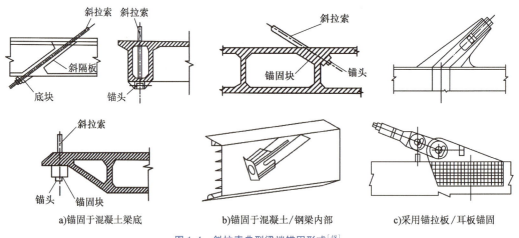

图 1-4 斜拉索典型梁端锚固形式[48]

典型的斜拉索塔端锚固形式如图 1-5 所示,包括直接锚固于塔壁内侧[图 1-5a)]、采用钢梁/钢锚箱锚固以及交叉锚固等。斜拉索塔端设置外置阻尼器存在安装、维护困难以及构件掉落等风险,因此一般仅在索导管口设置内置阻尼器。当斜拉索锚点靠近塔壁时,由于阻尼器的安装位置靠近锚点,所以减振效果有限;采用交叉锚固[图 1-5b)]时,阻尼器的位置距离锚点较远,减振效果能有所提升。一些特殊的锚固形式可以允许在塔端设计外置阻尼器,以进一步提升减振效果。如图 1-5b)所示,常泰长江大桥桥塔截面为"日"字形,斜拉索交叉锚固于核心混凝土,塔内的空腔可以安装外置阻尼器,而且索出塔口位置距离锚点较远,安装内置阻尼器也能获得较好的阻尼效果。

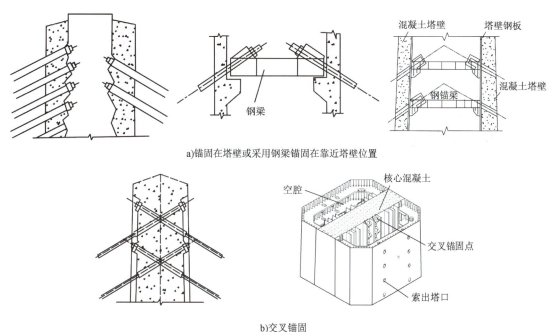

图 1-5 斜拉索典型塔端锚固形式[48]

1.1.3 斜拉索的振动问题

斜拉索是细长轻柔结构,振动基频低、模态丰富并且固有阻尼低,因此在环境激振下容易出现多种类型的振动,已知的振动类型包括涡激振动、风雨激振、裹冰驰振、尾流振动、抖振、参数振动、线性内部共振以及索梁耦合振动等。在实际工程中,观测到较多的振动类型为涡激振动、风雨激振及裹冰驰振等。其中,涡激振动的发生概率较大,但振动的幅值有限,振动频率和振型模态十分丰富,振动频率可能超过 10Hz。风雨激振则是由于斜拉索表面的雨线改变了拉索的气动外形,从而引起拉索低频大幅振动。裹冰驰振是由于斜拉索表面积冰后,索截面气动稳定性变差而引发的斜拉索大幅振动。

随着斜拉桥的普及和发展,斜拉索的数量和长度迅速增加,斜拉索振动问题更加显著。斜拉索的大幅或长期振动会对附属结构造成直接或者间接的损坏,对斜拉索自身的长期安全构成威胁。如图1-6所示,大幅振动导致斜拉索与相邻构件发生碰撞,拉索保护套受损,锚固区构件发生变形和损坏。法国的圣纳泽尔大桥(Saint-Nazaire Bridge)、克罗地亚的杜布罗夫尼克大桥(Dubrovnik Bridge)、中国香港的汲水门大桥(Kap Shui Mun Bridge)、美国的斯坦穆休老兵纪念大桥(Veterans Memorial Bridge)、美国的弗雷德哈特曼大桥(Fred Hartman Bridge)和连接西班牙和葡萄牙的瓜地亚纳国际大桥(Guadiana International Bridge)等多座斜拉桥的拉索体系都曾由于拉索的大幅振动而受损。国内桥梁也曾出现斜拉索振动导致附属构件破坏、减振器脱落的情况。

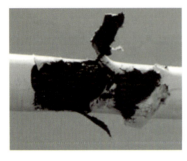
a)振动导致相邻索碰撞护套受损
(杜布罗夫尼克大桥)

b)索振导致塔端导管固定螺栓松动脱落
(杜布罗夫尼克大桥)

c)索振导致梁端导管断裂
(弗雷德哈特曼大桥)

图1-6 斜拉桥拉索振动导致索防护系统的损坏[49]

斜拉索振动引起的防护构件破损会加剧拉索及锚固部位的腐蚀,同时斜拉索的持续振动容易导致钢丝和锚固构件的疲劳断裂,危害整座桥梁的使用性能和寿命。斜拉索的大幅振动(图1-7)还会带来强烈的视觉冲击,易使路人和驾驶员对桥梁的安全性产生怀疑,造成负面的社会影响。同时,高频索振动导致附属部件松动时会发出噪声,同样会引起人员的不安和恐慌。因此,需要对索的振动进行控制,保障斜拉桥的安全性和适用性。

图1-7 某斜拉桥斜拉索振动中三个时刻索的形态

1.1.4 斜拉索减振技术的发展

由于拉索振动的复杂性及其危害,斜拉索振动与控制仍然是桥梁工程中的重要研究方向[50],也被认为是大跨径斜拉桥跨径进一步发展所面临的挑战之一[51]。常见抑制拉索振动的理念有3种,即消除内部激励的结构设计、减少外部激励的空气动力学策略以及使用机械装置的振动能量耗散/吸收。该研究方向在结构工程、风工程和振动控制等领域引起了极大的兴趣。与其他结构控制问题不同[52],拉索振动具有其独特性,包括各种激励机制和在较宽敏感频带内的众多易振模态[53-54]。这导致拉索减振技术的实现极具挑战性,同时该技术在实际桥梁工程设计和维护中有大量需求。在此背景下,拉索振动控制在过去几十年中得到了广泛的关注,并得到了系统性研究。

围绕斜拉索振动与控制问题,传统的桥梁设计以及抗风主要关注斜拉索的振动类型、机理,以及常见的结构和气动抑振措施[55-56]。斜拉索抗风试验以及早期的实践中发现,在斜拉索端部附近、索与主梁之间安装阻尼器能有效提升阻尼抑制索的各种类型的振动。而后,斜拉索-阻尼器系统逐渐成为一个重要的独立课题,具体研究内容包括不同类型阻尼器对斜拉索阻尼效果的分析理论及优化方法、新型阻尼器和布设方案的研发等。对于常用的黏滞阻尼器,相关的分析理论和设计方法成熟[57-61],已经有大量采用阻尼器处置斜拉索振动的案例[49,59]。然而,由于斜拉索振动的复杂性[62],以及减振装置和技术的发展,斜拉索的振动控制仍然是当前一个重要的研究课题[63-64]。

1.2 超长斜拉索的减振控制技术

1.2.1 超长斜拉索减振控制的挑战

依据现有研究文献和工程实践经验,可以总结出超长斜拉索振动控制面临如下挑战。

1) 易振模态多

一般认为索振动频率低于3Hz的模态容易出现风雨激振。斜拉索随着长度的增大,基频降低,导致3Hz以下模态数量增多,即在风雨激振控制设计中的目标模态增多。以苏通长江公路大桥两根长度分别为 338m 和 577m 的索为例,其基频分别为 0.36Hz 和 0.22Hz,对应 3Hz 以下对风雨激励敏感的模态分别为 8 阶和 13 阶,如图 1-8 所示。

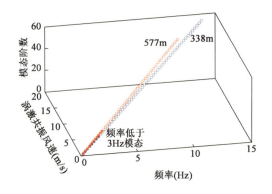

图 1-8　不同长度索易出现风雨振和涡振的模态数对比

2)起振风速低

涡激共振的风速与频率呈线性关系,根据涡激共振条件(具体参见第 2 章)可以得到上述 338m 和 577m 拉索在 12m/s 风速范围内,可能出现的模态阶数分别为 40 阶和超过 60 阶。对于 577m 拉索,40 阶涡激共振对应的风速仅为 8m/s 左右,导致高阶涡振出现的概率大幅增大。例如,在苏通长江公路大桥传统梁端一处安装阻尼器的长索,通车十年间观测发现,其较为频繁地出现了高频的涡振;沪苏通长江公铁大桥自 2020 年通车后,长索因观测到高阶涡振而增加了减振锤;在韩国的一座大跨径斜拉桥上也观测到了高阶涡振问题。

3)固有阻尼低

斜拉索的固有阻尼比一般低于 0.05%。统计近年来的测试数据可知,长索固有阻尼呈现降低的趋势,具体参见本书第 6 章关于斜拉索固有阻尼的测试结果。此外,随着振动模态阶数的增大,索固有阻尼同样呈现降低的趋势。

4)附加阻尼难

为有效抑制振动需要的阻尼值,要求阻尼器具有一定的安装高度。长索阻尼器一般安装在 2.5% 索总长附近,随着索长增大,阻尼器的实际安装高度也随之增大,带来了美观性不足以及检修维护难等问题。同时,由于更多斜拉桥采用了锚拉板锚固结构,导致梁端安装的阻尼器的高度进一步增大。对于密索区域,还可能出现拉索阻尼器支架与相邻拉索锚固连接干扰的情况,如图 1-9 所示。

图1-9 密索区阻尼器支架与相邻索锚固连接干扰(赤壁长江大桥)

1.2.2 在役桥梁超长拉索减振措施简介

大跨径斜拉桥的斜拉索均采取了减振措施[51]，包括气动措施和在索端附近安装阻尼器，长斜拉索的易振模态增多，然而阻尼器的安装位置相对锚点却更近，实现多模态阻尼提升减振的挑战性更大。以下介绍目前运营的千米级斜拉桥和一座斜拉-悬索混合体系桥梁斜拉索的减振措施。

1) 昂船洲大桥

昂船洲大桥(Stonecutters Bridge)位于中国香港地区，跨越蓝巴勒海峡，连接昂船洲和青衣岛东南角的9号货柜码头。大桥主跨1018m，全长1596m。全桥有224根拉索，最长拉索为540m，最短拉索为113m。该桥采用平行钢丝拉索，索直径在113～187mm之间，其中最大直径的拉索由451根φ7mm的高强度钢丝组成。主跨梁上索间距为18m，边跨梁上索间距为10m。斜拉索在梁端采用索导管锚固在箱梁底部[65]。斜拉索减振采用3种措施，如图1-10所示。首先，采用表面凹坑的索护套来减弱风雨激振；其次，在斜拉索梁端导管口安装了抑制风雨激振的黏滞阻尼器，如图1-10b)所示。同时，桥塔上部斜拉索锚固部分为钢锚箱，索导管口伸出钢混组合塔外，在塔端的索导管出口安装了灌注成型的填充橡胶阻尼器辅助减振[图1-10c)][66]，并且起到密封和保护塔端锚头的作用。

a) 大桥全貌

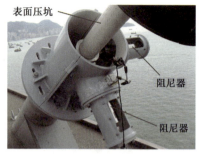
b) 梁端黏滞阻尼器

c) 塔端高阻尼橡胶

图1-10 昂船洲大桥及其斜拉索减振措施

昂船洲大桥斜拉索的梁端导管口的两个黏滞阻尼器呈90°布置，分别位于索竖直平面和垂直方向，抑制索两个方向（面内和面外）的振动。根据试验研究[69]，该黏滞阻尼器的力-位移关系具有双线性的特征。成桥后的实索试验表明，在梁端安装黏滞阻尼器以及在塔端安装高阻尼橡胶阻尼器后，最长拉索的一阶振动对数衰减率达到0.033，其中塔端高阻尼橡胶阻尼器的贡献理论值为0.0043（对数衰减率）[67-68]。

2) 苏通长江公路大桥

苏通长江公路大桥是世界范围内建成的首座跨径超过1000m的斜拉桥，主跨达1088m，总长8146m。其最长索达577m，斜拉索在梁端锚固于主梁钢锚箱上。初始设计时，长斜拉索采用了外置阻尼器结合表面凹坑气动措施组合减振。然而，运营期间发现安装阻尼器的长拉索仍然出现高阶涡振。因此，在长拉索的索导管口安装了高阻尼橡胶阻尼器，用于抑制索的高阶涡振，如图1-11所示。苏通长江公路大桥斜拉索减振系统初始设计和升级后的减振系统将在第7章详细介绍。

a) 梁端外置阻尼器

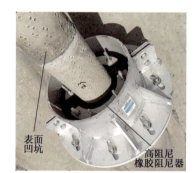
b) 梁端内置阻尼器

图1-11 苏通长江公路大桥及其长斜拉索减振措施

3) 沪苏通长江公铁大桥

沪苏通长江公铁大桥主航道桥为(140+462+1092+140)m的公铁两用钢桁梁斜拉桥

(图 1-12),该桥于 2020 年 7 月 1 日建成通车。全桥共 432 根拉索,采用 2000MPa 级高强度平行钢丝拉索,横桥向分布于 3 个索面,配合 3 个主桁主梁,承受桥梁巨大的自重和公路、铁路活载[7]。

a) 大桥全貌及索气动措施 b) 梁端阻尼器及减振锤

图 1-12 沪苏通长江公铁大桥及其长斜拉索减振措施

与苏通长江公路大桥类似,沪苏通长江公铁大桥主航道斜拉索振动频率密集,可能发生的振动类型复杂多样,并且索的直径和质量更大。其中,最长拉索达到 576.5m,型号为 PESC7-451,总质量达 83.5t。单根斜拉索成桥最大索力可达 1×10^4kN,相当于 500 台小汽车的质量。斜拉索在梁端采用锚拉板锚固,在塔端采用钢锚梁锚固。斜拉索表面缠绕螺旋线,用于抑制风雨激振,同时梁端的阻尼器安装在桥面上,采用连接杆与拉索相连,连接点位于桥面以上约 5m。其中,分别采用电涡流阻尼器和油阻尼器来抑制拉索的面内和面外振动,阻尼力通过杠杆传递到拉索上。该桥斜拉索减振设计要求对数衰减率不小于 0.03,根据实际测试结果,上游 M35 号斜拉索在安装阻尼器后振动的对数衰减率达到 0.07(振动频率 0.65Hz)。观测拉索安装阻尼器前后风振加速度幅值从 $2.15g$ 降至 $0.04g$,由此可知,阻尼器的抑振效果明显[7]。但桥梁刚通车后发现,安装阻尼器后部分斜拉索出现了与苏通长江公路大桥类似的高阶涡振现象。因此,在梁锚固点与外置阻尼器之间增设了减振锤,以控制高阶振动。安装减振锤后,桥梁正常运营期间拉索的振动加速度幅值低于 $0.005g$,台风"烟花"期间最大振动加速度为 $0.012g$。在多种减振措施的共同作用下,该桥斜拉索的各阶振动均得到了较好的抑制。[69]

4) 俄罗斯岛大桥

俄罗斯岛大桥(Russky Island Bridge)位于俄罗斯符拉迪沃斯托克(海参崴),地处太平洋区域,冬季温度最低为 -36℃,夏季温度最高为 37℃,冬夏温差最大相差 73℃,所处海峡位置最高风速可达 36m/s。该工程建设始于 2008 年 9 月,2012 年 7 月进入试运行阶段,2014 年 8 月 1 日开始正式通车。大桥为双塔对称式斜拉桥,全长 3150m,主桥 1885m,主跨 1104m,跨径布置为 $(60+72+3\times84+1104+3\times84+72+60)$m。采用正交异性钢桥面板结构,桥面宽度 29.5m,行车道宽度23.8m,双向四车道。主桥塔高320.9m,采用A字形钢筋混凝土结构[5]。

俄罗斯岛大桥的斜拉索总质量为3702t,总长度达到54km,每根拉索由85根高强度钢绞线组成。斜拉索设置两层保护层;第一层为内部黑色高密度聚乙烯保护层;第二层是超薄金属保护层,并涂装成俄罗斯国旗的颜色,拉索设计服役年限为100年[5]。为了减弱拉索的风雨激振,在斜拉索的圆形截面上缠绕了螺旋线。

俄罗斯岛大桥共8个索面,每个索面有21根拉索,共168根拉索,其中最短索长度为135.771m,最长索长度为579.83m。设计要求每个索面的1~7号短索面内振动的对数衰减率不低于0.04,8~21号长索的对数衰减率不低于0.06,同时面外振动的对数衰减率不低于对应面内振动对数衰减率的70%[70]。针对短索和长索,采用了不同类型的阻尼器,其中短索在索导管口采用法兰安装黏滞阻尼器;长索的外置阻尼器采用杠杆式支架安装磁流变阻尼器,并采用了半主动控制策略[71],如图1-13所示。至今未见有该桥斜拉索振动的报道。

a)长索梁端阻尼器

b)短索梁端阻尼器

图1-13 俄罗斯岛大桥及其斜拉索减振措施

5)多多罗大桥

多多罗大桥(Tatara Bridge)位于日本濑户内海,连接着生口岛(广岛县)和大三岛(爱媛县)。该桥于1999年5月1日启用,主跨890m,从启用到2008年5月之间是世界上最大跨径斜拉桥。该桥采用三跨连续复合箱梁斜拉桥体系,跨径布置为(270+890+320)m。由于地理条件的不对称,其边跨与主跨的比例相对较低,分别为0.3和0.34,低于一般斜拉桥通常采用的0.4的比例。因此,建设时在边跨两端布置预应力混凝土箱梁,而中跨和边跨其余部分采用钢箱梁,以解决恒载作用下边跨和主跨不平衡的问题。桥梁的主塔采用倒Y形结构,塔高达224m,上下共分为23段,段间通过高强度螺栓进行连接。

多多罗大桥的斜拉索采用双索面扇形布置,每侧的塔柱上安装了21根拉索,共8个索面,整座桥共168根拉索。拉索由直径为7mm的镀锌半平行钢丝束构成,外部覆盖高密度聚乙烯。全桥最长拉索超过460m,外径为170mm,一阶频率为0.255Hz。该桥设计时在拉索的聚乙烯护套表面设置了凹坑,以抑制风雨激振。为了控制涡激振动,在梁端短索导管口灌注填充橡胶,以增大索的阻尼;跨中附近的长索则采用了高阻尼环形橡胶片阻尼器来增加索的阻尼,如图1-14所示。采取上述措施后,拉索的阻尼比处于0.005~0.008之间,在后续监测过程中未观察到明显的涡激振动现象[72]。

a) 大桥全貌　　　　　　　　　b) 索气动措施

c) 短索填充橡胶阻尼器　　　　　d) 长索环形橡胶片阻尼器

图1-14　多多罗大桥及其斜拉索减振措施

6) 亚武兹苏丹塞利姆大桥

亚武兹苏丹塞利姆大桥(原名博斯普鲁斯海峡三桥)为一座斜拉-悬索协作体系桥梁。该桥为跨越欧亚之间博斯普鲁斯海峡的第三座桥梁,大桥主跨1408m,宽60m。该桥桥塔采用A字形混凝土塔,从桥塔208m高处安装斜拉索钢锚箱。全桥采用176根1960MPa的平行钢绞线拉索,边跨斜拉索间距为15m,主跨斜拉索间距为24m。主跨主梁采用钢箱梁,斜拉索锚固在箱梁底部。

该桥的最长斜拉索长597m,采用索护套表面绕螺旋线与外置阻尼器的组合减振方式。其中该桥阻尼器的设计要求与俄罗斯岛大桥一样,即短索(每个索面1~8号索)振动对数衰减率不低于0.04,长索(每个索面9~22号索)振动对数衰减率不低于0.06;面外振动的对数衰减率不低于上述要求的70%。

该桥斜拉索的垂度较大,且桥梁整体变形会引起垂度变化,导致索线形变化,可能引发索与梁端索导管的碰撞,因此在梁端索导管口安装了导向器。上述高阻尼要求和导向器的安装,导致阻尼器安装高度增大,最长斜拉索阻尼器安装高度超过桥面约7.4m,如图1-15所示。桥梁整体变形和索垂度变化,亦导致阻尼器的行程需求大,最大阻尼器行程达到920mm。另外,为了提高安装阻尼器的索箍抗扭能力,采用成对阻尼器平行安装的方式[73-75]。

a) 大桥全貌

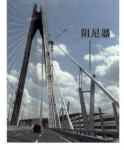
b) 外置阻尼器

c) 导向器

图1-15 亚武兹苏丹塞利姆大桥及其长斜拉索减振措施

表1-3总结了上述6座桥梁斜拉索减振的气动措施、阻尼设计目标及采用的阻尼器。

在役千米级斜拉桥拉索减振设计总结与对比　　　　　　　　表1-3

序号	桥梁名称	气动措施	阻尼设计目标	阻尼器
1	昂船洲大桥	表面凹坑	对数衰减率0.03	导管口黏滞(油)阻尼器(梁端) 灌注填充橡胶阻尼器(塔端)
2	苏通长江公路大桥	表面凹坑	风雨振:斯柯顿数>10 涡振:对数衰减率>0.01	短索:灌注填充橡胶阻尼器 中长索:外置黏滞阻尼器 长索:外置黏性剪切阻尼器、高阻尼环形橡胶片阻尼器
3	沪苏通长江公铁大桥	螺旋线	对数衰减率>0.03	电涡流阻尼器(面内)、黏滞阻尼器(面外) 长索:增加减振锤抑制涡振
4	俄罗斯岛大桥	螺旋线	面内: 短索:对数衰减率>0.04 长索:对数衰减率>0.06 面外: 不低于面内的70%	短索:导管口黏滞阻尼器 长索:半主动磁流变阻尼器
5	多多罗大桥	表面凹坑	气动措施控制风雨激振,阻尼器控制涡振,对数衰减率达到0.02	短索:灌注填充橡胶阻尼器 长索:高阻尼环形橡胶片阻尼器
6	亚武兹苏丹塞利姆大桥	螺旋线	面内: 短索:对数衰减率>0.04 长索:对数衰减率>0.06 面外: 不低于面内的70%	黏滞阻尼器(最大行程920mm)

1.3 本书内容

千米级斜拉桥超长拉索出现了新的振动问题,索减振面临着更大的挑战。近期,有多座千米级斜拉桥正在建设,而且已经建成的斜拉桥拉索减振系统面临维护和升级的需求。基于此背景,本书围绕千米级斜拉桥拉索振动的一些新特点,依托苏通长江公路大桥斜拉索减振系统设计与升级案例,介绍斜拉索振动基本知识与减振控制技术,为同类拉索减振设计与实施提供技术资料和工程参考。

本书将全面介绍斜拉索振动、气动措施和阻尼器设计等基本理论,以及近年来拉索阻尼器装置和减振体系方面的研究进展。最后,着重介绍苏通长江公路大桥斜拉索减振系统的初始设计以及在减振升级中开展的研究和试验工作。本书分为8章,在第1章绪论之后,第2章介绍斜拉索的振动发生机理,第3章介绍斜拉索振动控制的气动措施,第4章介绍斜拉索阻尼器减振的基本设计理论,第5章介绍斜拉索辅助索减振的基本知识和研究进展,第6章介绍斜拉索阻尼器测试与减振效果检测,第7章介绍苏通长江公路大桥斜拉索减振系统的初始设计和更换升级案例,第8章进行总结与展望。

本章参考文献

[1] LEONHARDT F. Past, present and future of cable-stayed bridges[J]. Cable-Stated Bridges, 1991:1-33.

[2] NIELS J G. Cable supported bridges[M]. United Kingdom:John Wiley & Sons Ltd,1983.

[3] BERTHELLEMY J,SIEGERT D,BERTON É,et al. Stockbridge dampers for extending the fatigue life of a cable at St Nazaire cable stayed bridge[J]. Engineering Failure Analysis, 2022(141):106581.

[4] NAGAI M,XIE X,YAMAGUCHI H,et al. Economical comparison between cable-stayed and suspension systems with a span exceeding 1000 meters[J]. Journal of Constructional Steel Research,1998,1(46):59.

[5] 拓明阳,赵健. 俄罗斯岛大桥总体施工设计综述[J]. 中外公路,2017,37(6):155-158.

[6] AHMED A R,ERMOSHIN N. Method for investigating the reliability of structural elements of cable-stayed supports' anchorage: a case study of the Russky Bridge[J]. Transportation

Research Procedia,2022(63):2887-2897.

[7] 胡勇,柴小鹏,赵海威,等.沪苏通长江公铁大桥主航道桥斜拉索振动控制技术[J].桥梁建设,2020,50(4):95-100.

[8] 龚志刚.香港昂船洲大桥主桥工程简况[J].世界桥梁,2004(4):21.

[9] 赵金霞,常英,张家元.武汉青山长江公路大桥索塔锚固区钢锚梁设计研究[J].桥梁建设,2020,50(S1):82-88.

[10] 王寅峰,胡军,方黎君,等.武汉青山长江公路大桥主桥施工方案[J].桥梁建设,2020,50(S1):112-118.

[11] 王志刚,秦涌汐,周强生,等.武汉青山长江公路大桥斜拉索安装牵引技术[J].桥梁建设,2020,50(S1):133-138.

[12] 廖贵星,严汝辉,胡辉跃,等.武汉青山长江公路大桥中跨钢箱梁施工控制关键技术[J].桥梁建设,2020,50(S1):126-132.

[13] 胡明义,黄冰释,余俊林,等.鄂东长江公路大桥设计关键技术[J].桥梁建设,2011(5):64-68.

[14] 杨培诚.鄂东长江大桥超长斜拉索施工技术[J].中国港湾建设,2011(2):55-58.

[15] 赵金霞,白凯,廖原.嘉鱼长江公路大桥钢箱梁设计[J].中外公路,2020,40(5):172-176.

[16] 刘勇,单慧川.嘉鱼长江公路大桥斜拉索安装关键技术[J].世界桥梁,2022,50(3):52-58.

[17] 金增洪.日本多多罗大桥简介[J].国外公路,1999(4):8-13.

[18] 孟庆伶.多多罗大桥工程概要[J].铁道建筑,1999(8):32.

[19] M VIRLOGEUX,杨祖东.诺曼底大桥的设计与施工[J].城市道桥与防洪,1995(3):19-35.

[20] 苏从辉,尚龙,孟维维.池州长江公路大桥北边跨现浇箱梁施工关键技术[J].西部交通科技,2018(11):99-103.

[21] 杨灿文,张强,石建华.池州长江公路大桥主通航孔桥设计[J].桥梁建设,2016,46(4):92-96.

[22] 苏从辉.池州长江公路大桥建成通车[J].世界桥梁,2019,47(5):95.

[23] 刘怀刚,刁先觉.池州长江公路大桥钢箱梁及斜拉索关键安装技术[J].建筑机械,2022,(2):79-81,85.

[24] 陈虎成,张家元,刘明虎,等.石首长江公路大桥主桥总体设计[J].桥梁建设,2017,47(5):6-11.

[25] 钟建国.九江长江公路大桥主桥结构总体设计[J].山东交通科技,2011(2):38-39.

[26] 吴宝诗,陈干.九江长江公路大桥主桥南桥塔基础施工[J].世界桥梁,2012,40(6):1-6.

[27] 万华.荆岳长江公路大桥超长斜拉索全软牵引安装技术[J].湖南交通科技,2011,37(2):97-101.

[28] 丁望星,姜友生.荆岳长江公路大桥设计[J].桥梁建设,2011(4):57-61.

[29] 张家元,丁望星,朱世峰.荆岳长江公路大桥索塔锚固钢锚梁结构体系分析[J].桥梁建设,2015,45(2):89-93.

[30] 张家元,丁望星,赵金霞.荆岳长江公路大桥钢箱梁技术研究[C]//中国公路学会桥梁和结构工程分会,辽宁省公路学会,中朝鸭绿江界河公路大桥项目指挥部.中国公路学会桥梁和结构工程分会2013年全国桥梁学术会议论文集[M].北京:人民交通出版社,2013:693-697.

[31] 彭晓彬,詹建辉,常英,等.武穴长江公路大桥总体设计[J].中外公路,2019,39(3):72-77.

[32] 刘占兵,叶恒梅.武穴长江公路大桥斜拉索张拉及索力调整控制[J].黑龙江交通科技,2023,46(1):79-81.

[33] 马长飞,胡可,汪正兴,等.芜湖长江公路二桥斜置黏滞阻尼器动力性能监测[J].世界桥梁,2019,47(5):65-68.

[34] 梅应华,胡可,朱大勇.芜湖长江公路二桥桥塔锚索系统性能研究[J].世界桥梁,2017,45(6):39-44.

[35] 窦巍.芜湖长江公路二桥新型锚索系统方案研究[J].山西建筑,2018,44(30):146-147.

[36] 刘健新,赵国辉,张煜敏.韩国仁川大桥的设计[C]//中国土木工程学会桥梁及结构工程分会,上海市城乡建设和交通委员会.第十九届全国桥梁学术会议论文集(上册)[M].北京:人民交通出版社,2010:154-161.

[37] 刘海燕,陈开利.韩国仁川大桥的设计与施工[J].世界桥梁,2012,40(4):6-10.

[38] 于祥敏,陈德伟,白植舟,等.贵黔高速鸭池河特大桥钢桁梁施工关键技术[J].桥梁建设,2017,47(4):107-112.

[39] 陈良江,阎武通.我国铁路超千米跨度桥梁的实践与发展[J].中国铁路,2021(9):26-31.

[40] 秦顺全,徐伟,陆勤丰,等.常泰长江大桥主航道桥总体设计与方案构思[J].桥梁建设,2020,50(3):1-10.

[41] 张金涛,傅战工,秦顺全,等.常泰长江大桥主航道桥桥塔设计[J].桥梁建设,2022,52(5):1-7.

[42] 李小珍,李星星,舒晓峰,等.常泰长江大桥主桥风-车-线-桥耦合分析[J].桥梁建设,2021,51(3):17-24.

[43] 冯鹏程,刘新华,易蓓,等.湖北观音寺长江大桥主桥方案构思与总体设计[J].桥梁建设,2023,53(S1):1-8.

[44] 吴志刚,徐宏光.马鞍山长江公路大桥主桥桥型方案选择[J].公路交通科技(应用技术版),2011,7(12):246-249.

[45] 杨吉新,喻桥,石旷,等.平行钢绞线和平行钢丝拉索对比分析[J].工程与建设,2019, 33(1):38-40.

[46] 晏国泰,王蔚,李少芳,等.平行钢丝拉索的发展与展望[J].公路,2022,67(10):190-193.

[47] 柴小鹏,汪正兴,马玉会,等.平行钢绞线拉索与平行钢丝拉索阻尼减振研究[J].世界桥梁,2023,51(3):8-13.

[48] 中华人民共和国交通运输部.公路斜拉桥设计规范:JTG/T 3365-01—2020[S].北京:人民交通出版社股份有限公司,2020.

[49] JAVANMARDI A, GHAEDI K, HUANG F, et al. Application of structural control systems for the cables of cable-stayed bridges: state-of-the-art and state-of-the-practice[J]. Archives of Computational Methods in Engineering,2022,29(3):1611-1641.

[50] VIRLOGEUX M. Recent evolution of cable-stayed bridges[J]. Engineering Structures, 1999,21(8):737-755.

[51] XIANG H, GE Y. Wind resistance challenges and fundamental research on long span bridges [J]. Engineering Science,2011,13(9):1-14.

[52] SPENCER JR, B F, S NAGARAJAIAH. State of the art of structural control[J]. Journal of Structural Engineering,2003,129(7):845-856.

[53] 符旭晨,周岱,吴筑海.斜拉索的风振与减振[J].振动与冲击,2004,23(3):29-32,36.

[54] JAFARI M, HOU F, ABDELKEFI A. Wind-induced vibration of structural cables[J]. Nonlinear Dynamics,2020(100):351-421.

[55] 胡国明,代波涛,李寿英.斜拉桥拉索的振动及其控制措施[J].石家庄铁道学院学报, 2004(1):76-79,92.

[56] VIRLOGEUX MICHEL. State-of-the-art in cable vibrations of cable-stayed bridges[J]. Bridge Structures,2005,1(3):133-168.

[57] KUMARASENA S, JONES N P, IRWIN P, et al. Wind induced vibration of stay cables[R]. Springfield, Virginia: National Technical Information Center,2005.

[58] 李国强,顾明,孙利民.拉索振动、动力检测与振动控制理论[M].北京:科学出版社,2014.

[59] ELSA DE SA CAETANO. Cable vibrations in cable-stayed bridges[M]. Portugal: IABSE (International Association for Bridge and Structural Engineering),2007.

[60] FUJINO Y. Vibration, control and monitoring of long-span bridges—recent research, developments and practice in Japan[J]. Journal of Constructional Steel Research,2002,58 (1):71-97.

[61] FUJINO Y, KIMURA K, TANAKA H. Wind resistant design of bridges in Japan: Developments and practices[M]. Japan: Springer Science & Business Media,2012.

[62] 陈政清,李寿英,邓羊晨,等.桥梁长索结构风致振动研究新进展[J].湖南大学学报(自然科学版),2022,49(5):1-8.

[63] CAETANO E. CABLES. In:Pipinato A (ed.) Innovative Bridge Design Handbook:Construction, Rehabilitation and Maintenance[M]. Oxford,United Kingdom:Elsevier,2021.

[64] SUN L,CHEN L,HUANG H. Stay cable vibration mitigation:A review[J]. Advances in Structural Engineering,2022,25(16):3368-3404.

[65] KITE S,YEUNG N,VEJRUM T. Stonecutters Bridge,Hong Kong:stay cables and geometry control[J]. Proceedings of the Institution of Civil Engineers-Bridge Engineering,2012,165(1):59-65.

[66] HOANG N,FUJINO Y. Combined damping effect of two dampers on a stay cable[J]. Journal of Bridge Engineering,2008,13(3):299-303.

[67] YAMAZAKI S,FUJINO Y,SUN L,et al. Study for countermeasure of stay cable vibration using hydraulic damper[C]. Tokyo,Japan:Proceedings of the 5th World Conference on Structural Control and Monitoring,2010:12-14.

[68] SU D,FUJINO Y,NAGAYAMA T,et al. Identification of cable damping characteristics of a longspan cable-stayed bridge[C]. Tokyo,Japan:Proceedings of the 5th World Conference on Structural Control and Monitoring,2010:12-14.

[69] 查道宏.沪苏通长江公铁大桥斜拉索高阶振动控制研究[J].桥梁建设,2022,52(6):1-7.

[70] WEBER F,DISTL H. Amplitude and frequency independent cable damping of Sutong Bridge and Russky Bridge by magnetorheological dampers[J]. Structural Control and Health Monitoring,2015,22(2):237-254.

[71] AHMED A R,ERMOSHIN N. Assessment of the Cable-Stayed and Cable Damping System Used in the Russky Bridge and Determination of the Force Acting on the Bridge's Cables[C]. International Scientific Conference "INTERAGROMASH 2022" Global Precision Ag Innovation 2022. Rostov-on-Don, Russia:Springer International Publishing, 2023:2719-2730.

[72] FUKUNAGA S,TAKEGUCHI M. Aerodynamic characteristics of indent stay cables of Tatara Bridge[C]. IABSE Symposium:Engineering for Progress, Nature and People. Madrid, Spain:International Association for Bridge and Structural Engineering(IABSE). 2014:2749-2756.

[73] 张妮.土耳其博斯普鲁斯海峡三桥[J].世界桥梁,2016,44(3):90-91.

[74] KLEIN J F. Third Bosphorus Bridge-A masterpiece of sculptural engineering[J]. Stahlbau,

2017,86(2):160-166.

[75] GUESDON M,ERDOGAN J E,ZIVANOVIC I. The third Bosphorus bridge:a milestone in long-span cable technology development and hybrid bridges[J]. Structural Engineering International,2020,30(3):312-319.

第 2 章
斜拉索振动

2.1 概　　述

斜拉索细长轻柔,容易在环境和结构内部激励下出现多种类型的振动。本章首先介绍斜拉索振动分析的基本动力模型,以及风致振动的研究方法和常见的激振类型,供工程师理解斜拉索的基本振动现象。由于斜拉索振动机理复杂,目前仍是研究热点,因此本章也将简述相关研究进展,供感兴趣的读者和本领域的研究人员参考。

2.2 斜拉索动力模型

斜拉索的动力模型是阻尼器和辅助索等减振措施效果研究的基础,因此,本节将首先介绍4种典型的动力模型。在索振动建模分析中,沿着轴线上的振动一般可以忽略,其在垂直于轴线平面内的振动一般分为竖向振动(面内振动)和沿着水平方向的振动(面外振动)两个分量。斜拉索实际的面内、面外振动存在耦合效应,工程中常采用简化解耦的分析方法,即面内和面外振动独立分析。以下以斜拉索面内振动为主介绍常用的动力模型。

首先介绍斜拉索的静力线型,如图2-1所示,记索力为T,沿着弦线的坐标为x,单位长度质量为m。重力作用下,索微元在竖向和水平方向的受力平衡可表示为:

$$\begin{cases} \dfrac{\mathrm{d}}{\mathrm{d}s}\left(T\dfrac{\mathrm{d}y}{\mathrm{d}s}\right) = -mg \\ \dfrac{\mathrm{d}}{\mathrm{d}s}\left(T\dfrac{\mathrm{d}x}{\mathrm{d}s}\right) = 0 \end{cases} \quad (2\text{-}1)$$

式中:y——拉索竖向静力变形,m;

T——拉索索力,N;

s——索弧长坐标,m;

g——重力加速度,一般取$9.81\mathrm{m/s^2}$;

m——拉索单位长度质量,kg;

x——以索一端为原点沿着索弦线的坐标,m。

由式(2-1)得到:

$$T\frac{\mathrm{d}x}{\mathrm{d}s} = H$$

式中：H——索力沿着水平方向的分量，N。

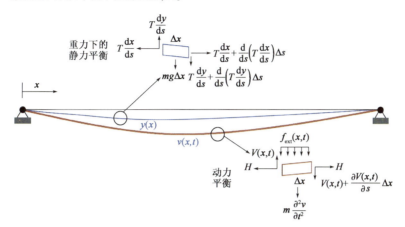

图 2-1　索的静力平衡与动力平衡

进一步可以得到式(2-2)：

$$H\frac{\mathrm{d}^2 y}{\mathrm{d}x^2} = -mg\frac{\mathrm{d}s}{\mathrm{d}x} \tag{2-2}$$

斜拉索的张力一般较大，索在自重下沿着竖向的变形较小，上式右侧近似为常数 $-mg$。那么，$y(x)$ 的解即为抛物线，得到如下表达式：

$$y(x) = \frac{mgL^2}{2H}\left[\frac{x}{L} - \left(\frac{x}{L}\right)^2\right] \tag{2-3}$$

式中：L——索水平投影长度，m。

在索跨中位置，即 $x = L/2$ 处，$y(L/2) = mgL^2/(8H)$，称为索的垂度 d。

1) 张紧弦模型

将斜拉索考虑为一根柔软的绳索，即忽略其抗弯刚度，并且不考虑静力平衡时自重引起的索竖向变形，得到张紧弦模型。记索的动态位移为 $v(x,t)$，索微元在动力外荷载下的受力平衡如图 2-1 所示，则竖向受力平衡，有：

$$-\frac{\partial V(x,t)}{\partial x}\mathrm{d}x = m\frac{\partial^2 v(x,t)}{\partial t^2} + f_{\mathrm{ext}}(x,t) \tag{2-4}$$

式中：$v(x,t)$——拉索的振动位移，m；

$V(x,t)$——索截面上的剪力，N；

t——时间，s；

$f_{\mathrm{ext}}(x,t)$——分布外荷载，N/m。

根据索微元受到的力矩平衡（忽略二阶小量），得到：

$$V(x,t)\mathrm{d}x + H\frac{\partial v(x,t)}{\partial x}\mathrm{d}x = 0 \tag{2-5}$$

进而得到索振动的微分方程：

$$H\frac{\partial^2 v}{\partial x^2} - m\frac{\partial^2 v}{\partial t^2} = f_{\text{ext}}(x,t) \tag{2-6}$$

外荷载为 0 时，求解上述偏微分方程，可以得到拉索自由振动的圆频率 ω_n 为：

$$\omega_n = \frac{n\pi}{L}\sqrt{\frac{H}{m}} \tag{2-7}$$

式中：n——拉索振动模态阶数；

ω_n——拉索的第 n 阶圆频率，rad/s。

对应的振动频率为：

$$f_n = \frac{\omega_n}{2\pi} = \frac{n}{2L}\sqrt{\frac{H}{m}} \tag{2-8}$$

式中：f_n——拉索的第 n 阶振动频率，Hz。

索自由振动的振型为正弦函数：

$$\tilde{v}(x) = C\sin\frac{n\pi x}{L} \tag{2-9}$$

式中：$\tilde{v}(x)$——拉索的第 n 阶振型，表示振幅沿着索长的分布；

C——常数。

2) 小垂度索模型

考虑索在自重下的静力变形 $y(x)$，H 表示静力平衡时索力的水平分量，$v(x,t)$ 表示索相对于静力平衡位置的动态位移，可以推导得到如下的振动方程：

$$H\frac{\partial^2 v}{\partial x^2} + h(t)\frac{\mathrm{d}^2 y}{\mathrm{d}x^2} - m\frac{\partial^2 v}{\partial t^2} = f_{\text{ext}}(x,t) \tag{2-10}$$

式中：$h(t)$——索振动引起的索力增量的水平分量，为时间的函数，按式(2-11)计算：

$$h(t) = \frac{mgEA}{HL_e}\int_0^L v\mathrm{d}x \tag{2-11}$$

式中：E——索材料的弹性模量，N/m²；

A——索钢丝的截面面积，m²；

L_e——索变形后的弧线长度(m)，$L_e = \int_0^L \left(\frac{\mathrm{d}s}{\mathrm{d}x}\right)^3 \mathrm{d}x \approx L[1 + 8(d/L)^2]$，一般仅比索的长度略大。

采用小垂度假定时，即索的静力线形为抛物线，定义如下的垂度参数，来表征索的几何刚度与轴向刚度的相对大小：

$$\lambda^2 = \left(\frac{mgL}{H}\right)^2 L\bigg/\left(\frac{HL_e}{EA}\right) = \left(\frac{mgL}{H}\right)^2 \frac{EAL}{HL_e} \tag{2-12}$$

式中:λ^2——索的垂度参数,也称 Irvine 参数,一般而言,对于短索,其垂度可忽略不计,即 $\lambda^2 \approx 0$;随着索长的增大,λ^2 的值增大。

上述小垂度索的振动方程可以写成如下形式:

$$H\frac{\partial^2 v}{\partial x^2} - \frac{\lambda^2}{L^3}\int_0^L v\mathrm{d}x - m\frac{\partial^2 v}{\partial t^2} = f_{\mathrm{ext}}(x,t) \tag{2-13}$$

考虑垂度后,索的奇数阶振动频率以及振型与参数 λ^2 相关,可以通过求解式(2-14)获得:

$$\tan\left(\frac{\pi\bar{\omega}_n}{2}\right) = \frac{\pi\bar{\omega}_n}{2} - \left(\frac{4}{\lambda^2}\right)\left(\frac{\pi\bar{\omega}_n}{2}\right)^3, n = 1,3,5,\cdots \tag{2-14}$$

式中,$\bar{\omega}_n$ 为量纲一的圆频率,定义为:

$$\bar{\omega}_n = \frac{L\omega_n}{\pi}\sqrt{\frac{m}{H}}$$

表 2-1 给出了垂度参数 λ^2 在 0~3 之间时,斜拉索的第一、三和五阶频率受到的影响。可见,实际小垂度索的一阶频率受到垂度的一定影响,其他阶的频率受到垂度的影响很小,可以忽略不计。斜拉索偶数阶的频率仍采用式(2-7)计算,振型仍由式(2-9)确定。小垂度斜拉索的奇数阶振型的表达式为:

$$\tilde{v}(x) = C\left[1 - \tan\left(\frac{\pi\bar{\omega}_n}{2}\right)\sin(\pi\bar{\omega}_n x) - \cos(\pi\bar{\omega}_n x)\right] \tag{2-15}$$

垂度参数对索频率的影响　　　　　　　　　　表 2-1

λ^2	第一阶频率 $\bar{\omega}_1$	第三阶频率 $\bar{\omega}_3$	第五阶频率 $\bar{\omega}_5$
0	1.000	3.000	5.000
0.1	1.004	3.000	5.000
0.2	1.008	3.000	5.000
0.3	1.012	3.000	5.000
0.4	1.016	3.001	5.000
0.5	1.020	3.001	5.000
0.6	1.024	3.001	5.000
0.7	1.028	3.001	5.000
0.8	1.032	3.001	5.000
0.9	1.036	3.001	5.000
1.0	1.040	3.002	5.000
1.1	1.044	3.002	5.000
1.2	1.048	3.002	5.000
1.3	1.052	3.002	5.000
1.4	1.056	3.002	5.000
1.5	1.060	3.002	5.000

续上表

λ^2	第一阶频率 $\bar{\omega}_1$	第三阶频率 $\bar{\omega}_3$	第五阶频率 $\bar{\omega}_5$
1.6	1.064	3.002	5.000
1.7	1.067	3.003	5.001
1.8	1.071	3.003	5.001
1.9	1.075	3.003	5.001
2.0	1.079	3.003	5.001
2.1	1.083	3.003	5.001
2.2	1.086	3.003	5.001
2.3	1.090	3.004	5.001
2.4	1.094	3.004	5.001
2.5	1.098	3.004	5.001
2.6	1.101	3.004	5.001
2.7	1.105	3.004	5.001
2.8	1.109	3.004	5.001
2.9	1.112	3.004	5.001
3.0	1.116	3.004	5.001

3) 受拉梁模型

考虑抗弯刚度但不考虑垂度效应时,斜拉索的振动方程变为如下的四阶偏微分方程:

$$H\frac{\partial^2 v}{\partial x^2} - EI\frac{\partial^4 v}{\partial x^4} - m\frac{\partial^2 v}{\partial t^2} = f_{\text{ext}}(x,t) \tag{2-16}$$

式中:I——索截面的惯性矩,m^4;

EI——拉索抗弯刚度,$N \cdot m^2$。

对于受拉梁而言,一个重要的参数是其轴向刚度与抗弯刚度的相对大小,通常采用如下的量纲一参数来描述:

$$\varepsilon = \frac{EI}{HL^2} \tag{2-17}$$

统计得到多多罗大桥斜拉索的 ε 值在 $3.6 \times 10^{-6} \sim 3.6 \times 10^{-5}$ 之间;对于昂船洲大桥的斜拉索,该数值在 $2.5 \times 10^{-6} \sim 4 \times 10^{-5}$ 之间。受拉梁的自由振动频率一般不具有显式解,仅当轴向力为 0 且梁两端铰接时,可以获得频率的解析解:

$$\omega_n = \frac{\pi^2}{L^2}\sqrt{\frac{EI}{m}} \tag{2-18}$$

4) 考虑垂度的受拉梁模型

同时考虑索的垂度和抗弯刚度,索的振动方程如下:

$$H\frac{\partial^2 v}{\partial x^2} + h(t)\frac{d^2 y}{dx^2} - EI\frac{\partial^4 v}{\partial x^4} - m\frac{\partial^2 v}{\partial t^2} = f_{\text{ext}}(x,t) \qquad (2\text{-}19)$$

由于斜拉索一般包含多根钢丝或者钢绞线,钢丝或者钢绞线之间力学关系复杂,因此其截面惯性矩和抗弯刚度难以准确获得。此外,根据对大量不同参数的斜拉索的统计,发现斜拉索的抗弯刚度对其动力特性影响较小,尤其是易发生振动的长索。因此,在斜拉索减振分析中,一般未考虑索的抗弯刚度,而较多地采用了张紧弦和小垂度索模型。当斜拉索倾角(锚固点之间的连线与水平面的夹角)为 θ 时,将其变换为水平索进行分析,水平力 H 即为斜拉索的轴向力,其他参数保持不变,垂度参数计算时需考虑倾角的影响:

$$\lambda^2 = \left(\frac{mgL\cos\theta}{H}\right)^2 \frac{EAL}{HL_e} \qquad (2\text{-}20)$$

对于一般长度不大于300m的斜拉索,斜拉索的垂度可忽略不计,索面外振动时也无垂度的影响,因此张紧弦模型应用最为广泛,对于理解索振动和减振的基本知识也已足够。

2.3 斜拉索风致振动研究方法

斜拉索振动频率密集,容易受到内外动力激励产生不同机理和模态的振动。拉索振动按照其产生原因可分为两类,一类是由空气动力不稳定引起的风致振动,另一类是由桥塔或桥面运动激起的拉索内部共振及参数振动。其中,风致振动涉及气固、气固液耦合效应,其机理相对复杂,因而引起研究人员的广泛关注。工程上关注较多的风致振动类型有风雨激振、涡激振动和驰振等。在讨论索风致振动前,首先介绍风致振动相关参数以及研究方法。

2.3.1 风振基本参数与定义

1) 雷诺数(Reynolds number)

雷诺数(Re)是流体的惯性力与黏性力之比,是描述物体周围可压缩流体(此处指空气)流动的一个关键参数,可以用下式表示:

$$Re = \frac{\rho UD}{\mu} = \frac{UD}{\nu} \tag{2-21}$$

式中：ρ——流体密度，此处即为空气密度，kg/m³；

U——风速，m/s；

D——索直径，m；

μ——气体黏度，g/m·s；

ν——运动黏度，Pa·s。

雷诺数越大，意味着惯性力相对于黏性力更加显著，流体此时的流动呈现极为复杂且不稳定的现象（如湍流和涡旋）。相反，当雷诺数较小时，黏性力相对较强，流体流动相对较为稳定，并通常呈现层流状态。

2) 斯特劳哈尔数（Strouhal number）

斯特劳哈尔数是一个与涡流激励相关的量纲一参数，用于描述流体中由振动或周期性现象引起的尾迹或波动，按下式定义：

$$S_t = \frac{N_S D}{U} \tag{2-22}$$

式中：N_S——涡流激励频率，Hz；

S_t——斯特劳哈尔数。

斯特劳哈尔数是表征流动非定常性的相似准则，是非定常空气动力试验中要模拟的相似准则。

3) 斯柯顿数（Scruton number）

当考虑涡流激励、风雨激振、尾流驰振、干索驰振时，斯柯顿数是一个重要参数，其定义见下式：

$$S_c = \frac{m\zeta}{\rho D^2} \tag{2-23}$$

式中：ζ——模态阻尼比；

S_c——斯柯顿数。

斯柯顿数可以用来反映拉索对外界激励的敏感程度。斯柯顿数越小，拉索对外界激励越敏感；反之，拉索对外界激励越不敏感。拉索的密度和质量越大，斯柯顿数就越大。同样，增加阻尼可以增大斯柯顿数。实际工程应用中，通常倾向于通过增大斯柯顿数来减少大多数风致振动的影响。

4) 气动力系数

在斜拉桥和斜拉索设计中，最为关注的就是斜拉索上受到的风荷载的大小，其与以下几个参数相关。

阻力系数(drag coefficient)C_D定义为：

$$C_D = \frac{F_D}{0.5\rho U^2 DL} \quad (2\text{-}24)$$

升力系数(lift coefficient)C_L定义为：

$$C_L = \frac{F_L}{0.5\rho U^2 DL} \quad (2\text{-}25)$$

风压系数(pressure coefficient)C_P定义为：

$$C_P = \frac{P - P_{st}}{0.5\rho U^2} \quad (2\text{-}26)$$

式中：F_D——顺风向风对拉索节段作用力，N；

　　　F_L——横风向风对拉索节段作用力，N；

　　　L——拉索/模型长度，m；

　　　P——拉索表面压强，Pa；

　　　P_{st}——大气压强，Pa。

气动力系数为量纲一常数，可用于计算拉索上的气动作用力。这些系数与索表面的形状、尺寸以及流体的性质有关，通常需要风洞试验测试获得。

2.3.2　索风致振动研究方法

研究人员主要通过风洞试验、现场观测理论研究来研究拉索风致振动的机理。另外，随着计算机硬件和计算流体力学的发展，数值模拟技术的应用也越来越广泛。

1) 风洞试验

风洞试验在拉索风振的研究中发挥着重要的作用。自20世纪90年代以来，许多学者通过风洞试验对拉索风雨激振和涡振进行了广泛的研究。在风洞试验中，研究人员针对原型索的气动外形和质量，制作拉索节段模型，并使用弹簧将其两端悬挂在固定支架上，通过调节弹簧的刚度系数模拟原型索的振动频率。此外，可以在节段模型的端部增加阻尼装置，模拟索的阻尼。在研究风雨激振时，学者们还研发了人工降雨装置，如图2-2所示，以模拟风和雨的共同作用。试验中，研究人员可测量拉索在风及风雨共同作用下的振幅，在索表面测压和测力，亦可采用摄像等技术观测水线的运动轨迹。除研究光面索的气动特性外，风洞试验还可用于研究和验证索表面不同气动措施的抑振效果，在斜拉索振动机理研究方面也应用广泛。此外，在尺寸较大的风洞中，还可以通过张拉较短的柔性索，研究柔性索的多模态涡振。

a)风雨激振试验装置　　　　b)喷洒装置及索节段模型照片

c)人工降雨装置　　　　d)高精度人工造雨系统

图2-2　拉索风雨激振试验系统[1]

2)现场观测

现场观测即在实桥上观测斜拉索的振动以及环境荷载,一般采用加速度传感器观测拉索上单处或多个位置的面内、面外振动。环境观测包括风速和风向的记录,对应还应该观测桥梁主梁、主塔的振动等。通过综合分析环境观测和索振动,以及桥梁主梁、桥塔的振动数据,可得到索的振动特征规律和机理。

3)理论研究

理论研究主要是指基于实桥观测或风洞试验数据,构建斜拉索振动以及风、雨荷载的动力模型,诠释斜拉索风、风雨振动机理。相较于风洞试验和现场观测,斜拉索振动的理论分析研究开展较晚。对于拉索的各类振动,现有研究构建了一些简化的分析模型,常用几个自由度模型描述索节段振动。构建更精细化、准确和全面的拉索激振理论模型仍是当前研究的一个课题。

4)计算流体力学模拟

计算流体力学(CFD)模拟分别构建流体和拉索的数值模型,并且考虑二者的耦合效应,分析拉索的风致振动响应和机理。风洞试验通常会受试验条件的限制且成本昂贵,而理论研究中的假设过于理想化,往往与实际情况不符。数值模拟方法的不断完善,在一定程度上弥补了风洞试验和理论研究的不足,为斜拉索风雨激振等振动机理的研究提供了一种新的思路。然而,计算流体力学模拟采用的模型通常自由度数量极大,分析效率仍然较低,现有研究多采用二维模型。并且,由于气液两相流的模拟较为复杂,针对风雨激振的计算流体力学方法也较难实现,模拟时往往需要对水流的运动模型进行简化。

2.4 斜拉索基本振动类型与机理

本节介绍斜拉索的风致振动和索端激振,其中风致振动又包括风雨激振、涡激振动、驰振和抖振等。

2.4.1 风雨激振

1)振动现象

斜拉索在风和雨的共同作用下可能会产生风雨激振现象,风雨共同作用是该振动最显著的特征。这种现象最早于1984年在日本名港西大桥的施工过程中被发现,从而引起研究人员的注意。通过对该桥进行为期5个月的现场实测,发现了斜拉索风雨激振现象的一些特征[2]:

(1)斜拉索仅在下雨期间出现大的振幅,如图2-3所示;

(2)只有倾斜方向与风向同向的斜拉索才会发生大幅振动;

(3)斜拉索风雨激振发生在一定风速范围内,具有"限速"的特点;

(4)斜拉索风雨激振的振动频率远小于涡激共振频率,而振幅远大于涡激共振的振幅;

(5)随着斜拉索长度的增加,发生风雨激振的拉索振型从低阶向高阶变化,日本名港西大桥的斜拉索发生风雨激振时振型一般为1~4阶,频率集中在1~3Hz之间;

(6)拉索表面会形成水线,水线会随着拉索的振动而振荡。

迄今为止,国内外已有许多斜拉桥斜拉索发生风雨激振的报道。表2-2列入了部分较为详细记录的桥梁斜拉索风雨激振事件。其中,美国弗雷德哈特曼大桥(Fred Hartman Bridge)的风雨激振发生在建成不久后,大幅的风雨激振导致桥梁构件出现焊缝失效和疲劳裂纹[3]。除表2-2中列出的桥梁外,文献记载发生过索风雨激振的还有比利时的本·阿辛桥(Ben Ahin Bridge)和旺德桥(Pont de Wandre)、澳大利亚纽澳军团桥(Anzac Bridge)、英国的赛文二桥(Second Severn Crossing)、日本的东神户大桥(Higashi-Kobe Bridge)、西班牙的阿拉米罗桥(Alamillo Bridge)和中国的苏通长江公路大桥等。

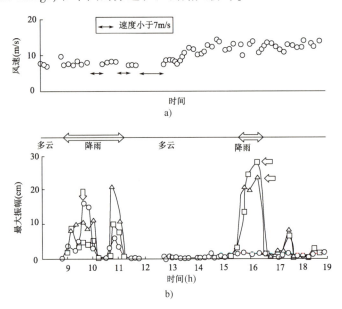

图2-3 斜拉索风雨激振现象与降雨的相关性[2]

部分有记录风雨激振现象的桥梁　　　　　　　　　　　　　　　表2-2

桥名	国家	风雨激振发生年份	最大振幅峰值（cm）	备注
名港西大桥	日本	1984	55	风速14m/s
荒津大桥(Aratsu Bridge)	日本	1987	60	—
岩黑岛大桥	日本	1987	不详	—
天保山大桥(Tenpozan Bridge)	日本	1987	195	—
纪念退伍军人大桥	美国	1991	不详	—
弗雷德哈特曼大桥(Fred Hartman Bridge)	美国	1995	不详	钢构件疲劳裂缝,焊缝破坏
伊拉斯莫斯桥	荷兰	1996	70	主要为2阶振动,桥面亦振动
杨浦大桥	中国	1997	>50	相邻拉索碰撞
杨浦大桥	中国	2000	不详	拉索锚具疲劳破坏
南京长江二桥	中国	2001	>50	拉索油阻尼器破坏
洞庭湖大桥	中国	2001	>40	振动频率为2.2Hz左右,2阶振动模态,激起桥面振动,索撞击钢护筒发出声响
布鲁东纳大桥(Brotonne Bridge)	法国	—	60	—
科尔布兰德桥(Koehlbrand Bridge)	德国	—	100	—
法鲁桥(Faro Bridge)	丹麦	—	200	—

进一步对发生风雨激振的桥梁及其振动相关特征进行统计,整理得到表2-3[4-5]。可以看出,发生风雨激振的斜拉索长度范围在65～577m之间,直径在120～200mm之间,振动频率在0.64～4.0Hz之间,阻尼范围为0.07%～0.28%,对应的风速在4～17m/s之间,降雨强度则涵盖了小雨、中雨和大雨,拉索风雨激振的振幅范围为0.4～1.95m。

斜拉索风雨振实测结果[4]　　表2-3

桥名	国家	主跨(m)	索长(m)	索径(mm)	拉索频率(Hz)	阻尼比(%)	风速(m/s)	降雨强度	振幅(m)
名港西大桥	日本	402	65～100	140	1.0～3.0	0.07～0.28	14	中～大	0.55
弗雷德哈特曼大桥	美国	380	87～182	140/160	1.24/0.64	0.09～0.23	4～20	小～大	—
非洲城大桥	美国	240	—	—	0.9～2.0	0.1～0.9	9～13	小	1.5
天保山大桥	日本	350	—	—	1.0～4.0	—	—	—	1.95
杨浦大桥	中国	602	330	120	0.9～2.6	0.14～0.18	12～17	中	>1.0
南京长江二桥	中国	628	300	140	2.0	0.10～0.12	10～15	小	>1.0
伊拉斯莫斯桥	荷兰	285	—	200	<3.0	0.07～0.09	<30	小～中	0.5～0.7
洞庭湖大桥	中国	310	122/129	119/124	0.9～3.5	—	0～14	小～大	>0.4
苏通长江公路大桥[5]	中国	1088	337/577	139/161	2.0～4.0	—	10～12	台风"海葵"	—
总结		285～890	65～577	119～200	0.64～4.0	0.07～0.28	4～17	小～大	0.4～1.95

索风雨激振机理复杂,涉及拉索-风-雨的三维耦合效应,目前风雨激振的机理诠释仍是一个研究课题。日本学者Hikami和Matsumoto以及诸多其他国家的学者通过多年的实桥现场观测和风洞试验,总结出了斜拉索风雨激振的一些发生条件及特点:

风:风雨激振发生时风速一般为6～18m/s,且紊流度较小,临界雷诺数范围为6×10^4～2×10^5,引起拉索风雨激振的风向大部分在与拉索平面呈30°～50°的范围内。

雨:雨是斜拉索发生风雨激振的必要条件,且雨量大小对风雨激振振幅的影响显著。

水线:上水线的形成是发生风雨激振的必要条件,试验发现仅有下水线存在时拉索不发生风雨激振。发生风雨激振时,上下水线在拉索表面绕索轴向做周向振荡。目视观察显示水线振荡频率与索振动频率相同。

斜拉索特性:发生风雨激振的斜拉索一般有护套包裹,拉索直径为80～200mm,长索发生风雨激振的可能性较大,而靠近塔柱处的短索发生这一振动的可能性较小。在来流方向,桥塔下游索比桥塔上游索容易起振,但有时桥塔上下游索同时或单独振动。

振幅:斜拉索风雨激振的振幅远大于其他风致振动的振幅,大多数情况下斜拉索风雨激振的位移幅值能达到2倍索直径,个别甚至达到5倍左右索直径乃至引起相邻拉索相互碰撞。

频率与振型:常以"拍"的形式出现,频率一般在0.3~3Hz之间变化,多模态同时振动,频率成分较多。大多数情况下,斜拉索振动主要是面内振动。

阻尼:发生风雨激振时,斜拉索的模态阻尼比很小,各阶模态的对数衰减率不到0.01。

目前的研究结果认为,斜拉索风雨激振有以下几种可能的起因:

(1)雨水沿拉索表面形成水线,水线改变了索原有圆形断面的气动稳定性。在一定来流攻角和风速条件下,索断面的气动升力线斜率为负,引发驰振。

(2)来流在倾斜索的后表面形成轴向流,轴向流的存在使索剖面在平滑流中的升力线斜率为负,引发驰振。

(3)两自由度不稳定,即扭转机制。雨水在索表面形成的水线环索表面振动,水线的振动频率和索的某阶固有频率相同时,索的弯曲振动、水线的振动以及来流产生耦合导致负的气动阻尼,从而引起索的大幅振动。

由于斜拉索、雨线及风三者之间的耦合作用,索风雨激振机制比索面覆冰、安装灯带导致断面变化引起驰振机制要复杂得多。

2) 抑振需求

由于斜拉索风雨激振大幅低频的特点,其成为斜拉索设计中首要考虑的振动类型。日本《本四技规》中建议采用式(2-27)来计算斜拉索风雨激振的临界风速 U_{crit}:

$$U_{crit} = \frac{cD\sqrt{S_c}}{T_n} \tag{2-27}$$

式中:T_n——拉索振动周期,s;

c——介于35~40之间的常数,一般取35。

以一根长索为例,一阶周期一般在4s左右,考虑斯柯顿数为10,直径为0.2m,可以得到上述临界风速为5.5m/s(取$c=35$)。可见,对于长索发生风雨激振的临界风速很低,因此大部分需要进行抑制风雨激振设计。现有研究发现,增加阻尼能有效抑制风雨激振,采用实际斜拉索试验得出的数据用于确定风雨振的失稳边界[6],发现当斯柯顿数大于10时,风雨激振的振幅可以降低到安全水平,即要求:

$$S_c = \frac{m\zeta}{\rho D^2} > 10 \tag{2-28}$$

这一标准被美国后张预应力协会(PTI)编制的斜拉索设计、试验及安装推荐规程采纳。经过对大量拉索数据的收集和分析,发现一般使用高密度聚乙烯(HDPE)包裹的拉索,其自身振动的对数衰减率($\delta = 2\pi\zeta$)约为0.01,则其斯柯顿数约为5,这低于式(2-28)中推荐的安全水平,因此需要通过增大阻尼提高斯柯顿数来抑制风雨激振。基于美国16座斜拉桥的所有拉索的数据分析[7],发现对于90%的斜拉索,当对数衰减率δ为0.044时,可以确保斯柯顿数大于10,而当对数衰减率δ在0.003~0.03范围内时,则有必要在斜拉索上安装阻尼器。为安全起见,在实际工程中通常都会在拉索上安装阻尼器。对于长拉索,可以考虑采用支架安装黏滞/剪切阻尼器(通常安装在2.5%索长左右的位置);而对于短拉索,可以在套管口附近安装黏滞阻尼器或橡胶阻尼器(套管口通常位于1%索长左右的位置)。在施工阶段,拉索阻尼比通常较小,斯柯顿数较小。例如,在日本名港西大桥的施工过程中,斯柯顿数约为1.7。这使得在施工期间更容易观察到风雨激振现象,需要采取临时减振措施。

根据目前对拉索风雨激振控制的工程实践和试验研究来看,将拉索的对数衰减率增大到0.02~0.03[8]、增设辅助索将拉索形成一个索网体系以增大其整体刚度、采用气动措施阻止雨线的形成这3种方法均可有效减弱风雨激振。后续章节将详细介绍这几种抑振方法。

2.4.2 涡激振动

当稳定的气流流经圆柱体表面时,在圆柱体的背风侧将产生稳定的旋涡交替脱落,旋涡脱落随断面形状和雷诺数 Re 的变化而变化(图2-4),圆柱体后的涡列称为冯·卡门涡街。旋涡的脱落频率 N_s、风速 U 和圆柱直径 D 之间满足式(2-22)的关系。对于圆形截面,$S_t \approx 0.2$。

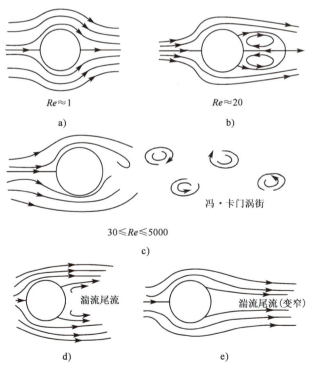

图2-4 圆柱体背面旋涡的脱落

交错的旋涡脱落会给圆柱体施加周期性的激励力。当旋涡脱落的频率与索的某一阶自振频率接近或相等时,斜拉索受到这种动力作用,就会出现目测可见的振动,斜拉索的这种振动称为涡激振动。对于一般斜拉索而言,其斜拉索静张力 $T = \sigma_s A$(σ_s 为斜拉索的恒载应力)。斜拉索单位长度质量为 $m = \gamma_{eq} A/g$。一般斜拉索的恒载应力 $\sigma_s = 3 \times 10^5 \sim 4 \times 10^5 kN/m^2$,考虑斜拉索防护导管重量后的换算重度为 $\gamma_{eq} \approx 100 kN/m^3$,于是,斜拉索的基频 f_1 可以按下式估算:

$$f_1 = \frac{1}{2L}\sqrt{\frac{T}{m}} = \frac{1}{2L}\sqrt{\frac{\sigma_s g}{\gamma_{eq}}} \approx \frac{100}{L} \tag{2-29}$$

由于斜拉索长度一般在 $50 \sim 600m$ 之间变化,故斜拉索的基频将在 $0.16 \sim 2Hz$ 之间变化,具体随长度而异。由 $f_1 = N_s$ 的共振条件,可知发生涡激振动的临界风速为:

$$U_{crit} = \frac{f_1 D}{S_t} \approx \frac{100 D}{L S_t} \tag{2-30}$$

斜拉索外径约为 $0.2m$,故拉索一阶涡激振动的临界风速仅有 $0.16 \sim 2m/s$ 的量级,而如此低的风速所产生的涡激力将难以提供激起斜拉索低阶大振幅振动的能量,故一般而言,斜拉索的涡振往往是指较高阶的振动。此外,当旋涡的脱落频率斜拉索某一阶自振频率相等时,继续增大风速,旋涡的脱落频率保持不变,这种现象称为"锁定"(图2-5)。斜拉索的涡振幅值对其阻尼和截面形状很敏感。

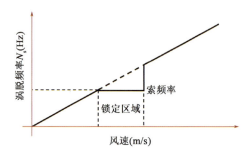

图 2-5 斜拉索涡激振动的频率"锁定"现象

近年来,研究者和工程师在多座主跨超过 600m 的斜拉桥上观测到了振幅明显的斜拉索高阶涡激振动现象。例如,洞庭湖大桥的 A12 号斜拉索(长度 121.9m、直径 119mm、基频 1.07Hz)的风致振动监测结果表明,该索存在因风横向作用引起的经典涡振和轴向流引起的高折减风速涡振现象,且高折减风速涡振是拉索涡振的主要部分[9]。对金塘大桥 CAC20 号斜拉索的振动监测也发现斜拉索发生了多阶涡激振动[10],且不同时段斜拉索振动频率不同,主要在 $5 \sim 15Hz$ 范围内,加速度最大值达到 $6.5m/s^2$,对应索模态阶数高达 40 阶[11]。苏通长江公路大桥斜拉索振动监测系统数据显示,在桥面风速为 $4 \sim 8m/s$ 时,SJ34D 号斜拉索(长度576.77m、直径180mm、基频0.22Hz)发生了 $9.5 \sim 10Hz$ 的涡激共振。长期监测结果显示,苏通长江公路大桥的 NA09U、NA29U、NA30U 和 NA31U 斜拉索也都出现了高阶涡振现象[12-13]。其中,NA30U 斜拉索长度 493.72m、直径 142mm、基频为 0.26Hz,其实测振动频率最高可达12.3Hz,对应了该索的第 47 阶模态。图 2-6 所示为监测发现长度为 546m 的索(基频0.24Hz、直径0.151m)出现涡振时段的风速、索面内振动加速度时程和频谱。该索外置阻尼器位于距梁端锚固点 2.21% 索长的位置,索振动频率为 10.6Hz,对应第 44 阶模态,该模态振动时阻尼器位置接近振型的驻点,因此不能提供阻尼效果,索振动频率和风速满足涡激共振条件。即对于已安装阻尼器的长索,常出现涡振的模态的振型驻点接近外置阻尼器位置[14]。荆岳长江公路大桥(主跨 816m)的索振动监测结果表明,编号为 JB01 的斜拉索的面内涡振加速度达到 $2.5g$,其峰值频率包括 11.8Hz、12.8Hz 和 13.8Hz,分别对应该斜拉索的第 12、13、14 阶模态,而编号为 JB02 的斜拉索的面内和面外振动峰值频率高达25.4Hz,为该拉索的第 28 阶模态[15]。综上所述,工程实践中部分大桥的拉索存在涡振问题,且拉索涡振呈现频带宽和多模态的复杂性。

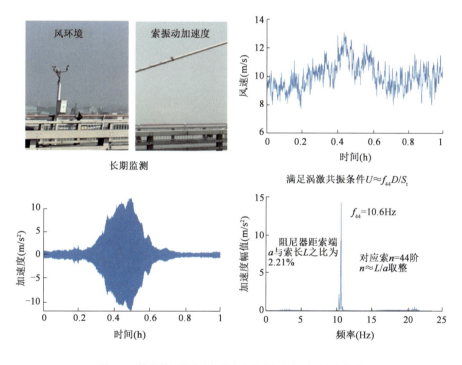

图 2-6　苏通长江公路大桥长索高频大振幅振动时程和频谱

尽管拉索的涡振不像风雨激振那样具有破坏性,但长期的高频涡振会导致拉索连接以及阻尼器等关键部件发生疲劳损伤,或使得拉索外皮脱落、连接件松动,以及阻尼器性能下降。根据《公路桥梁抗风设计规范》(JTG/T 3360-01—2018),斜拉索涡振振幅可按下式近似计算:

$$v_{max} = \frac{0.008 \sigma_{C_L} D}{S_t^2 S_c} \quad (2-31)$$

式中：v_{max}——涡激共振振幅，m；

S_t——斯特劳哈尔数，一般取 0.2；

σ_{C_L}——升力系数标准差，对于圆柱构件一般取 0.45。

试验研究同样表明，在锁定区域中，随着斯柯顿数的增大，振幅会减小。而增大拉索的质量和阻尼会提高斯柯顿数，从而降低振幅[16]。代入 S_t、S_c 表达式，得到如下公式[17]：

$$\frac{v_{max}}{D} = 0.008 \frac{C_L}{m\zeta/(\rho D^2)} \left(\frac{U}{N_S D}\right)^2 \tag{2-32}$$

式中，升力系数 C_L 在无实测数据时可以取 0.3。

通过式(2-31)和式(2-32)可以看出，拉索自身的阻尼比会影响涡激振动的振幅。但通常情况下，斜拉索的固有阻尼比不足以有效抑制涡激振动，因此需要针对涡振模态，提升阻尼。根据工程实践，一般拉索的对数衰减率 δ 为 0.01～0.015 时，可以有效抑制涡激振动。此外，针对拉索的涡激振动问题，还可以采用气动措施进行处理，各种气动措施主要通过消除旋涡的有规律脱落来预防涡激共振的出现。

2.4.3 驰振

驰振具有典型的不稳定性，在垂直于气流方向上会表现为大幅度的振动，其振动频率远低于相同截面的旋涡脱落频率。Den Hartog 在 1940 年观察到结冰电缆在大风中的大振幅弯曲振动时将这一不稳定振动现象定名为驰振。驰振只限于单自由度弯曲振动体系，一般发生在具有特殊截面的结构上。这种截面受到的气动力随攻角变化的曲线存在负斜率，当满足一定条件时，可使得结构振动发生时的气动阻尼为负，气动力对结构振动做正功，为自激振动。一般来说，桥梁的拉索具有圆形横截面，其平均升力系数为 0，具有良好的抗驰振稳定性，不容易发生驰振现象。但斜拉索通常是斜向布置的，当风速存在与斜拉索轴线不垂直的分量时，斜拉索的有效截面将变为椭圆形，从而增大了驰振发生的可能性。目前广泛接受和应用的驰振理论主要包括 3 种：横风向驰振理论、扭转驰振理论和偏心惯性耦合失稳理论。在这些理论中，横风向驰振理论被广泛采纳和运用，以下对其进行简要介绍。

驰振的分析基于准定常假设，如图 2-7 所示，考虑处于平稳气流中的长细物体的一个节段(拉索)固定不动，来流风攻角为 α，风速为 U，则作用在物体上的阻力 $F_D(\alpha)$ 和升力 $F_L(\alpha)$ 分别为：

$$\begin{cases} F_D(\alpha) = \frac{1}{2}\rho U^2 B C_D \\ F_L(\alpha) = \frac{1}{2}\rho U^2 B C_L \end{cases} \tag{2-33}$$

式中：B——物体的特征高度,对于拉索为其直径 D,m；

α——风攻角,(°)；

C_D、C_L——阻力系数和升力系数,是风攻角 α 的函数。

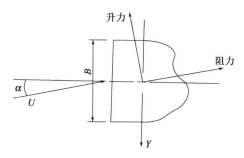

图 2-7　固定钝体上的升力和阻力

阻力和升力在 Y 方向的合力 F_Y 为:

$$F_Y = -F_D(\alpha)\sin\alpha - F_L(\alpha)\cos\alpha \tag{2-34}$$

可将 F_Y 用与阻力和升力相同的形式表示为:

$$F_Y = \frac{1}{2}\rho U^2 B C_{F_Y} \tag{2-35}$$

式中,$U = U_r\cos\alpha$；C_{F_Y} 为 Y 方向作用力的系数,则:

$$C_{F_Y} = -(C_L + C_D\tan\alpha)\sec\alpha \tag{2-36}$$

对于运动物体,假定其在横风向的振动速度为 $\dot{Y}$,则由图 2-8 可见,气流对运动的物体的相对速度为 $U_r = \frac{1}{2}(U^2 + \dot{Y}^2)$,相对风攻角为 $\alpha = \tan^{-1}\left(\frac{\dot{Y}}{U}\right)$。设该物体单位长度质量为 m,阻尼符合线性机械阻尼假设,则其振动方程式可写为:

$$m(\ddot{Y} + 2\zeta\omega_1\dot{Y} + \omega_1^2 Y) = F_Y \tag{2-37}$$

式中:ω_1——物体振动圆频率。

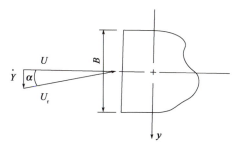

图 2-8　振荡钝体的有效迎角

考虑初始振动速度 $\dot{Y}\approx 0$ 附近的情况,此时 $\alpha\approx\frac{\dot{Y}}{U}$,则:

$$F_Y \approx \frac{\mathrm{d}F_Y}{\mathrm{d}\alpha}\bigg|_{\alpha=0} \times \alpha \tag{2-38}$$

可得：

$$\frac{\mathrm{d}C_{F_Y}}{\mathrm{d}\alpha}\bigg|_{\alpha=0} = -\left(\frac{\mathrm{d}C_L}{\mathrm{d}\alpha} + C_D\right) \tag{2-39}$$

代入式(2-37)，得到：

$$m(\ddot{Y} + 2\zeta\omega_1\dot{Y} + \omega_1^2) = -\frac{1}{2}\rho U^2 B\left(\frac{\mathrm{d}C_L}{\mathrm{d}\alpha} + C_D\right)\frac{\dot{Y}}{U} \tag{2-40}$$

上式的右端项含有 $\dot{Y}$，实际为一负阻尼项，即振动的实际阻尼为：

$$2\zeta\omega_1 m - \frac{1}{2}\rho UB\left(\frac{\mathrm{d}C_L}{\mathrm{d}\alpha} + C_D\right) \tag{2-41}$$

由振动理论可知，如阻尼项大于0，则振动为稳定、收敛的；如阻尼小于0，则振动为不稳定、发散的。由于固有阻尼 ζ 恒为正值，故驰振出现的必要条件为：

$$\frac{\mathrm{d}C_L}{\mathrm{d}\alpha} + C_D < 0 \tag{2-42}$$

此即著名的葛劳渥-登哈托（Glauert-Den Hartog）判别准则。

驰振振动发生的充分条件为：

$$2\zeta\omega_1 m - \frac{1}{2}\rho UB\left(\frac{\mathrm{d}C_L}{\mathrm{d}\alpha} + C_D\right) < 0 \tag{2-43}$$

从上述推导中可知，增大拉索的阻尼可有效抑制驰振的发生。拉索的驰振可以分为3类：干索驰振、覆冰驰振和尾流驰振。在本节的3个小节中将分别对这3种类型的振动作简要介绍。

1）干索驰振

干索驰振（dry galloping）即索在干燥环境下发生的驰振，此时拉索表面没有雨线或冰层附着。在研究风雨激振时，研究人员观察到当降雨停止（或无降雨）时，斜拉索同样会发生大幅振动。目前，斜拉索的干索驰振实测数据仍比较匮乏，主要采用理论和试验方法开展研究。干索驰振通常发生在高风速和特殊条件下，这也增加了风洞试验或数值模拟的难度。

在2005年，日本名古屋的名港西大桥的拉索曾发生大幅振动，振动当天桥址处风速为18m/s，拉索的振幅则达到了1.5m，剧烈的振动造成了桥梁构件的破坏。但振动当天该地并未下雨，学者们猜测该桥可能发生了干索驰振。目前，干索驰振的机理尚未有定论，仍是斜拉索风振研究中的一个重要课题。依据Saito等开展的弹簧悬挂系统上桥梁拉索节段风洞试验结果，干索驰振的临界风速 U_{crit} 可由下式确定：

$$U_{\mathrm{crit}} = 40fD\sqrt{S_c} \tag{2-44}$$

式中：f——拉索的振动频率，Hz。

当风速大于该临界风速时，拉索有可能发生干索驰振。这一标准主要适用于拉索轴线和风向之间的夹角在30°~60°之间的情况。对于斜拉桥上常见的直径为150~200mm的较长拉索，倾角更小，且并不在上述夹角范围，因而需要通过进一步的试验研究来确认其适用性。此外，试验中只采用了低阻尼的拉索模型，有必要研究在阻尼比为0.005及更大时，斜拉索的干索驰振情况。

干索驰振与其他振动有明显区别。例如，发生干索驰振的拉索表面既无稳定的雨线，也不附着有冰雪，拉索本身又不位于上游拉索的尾流激振区域内。已有风洞试验表明，增加较小的阻尼（约0.3%的模态阻尼比）和增大拉索表面粗糙度[18]都可以有效抑制干索驰振。尚不完全清楚针对风雨激振、覆冰驰振和尾流驰振的气动等控制措施是否对干索驰振依然有效。

2）覆冰驰振

冬季时冷暖空气交汇形成的水汽附着在斜拉索表面，在气温降低后极易在拉索表面冻结成冰，形成的覆冰层导致拉索重心与轴线发生偏移，使得其在风荷载作用下更容易发生扭转。斜拉索在扭转与竖向的耦合作用下将同时发生两个方向的自激振动，平均升力系数出现负斜率，形成驰振不稳定的气动外形，产生气动负阻尼，发生驰振。

桥梁监测和观察结果表明，在0~5℃范围内的降雨条件下，拉索就可能出现覆冰驰振。覆冰驰振期间，拉索在面内发生上下振动，气动力对振动做正功，振幅较大。通常情况下，覆冰驰振的振动频率较低。克罗地亚的杜布罗夫尼克大桥[19-20]是斜拉索覆冰驰振的一个典型案例（图2-9）。该桥拉索最大长度为226.7m，记录显示2005年的一次风暴期间，所有索发生了大幅振动，伴随着索相互拍打的噪声，主梁同时发生扭转和弯曲振动；最长索以二阶面内振动为主，频率为1.27Hz，索振幅达到2.5m。为了抑制上述振动，对该桥斜拉索增设了磁流变阻尼器，对于最长的6根索，阻尼器安装位置与索下锚点的间距与对应索长之比在4.1%~4.5%之间。阻尼器对索一阶和二阶振动提供的理论模态阻尼比在0.02左右，对应斯柯顿数超过20。在增设磁流变阻尼器后，该桥斜拉索的覆冰驰振得到有效抑制。类似的驰振现象也发生在我国湖北武汉的二七长江大桥（主跨616m×2）、江西南昌的八一大桥（主跨160m×4），瑞典厄勒海峡大桥（主跨490m）、乌德瓦拉大桥（主跨414m），以及加拿大的曼恩港大桥（主跨470m）等桥梁上。

斜拉索和输电线路表面覆冰多出现在迎风侧，覆冰层可以是圆形、椭圆形、新月形、扇形和D形等不同形状。根据形成机理，又可将覆冰分为降水覆冰、云中覆冰和升华覆冰3类。降水覆冰指空气中的冻雨或雪花降落到低温拉索上形成的覆冰或覆雪；云中覆冰指拉索捕捉空气中过冷的云或雾从而冻结成冰；升华覆冰指空气中的水蒸气与拉索表面接触时直接冻结所产生的霜，也称晶状雾凇，这种霜通常较小，附着力弱，易脱落。桥梁拉索覆冰脱落可能直接砸伤车辆或行人,严重威胁交通安全,如图 2-10 所示。

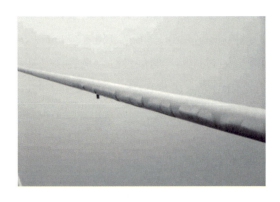

图 2-9　克罗地亚杜布罗夫尼克大桥拉索迎风侧的积雪

图 2-10　从拉索上脱落的冰

　　风速、风攻角以及覆冰的特征(霜或冰晶、形状和尺寸)都会影响覆冰驰振的发生。风洞试验还发现,不同气候条件下(温度、风速和偏向角),表面覆冰拉索的空气动力系数存在较大差异,同时覆冰上的水流也会对振动产生影响[21]。除上述因素外,拉索表面采取的抑制风雨激振和涡振的气动措施也会影响其覆冰和覆冰后的气动特性。研究表明,光滑索与凹坑索上冰的分布差异不大,但螺旋线索上大量的冰则沿着螺旋线分布。当拉索表面结冰后,光滑索和螺旋线索的空气阻力系数减小约 25%,但凹坑索上的空气阻力系数则增大了约 30%[22]。

　　目前,拉索表面冰层的处理方法可以分为除冰和防冰两种。除冰方法包括融冰、机械破冰和电磁脉冲除冰等措施,用于处理已经形成的冰层。而防冰方法则是指在冰层形成之前采取的措施,包括使用凝固点降低剂、铁电涂层、铁磁材料、电示踪剂和热效应等方法。在过去二十年中,研究人员对桥梁拉索的除冰和防冰方法进行了广泛的研究和工程测试。然而,目前还没有一种被普遍认为适合实际应用的解决方案。人工除冰存在一定的危险性且不够可靠。尽管机械设备可以提高除冰效率,但昂贵的安装费用和可能产生的不利气动效应限制了它们的全面应用。热系统被认为是一种潜在的可以广泛使用的防冰除冰技术,但由于其较大的能耗和较高的安装成本,从经济角度上来看可行性较低。此外,目前还没有化学物质和涂层能够有效防止或去除拉索表面积雪和冰的附着物[23]。可见,拉索覆冰振动的防治和控制仍然是一个具有挑战性的工程问题。

3)尾流驰振

　　当拉索成组设置且拉索之间距离较小时,下游索位于上游拉索的尾流区域。由于上游拉索尾流中存在向心射流(图 2-11),下游拉索的升力有指向尾流中心线的趋势,在随位置变化的阻力和升力的作用下,下游索可能会发生尾流驰振现象。拉索处于桥塔或其他构件的尾流区域时,也可能出现尾流驰振。

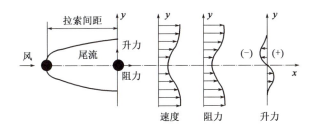

图 2-11　尾流风速分布及下游索的阻力和升力

由于斜拉桥拉索之间的间距一般较大,拉索发生尾流驰振的概率相对较低,因此对拉索尾流驰振的研究相对较少。相比之下,悬索桥和拱桥的吊索更容易出现尾流振动现象。例如,明石海峡大桥的吊索(索间间距为 $9D$)就曾经出现此类振动。

尾流驰振只有在下游拉索响应频率低于旋涡脱落频率和上游拉索的响应频率时,才会发生。尾流驰振通常表现为拉索的一阶振动,当尾流驰振发生时,拉索中段的振幅会达到最大,自激振动的能量也主要从拉索中段输入。依据现有研究,拉索尾流驰振具有如下特性:

(1)一般当拉索间隔为 2~5 倍或 10~20 倍拉索直径时发生;

(2)当风速在 $(25\sim50)f_nD$ 范围内时发生;

(3)增大阻尼可有效抑制振动。

尾流驰振是由描述平均气动力现象的参数所决定的,也就是说,尾流驰振的分析同样基于准定常假设。一般采用如图 2-12 所示的二维模型进行分析。考虑两个圆柱体,迎风柱体产生尾流,背风柱体处于尾流之中。假定背风柱体在水平与垂直两个方向弹性悬挂,并以坐标 (X,Y) 为平衡位置顺风向和横风向坐标,以迎风柱体为原点。

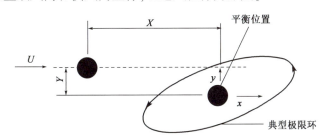

图 2-12　尾流驰振的分析模型

背风柱体的运动方程用该柱体偏离坐标点 (X,Y) 的位移量 (x,y) 表示为:

$$M\ddot{x} + C_x\dot{x} + K_{xx}x + K_{xy}y = F_x$$
$$M\ddot{y} + C_y\dot{x} + K_{yx}x + K_{yy}y = F_y \tag{2-45}$$

式中:　　M——背风柱体单位长度质量,kg;

C_x、C_y——各方向阻尼常数,N·s/m;

$K_{rs}(r,s=x,y)$——约束背风柱体运动的直接弹簧系数和交叉弹簧系数,N/m;

F_x、F_y——x 和 y 向的力分量,N。

定义 C_D 和 C_L 为相对于自由来流动压作用在背风柱体上的平均定常力系数,则可以证明,背风柱体在 x 和 y 方向上的初始力可表示为:

$$\begin{cases} F_x = \dfrac{1}{2}\rho U^2 B\left[\left(\dfrac{\partial C_D}{\partial x}x + \dfrac{\partial C_D}{\partial y}y\right) + C_L\dfrac{\dot{y}}{U_w} - 2C_D\dfrac{\dot{x}}{U_w}\right] \\ F_y = \dfrac{1}{2}\rho U^2 B\left[\left(\dfrac{\partial C_L}{\partial x}x + \dfrac{\partial C_L}{\partial y}y\right) + C_D\dfrac{\dot{y}}{U_w} - 2C_L\dfrac{\dot{x}}{U_w}\right] \end{cases} \tag{2-46}$$

式中:U——迎风柱处的自由来流速度,m/s;

U_w——背风柱处的尾流平均速度,m/s;

B——柱体的横风向投影尺寸,m。

其中,C_D 和 C_L 及其导数需通过模型风洞试验测量得到。求解柱体运动方程,即可得到不稳定解,如图 2-13 所示。由图 2-13 可知,两拉索的距离和索直径之比在 7~27 之间为尾流驰振的不稳定区。

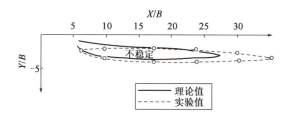

图 2-13 尾流驰振稳定性边界的测量与分析结果

以上分析过程采用了平行布置的理想刚性双圆柱模型,能够部分描述斜拉索的尾流驰振的特点。但自然风作用下,斜拉桥并列拉索的气动绕流具有明显的三维特征,试验也证实了复杂来流状态条件下斜拉索尾流驰振性能与理想刚性双圆柱模型存在较大差异。

斯柯顿数是尾流驰振效应的一个重要参数,式(2-47)给出了尾流驰振的临界风速 U_{crit} 的近似确定公式,当风速超过该值时,拉索可能会发生尾流驰振[24-26]:

$$U_{crit} = cfD\sqrt{S_c} \tag{2-47}$$

对斜拉桥来讲,式(2-47)中常数 c 取决于拉索间的净间距,通常按照以下方式确定:

(1)拉索间距较小时(索间距为 $2D\sim6D$),$c=25$。

(2)拉索间距正常时(索间距为 $10D$ 或更大),$c=80$。

从式(2-47)可以看出,增大斯柯顿数或提高拉索的固有频率都可以增大拉索尾流驰振的临界风速。增大斯柯顿数可以通过增加阻尼来实现。而在拉索上安装刚性分隔器或连接件可以减小拉索振动时的有效长度,从而提高固有频率,增大临界风速。此外,临界风速与斯柯顿数的平方根成正比,说明提高固有频率比增加斯柯顿数更为有效。

由于实际工程中存在不确定性,为保证斜拉桥的结构安全和稳定,采用保守的取值更为稳妥。若使用式(2-47)计算得到的临界风速较低,则意味着在桥梁的使用寿命期间,风速有较大的概率会超过临界风速。当风速超过临界风速时,就可能会出现尾流驰振现象,影响桥梁的正常使用。因此,在设计阶段就应采取相应的措施,避免尾流驰振或抑制其振幅。

实际上,对于采用常规拉索布置的斜拉桥,设计过程中无须特别关注尾流驰振问题。但若选择采用非常规拉索布置方式(例如背索区索间距过小的情况),在设计阶段则需评估尾流驰振出现的可能性。由于尾流驰振的起因在于上下游拉索相互干扰,故将上下游拉索采用分隔器等相连是一种直接有效的减振措施。此外,索上绕粗螺旋线、改变拉索间距避开尾流驰振区或增设阻尼器增大振动模态阻尼亦可抑制或者避免尾流驰振。

2.4.4 抖振

抖振是指斜拉索在随机激励下发生的顺桥向随机振动,大气脉动风在引起抖振的随机激励中占主要地位,但拉索上游邻近结构尾流中的脉动风成分和结构本身旋涡脱落所产生的特征紊流也可能导致拉索发生抖振。拉索的抖振可被视为有限振幅的强迫振动,一般风速越快,抖振现象也越明显。虽然抖振不具有尾流驰振和风雨激振中自激和发散的特征,但由于发生抖振时的风速低,故而频次多,将会使锚固端处锚具产生疲劳破坏,同时对桥上施工安全、行车舒适度造成显著影响。与拉索其他类型振动的抑振方法类似,增加结构自身阻尼可有效抑制拉索的抖振现象。

2.4.5 索端激振

斜拉桥受到风、雨或交通荷载作用时,拉索两端的桥面或桥塔会发生振动,索端振动进而使斜拉索端部受到轴向激励和垂向激励作用。当轴向激励的频率为斜拉索自振频率的2倍左右时,结构的微小振动将会引起斜拉索张力的变化,并导致斜拉索大振幅振动。由于斜拉索张力的周期性变化会使其自振频率发生周期性改变,而频率是斜拉索的振动参数之一,所以该振动被称为参数振动。当轴向激励或垂向激励的频率约等于斜拉索自振频率时,结构的微小振动也会引起斜拉索的明显振动,这种振动称为内部线性共振(内共振)。斜拉索的参数振动和内共振通常表现为拍振,振动能量在拉索和桥梁之间传递。由于斜拉索多阶频率与基频的倍数关系,当激励的频率为斜拉索某一阶自振频率的2倍时,该激励频率也接近等于斜拉索另一阶频率,所以参数振动和内共振往往同时发生。据报道,葡萄牙的瓜迪亚纳国际桥(Guadiana International Bridge)曾出现内部共振现象,美国的弗雷德哈特曼大桥(Fred Hartman Bridge)上也曾经观测到由主梁振动引起的拉索振动。

目前,关于斜拉索的参数共振和内部共振的研究多是使用解析方法,研究中考虑索-桥耦合、索-塔耦合及索-桥-塔耦合等情况,利用伽辽金方法得到缩减模型,然后利用多尺度法等对参数振动方程进行求解。此外,有研究也采用有限元方法。与解析法相比,有限元方法减少了对问题的假设,更符合实际情况,使得模拟结果更加准确。但当前研究中多采用简谐激励来模拟脉动风和移动车辆等随机荷载,而对于斜拉索在三维随机激励下的参数振动研究较为有限。

总体来说,斜拉索的索端激振机理相对来说较为明确。当考虑到索、塔、梁的共同振动时,拉索的振动并非简单的强迫振动。图2-14a)为索与梁共同振动的真实情况,将质量M的运动分解为沿轴向及垂直与索轴线的两种运动,其中图2-14b)中的沿拉索横向的激励所引起的振动是强迫振动,图2-14c)中的沿拉索轴向的激励所引起的振动是参数振动。

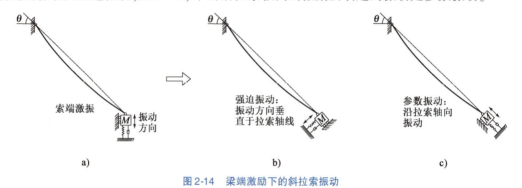

图2-14 梁端激励下的斜拉索振动

参数振动一般为低阶(一阶)时最明显,仅考虑张紧索一阶振动(图2-15)可以得到判别条件[29]:

$$\frac{\Delta T_{\max}}{T_0} > 2\sqrt{\left[1 - \left(\frac{f_b}{2f}\right)^2\right]^2 + \left(\frac{\delta}{\pi}\right)^2 \left(\frac{f_b}{2f}\right)^2} \quad (2\text{-}48)$$

式中:$\Delta T_{\max}$——索力周期性变化的幅值,N;

f_b——索端激励的频率,Hz;

T_0——索力初值,N。

图2-15 承受支撑端激励的水平张紧索

依据式(2-48)得到图2-16所示的参数振动判定图,纵轴表示桥的整体振动频率f_b与2倍拉索一阶自振频率($2f$)的比值,而横轴则表示拉索轴力变化幅值$\Delta T_{\max}$与初始轴力T_0的比值。在$f_b/(2f)=1$附近可能发生参数振动。对特定的拉索(拉索阻尼δ确定),当主梁或塔引起的拉索轴力变化大于某一临界值时,参数共振才可能发生。实际斜拉桥中的拉索并不像图 2-15 所示受到一个周期变化的索力的作用,而是作为一种支承激励。拉索的振动和作为支撑点的桥面和桥塔的振动是相互牵制的。如果结构的振动不发散,拉索的横向振动也不可能出现一般非线性参数振动所具有的发散现象,而是一种有限振幅的参数共振。

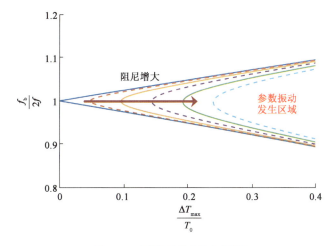

图 2-16 参数振动发生的条件[66]

随着设计技术和材料的不断进步,出现了一系列大跨径柔性桥梁。这些桥梁整体振动具有低频的特性,其振动频率接近拉索的固有振动频率,因而在设计中必须考虑参数振动和线性内部共振的发生可能性。由于参数振动属于由索支承引起的典型振动类型,因此在工程上可以通过调整桥梁和索的结构设计来改变它们的振动频率,从而避免共振现象的发生。

参数振动和线性内部共振的抑制可以通过限制主梁和主塔振动位移幅值来实现。通过动力分析计算,可以得到拉索的轴力变动幅值与拉索端部轴向变位幅值之间的关系。因此,对于那些根据频率条件判断出可能发生参数振动的拉索,在给定拉索阻尼的前提下,可以确定引起参数振动的拉索轴力变化的临界值,进而得出相对应的拉索端部轴向位移变动幅值的临界值,该临界值即为主梁或主塔的允许振幅值。采用辅助索措施可提高拉索的振动频率和阻尼,从而避免参数振动和线性内部共振的发生。但辅助索对斜拉桥的景观影响较大且拉索扣件设计中仍有不少难题没有解决,因此这一措施未能在实际工程中得到广泛应用。

2.4.6 小结

图 2-17 为拉索不同类型的响应幅值随风速变化的示意图[27],可见涡激振动和风雨激振属于有限振幅振动,而干索驰振和覆冰驰振则为发散型振动。实际上,拉索的风致振动可以总括为旋涡脱落所引起的振动,只是不同振动的能量大小和振动形态有所不同。

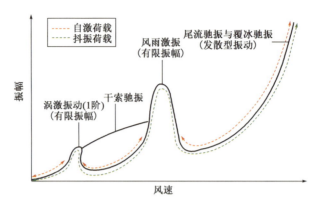

图 2-17 拉索风致振动[27]

如果用折算风速 $U_r = U/(fD) = 1/S_t$ 来划分,对于二维的卡门涡流,则 $U_r \approx 5$。但由于拉索存在周期性的振动,气流的紊流度及拉索表面的粗糙度增加时都将增大 U_r,减小旋涡的脱落频率。当气流存在沿拉索轴向倾斜下坡向流动的趋势时,二维的旋涡变成为三维的旋涡并导致其周期增长,频率变小,进一步增大 U_r,激发的能量增大,如图 2-18 所示。拉索表面雨水积累状态将增加索后尾流不稳定性,从而使旋涡脱落频率进一步减小,而激发的拉索振动能量进一步增大,由此拉索振动的幅值也变大。最后,将本章所述各类拉索振动模式的振动机理、特征参数及抑振措施进行系统性总结,如表 2-4 所示。

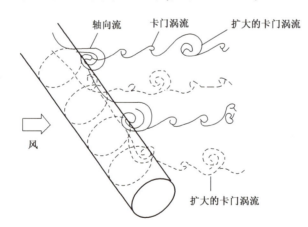

图 2-18 倾斜拉索旋涡的脱落[28]

拉索振动机理、特征及抑制方法总结对比　　表 2-4

序号	振动类型	机理简述	特征	抑振方法
1	风雨激振	降雨在索面形成水线,形成气动不稳定性外形	有风有雨条件、频率为 0.3 ~ 3Hz,振幅较大	采取气动措施,消除水线和增加阻尼
2	涡激振动	漩涡在索尾部周期性脱落激起拉索共振	风速与振动频率满足涡激共振条件,小振幅振动	采取气动措施,消除周期性涡脱和增加阻尼

续上表

序号	振动类型	机理简述	特征	抑振方法
3	裹冰驰振	索面结冰形成气动不稳定外形,引发驰振	低温结冰环境、振幅很大	除冰、防积雪结冰和增加阻尼
4	尾流驰振	下游索位于上游索尾流	相邻索较近或者索位于塔等结构尾流区	提升频率和增加阻尼
5	抖振	风中脉动成分引起索强迫振动	振幅有限	增加阻尼
6	索端激振	索支撑结构振动引起的拉索振动	索与支撑结构同时振动	调整频率和增加阻尼

2.5 相关研究

2.5.1 风雨激振机理研究

早期的实索观测表明,影响斜拉索风雨激振的因素主要包括风速、水线、斜拉索振动特性等,如图 2-19 所示。为阐明这些因素各自的影响,后续研究利用风洞试验展开了系统性研究,主要采用人工水线和人工降雨两类试验方法。

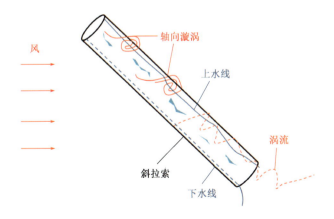

图 2-19 风雨激振的影响因素示意图[1]

人工水线试验是在拉索表面粘贴固定(或运动)人工水线,并对拉索进行测压、测力或测振的一种试验形式。这种试验最早由 Yamaguchi[30] 在 1990 年首次开展。在人工水线试验中,研究人员主要选择圆形、矩形和圆弧形三种人工水线截面形式,其中以圆弧形水线使用最为广泛。人工水线试验可以研究水线的存在对拉索表面风压的影响,得到拉索和水线的气动力系数。试验测得的数据和结果为理论建模和分析提供了基础。研究人员在风洞中进行了一系列带人工水线拉索的气动力试验研究(图2-20),为解释其机理以及开展初步理论分析提供了依据,并得出了许多结论。例如,上水线的位置对拉索振动有明显影响,而上水线的形状、尺寸和下水线对拉索风雨激振几乎没有影响[31];拉索风雨激振的振动频率不受环境风速、索的质量、刚度、半径、阻尼比,以及水线质量、平衡位置等参数的影响,但气动力则受到很多参数的影响[32];水线的主要振荡频率和拉索固有频率相同是拉索不稳定振动的必要条件[33],增大拉索阻尼和频率将减小拉索风雨激振的不稳定范围[34];水线能明显影响阻力系数和升力系数随雷诺数的变化规律[35]。为了准确反映拉索振动的三维特性,还有学者设计了可调节拉索的倾角和偏角(风向角)以及人工雨线位置的同步测压试验装置[36]。人工水线拉索模型试验的发展经历了由二维到三维的过程,而三维拉索的测力或测压试验更能反映风雨激振的实际情况,应该成为理论分析中确定拉索和水线上气动力的基础。

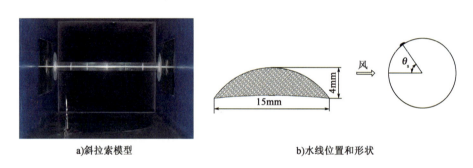

a)斜拉索模型   b)水线位置和形状

图2-20 斜拉索气动试验[35]

人工降雨试验中拉索节段模型通过弹簧悬挂在固定支架上,并使用人工降雨装置,以提供与实际拉索发生风雨激振时相类似的风雨条件。该类试验可以再现实际拉索风雨激振的特征,如拉索表面水线的生成、"限速、限幅"的特点[2],还可分别研究各因素的影响,因此非常适合机理研究,是目前应用最多的方法。1995年,Flamand[37]以诺曼底大桥斜拉索为研究对象进行了足尺模型试验,在试验中多次观察到明显的风雨激振现象。在国内,同济大学的顾明等人首先开始关注拉索的风雨激振问题[38],并在同济大学TJ-1风洞进行了研究。TJ-1风洞的工作段尺寸为1.8m×1.8m,可提供的风速范围为0.5~30.0m/s。风洞出口有一直径为2.4m的圆形收缩段,入口段与出口段之间的距离为22m。针对TJ-1风洞的特点,研究者开发了一种具有自动测量能力和可调节降雨模拟的便携式风雨模拟器,可以对降雨强度进行先进测量和精细控制,尤其是可以对雨滴的大小和分布进行精细模拟。基于上述试验装置,顾明等人研究了来流风速、拉索倾角和风向角、拉索振动频率、拉索阻尼等对风雨激振的影响,还研究了拉索空间姿态对上水线位置的影响,测量了拉索风雨激振发生时的气动阻尼,为深入研究拉索风雨激振机理和风雨激振控制提供了宝贵的数据[39]。此外,人工降雨装置还可被用于检验气动措施的抑振效果[1,40]。

总体来看,雨天时拉索表面流动的水流是导致拉索气动弹性失稳的主要原因。拉索表面的水流改变了拉索的有效截面,且有效截面还随着拉索的振动而变化,导致气动力发生周期变化,使得风能量传递到拉索振动中。通常情况下,引起风雨激振的风向与拉索平面约成45°角,风速大致是将上水线保持在拉索表面的临界区域内的范围。

1988年,Hikami和Shiraishi[41]最早提出风雨激振的两种可能机制,一种是单自由度驰振理论,另一种是弯扭两自由度耦合理论。随后,日本学者Yamaguchi[30]在1990年进一步细化了这两种机制,建立了弯扭耦合两自由度驰振模型,该模型同时建立拉索和水线的运动微分方程,其中拉索模拟为考虑竖向自由度的节段。但该模型对水线的作用力的研究不够,研究中仅简单地将粘贴固定人工水线的拉索上的力矩全部作用在水线上,这忽略了拉索与水线之间的摩擦力,与实际情况不符。在接下来近10年中,拉索风雨激振的理论研究进展甚微。21世纪以来,理论研究逐渐成为研究拉索风雨激振问题的重要手段之一。现有的理论研究基本上都是基于二维理论模型,主要工作围绕水线的受力和运动分析展开。在弯扭耦合两自由度驰振模型提出之后,研究人员更为细致地考虑了水线的受力,包括索振动产生的水线附加惯性力、水线与拉索之间的作用力(阻尼力和回复力)。然而,所提出的模型大多仅考虑了二维的情况,而忽略了风雨激振时拉索与来流之间复杂的三维空间关系。

目前,国际上对斜拉桥拉索的风雨激振机理主要有三种观点:轴向流理论、两自由度耦合理论、驰振理论,接下来本节将对其进行简要介绍。

1)轴向流理论

由于风的水平来流与斜拉索之间存在一夹角,风的作用总可以被分解成沿索的横截面方向及索轴向两个分量,可见轴向流是客观存在的,这种轴向流不但在风雨共同作用时存在,在无雨时也存在。大量的斜拉索风致振动现象表明,无雨时的拉索风振表现为涡激振动的特征,因此轴向流作用下的振动也是涡激振动,但观察到的拉索涡激共振的振幅都不大,远小于拉索风雨激振时的振幅。而在有雨时,水线沿拉索轴向向下流动的同时,部分水流在不同的轴向位置处以基本垂直于水线的方向沿着索圆周流下,水线沿索圆周流下并无规律性,不能强化拉索的轴向涡激振动,进而无法使整根索形成大幅涡激振动。因此,轴向流并不是拉索大幅风雨激振的主要机制。

2)两自由度耦合理论

一些学者在现场观测中,发现拉索发生风雨激振时,水线会沿索截面的圆周往复移动,于是推测这种移动将会使作用在拉索上的力矩发生变化,进而推测拉索的风雨激振是下面两种作用耦合的结果:

(1)水线改变了拉索截面的外形,形成"驰振断面",在一定条件下发生拉索的单自由度弯曲驰振;

(2)水线沿截面的圆周运动,使作用在拉索上的力矩发生周期性变化,使拉索发生"扭转"振动。

然而,人工水线的静气动力试验结果表明,当上水线平衡角 θ_s(图2-21)在40°~60°范围变化时,其力矩系数 C_m 基本是一常数,这说明当拉索发生风雨激振时,上水线平衡角 θ_s 的周期性变化并不引起 C_m 的周期性变化,而保持一常数,因此可以把拉索风雨激振时受到的俯仰力矩视为不随时间和状态改变的静力力矩,相关的人工水线模型的试验也得到了同样的结果。因此,将拉索的风雨激振的机理归纳为拉索弯曲驰振与绕拉索圆周扭转振动的耦合也十分牵强,而两自由度耦合振动方程的假定条件与实际情况并不完全一致,使用该理论解释拉索风雨激振缺乏针对性。

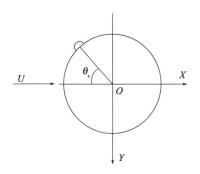

图2-21 拉索风雨激振二维模型

3)驰振理论

与许多人工水线拉索试验一样,在一定的水线平衡角 θ_s 范围内,均观察到了拉索的面内大振幅横向振动。进一步通过人工水线拉索的静力三分力试验,可以发现以下很有意义的规律:

(1)人工水线拉索的静力三分力试验结果表明,上水线的平衡角 θ_s 在一定的角度范围内存在升力系数负斜率,而人工水线拉索振动试验结果表明,发生大振幅拉索横向振动时的水线平衡角 θ_s 的范围基本与静力三分力试验中出现升力系数负斜率的 θ_s 角度范围是一致的。按照准定常假定,可以发现人工水线拉索振动的试验中,在发生大振幅横向振动的人工水线拉索的 θ_s 角度范围内,拉索系统阻尼满足驰振的充分条件。可以将这个角度区域称为驰振角区域。

(2)现场观测到的发生拉索风雨激振时的上水线平衡角恰好均落在人工水线拉索振动试验的"驰振角区域"范围内。这种拉索风雨激振的水线平衡角范围、人工水线拉索振动试验的发生大振幅横向振动的人工水线"平衡角"范围以及人工水线拉索静力三分力试验产生负升力斜率的人工水线"平衡角"范围的一致性,恰好说明了拉索风雨激振与驰振的内在关系。

基于以上讨论,可以认为驰振是拉索风雨激振的主要机制。这样,便可以按照准定常假定,建立有水线拉索的运动基本方程。

除了上述理论研究之外,针对风雨激振的 CFD 模拟,已经有一些方法。Bi 等[42-43]和 Wang 等[44]开发了基于 Lemaitre 模型[45]的 CFD 方法,并将其用于模拟拉索上水线的变化情况。计算结果表明,上水线的位置和厚度都呈现周期性变化。当风速不在特定范围内时,上水线的振荡频率与结构频率不同,拉索不会发生风雨激振,这与试验观测到的现象相符。也有研究提出了将试验结果与计算流体力学(CFD)相结合的混合方法,并成功用于模拟拉索在风雨激振时的瞬态气动力[46]。此外,还有将直接数值模拟(DNS)和大涡模拟(LES)相结合的方法,该方法可对风作用下拉索表面雨水形态演变这一复杂过程进行模拟[47]。还有学者基于滑移理论建立了水线与拉索双向耦合的三维风雨激振数学模型[48-49],用来研究气流变化与水线运动和拉索振动间的关系,计算结果也与实际相符。

2.5.2 涡激振动研究

纳维斯托克斯方程可以用于描述流体运动,但由于其在数学上难以求解,工程上通常采用半经验的数学模型来简化涡振中复杂的流固耦合现象。可通过风洞试验识别出涡振的参数,将这些参数代入涡激力模型,并用于结构振动方程的求解。许福友等[50]对现有的多种涡激力模型进行了总结,认为主要有简谐力模型、升力振子模型、经验线性模型、经验非线性模型和 Larsen 模型这 5 种。这些基于试验或半经验半理论的模型虽然与部分试验结果较为相符,能成功解释涡振中的一些气弹现象,但它们各自仍存在缺陷。涡振风速以及涡振振幅仍然难以通过公式准确估计,目前仍依赖风洞试验方法进行预测。因此,若要将涡激力模型直接应用于工程实践,还需要进行更深入的研究。

拉索的涡激振动可以表现为单模态振动或多模态振动。为了研究拉索的涡激振动,Chen 等[51]采用基于雷诺平均纳维-斯托克斯(RANS)方法的 $k\text{-}\omega$ 湍流模型来模拟拉索在不同风速剖面下的响应。数值模拟结果显示,拉索涡振可以分为两种类型:当来流为均匀流时,拉索表现为单模态振动;当受到边界层流的影响时,拉索表现为多模态振动。这些结论在风洞试验中得到了验证[52]。风洞试验现象还表明,单模态涡振的振幅要大于多模态涡振振幅;对单模态和多模态涡振,拉索在横流方向上的振幅都大于纵向方向振幅。Gao 等[53]在风洞试验中通过增大均匀流的风速,也观测到了拉索的前三阶多模态涡振。

2.5.3 干索驰振机理研究

有学者认为,干索驰振可能与斜拉索后方产生的轴向流有关[54-56]。日本学者 Matsumoto

等[54]利用在实桥的斜拉索后方安装释放肥皂泡沫的装置,成功观测到轴向流的存在和大体的流动趋势。随后设计制作了人工轴向流发生装置,发现在人工产生的轴向流和来流风的共同作用下,拉索模型发生了驰振现象,并解释称这可能是由于轴向流扰乱了拉索尾流后的卡门旋涡的脱落,从而使拉索发生干索驰振。但在粒子图像测速仪成像风洞试验中,研究人员发现在平均气动力系数突降的风攻角下,尾流中的轴向流并不明显[57],因此轴向流在干索驰振中发挥的作用值得进一步研究。

在对拉索进行测压试验后,还有学者认为干索驰振现象可能是由于拉索平均气动系数突然下降引起的[37,58-61]。他们指出,在雷诺数从亚临界区进入临界区时,斜拉索模型由两侧交替依次分离气泡变为只有一侧分离气泡。斜拉索模型的表面不均匀的分离泡使斜拉索模型产生了非零的升力,从而引起干索驰振。

2.5.4 覆冰驰振研究

除风洞试验外,近年来研究人员采用理论分析的方法对斜拉索的覆冰驰振进行了研究,但由于其振动机理颇为复杂,尚未形成明确的定论。Gjelstrup 等[62]提出了一种基于准定常假设的三自由度理论模型来确定覆冰驰振发生的临界风速。Demartino 等[63]比较了几种基于准定常理论的覆冰斜拉索驰振失稳模型,指出了它们之间的差异,并探讨了各模型的适用场景。李寿英等[64-65]在对覆冰拉索模型测力试验的基础上,推导了覆冰拉索1阶驰振的运动微分方程。海南洋浦大桥最长拉索(长243.375m,直径151mm,质量96.9kg/m)的计算结果显示,考虑非线性后计算出的临界风速远大于线性计算结果。

本章参考文献

[1] CHANG Y, ZHAO L, GE Y. Experimental investigation on mechanism and mitigation of rain-wind-induced vibration of stay cables [J]. Journal of Fluids and Structures, 2019(88): 257-274.

[2] HIKAMI Y, SHIRAISHI N. Rain-wind induced vibrations of cables stayed bridges [J]. Journal of wind engineering and industrial aerodynamics, 1988, 29(1-3): 409-418.

[3] POSTON R W. Cable-stay conundrum [J]. Civil Engineering, 1998, 68(8): 58-61.

[4] GE Y, CHANG Y, XU L, et al. Experimental investigation on spatial attitudes, dynamic characteristics and environmental conditions of rain-wind-induced vibration of stay cables with high-precision raining simulator [J]. Journal of Fluids and Structures, 2018(76): 60-83.

[5] GE C, CHEN A. Vibration characteristics identification of ultra-long cables of a cable-stayed

bridge in normal operation based on half-year monitoring data[J]. Structure and Infrastructure Engineering,2019,15(12):1567-1582.

[6] SAITO T,MATSUMOTO M,KITAZAWA M. Rain-wind excitation of cables on cable-stayed Higashi-Kobe Bridge andcable vibration control[C]. Proceedings of the International Conference on Cable-stayed and Suspension Bridges(AFPC). Deauville,France,1994,2:507-514.

[7] TABATABAI H,MEHRABI A B. Evaluation of Various Damping Treatments for Saty Cables[C]. Proceedings of 18th International Modal Analysis Conference. San Antonio:Spring-Verlag,2000:836-841.

[8] YONEDA MASAHIRO. Wind-Induced Vibration and Vibration Damping of Cables of Cable-Stayed Bridges[C]. 2nd Colloquium on Vibration Damping(Part A,Vibration and Vibration Damping of Buildings). Tokyo:Japan Society of Civil Engineers,1993:21-41.

[9] 王修勇,陈政清,倪一清,等.环境激励下斜拉桥拉索的振动观测研究[J].振动与冲击,2006,25(2):138-144,191.

[10] 储彤.某大跨度斜拉桥风场与斜拉索涡激振动现场监测研究[D].哈尔滨:哈尔滨工业大学,2013.

[11] CHEN W L,GAO D,LAIMA S,et al. A field investigation on vortex-induced vibrations of stay cables in a cable-stayed bridge[J]. Applied Sciences,2019,9(21):4556.

[12] 刘志文,沈静思,陈政清,等.斜拉索涡激振动气动控制措施试验研究[J].振动工程学报,2021,34(3):441-451.

[13] LIU Z,SHEN J,LI S,et al. Experimental study on high-mode vortex-induced vibration of stay cable and its aerodynamic countermeasures[J]. Journal of Fluids and Structures,2021(100):103195.

[14] DI F,SUN L,CHEN L. Suppression of vortex-induced high-mode vibrations of a cable-damper system by an additional damper[J]. Engineering Structures,2021(242):112495.

[15] 刘宗杰,祝志文,陈魏,等.跨长江特大桥拉索涡激振动与风特性观测[J].铁道科学与工程学报,2020,17(7):1760-1768.

[16] WOOTON L R,REYNOLDS. The oscillations of large circular stacks in wind[J]. Proceedings of the Institution of Civil Engineers,1969,43(4):573-598.

[17] KUMARASENA S,JONES N P,IRWIN P,et al. Wind induced vibration of stay cables[R]. Springfield,Virginia:National Technical Information Center,2005.

[18] 卢照亮,刘晓玲,郑云飞,等.斜拉索表面粗糙度对干索驰振的影响[J].工程力学,2017,34(S1):174-178.

[19] SAVOR Z, RADIC J, HRELJA G. Cable vibrations at Dubrovnik bridge[J]. Bridge Structures,2006,2(2):97-106.

[20] CAUSEVIC M,BULIC M. Effects of Violent Vibrations of Cables on Dynamic Behaviour of Cable-stayed Bridges:Rehabilitation of Dubrovnik Bridge[C]. SMAR2015-Third Conference on Smart Monitoring Assessment and Rehabilitation of Civil Structures. Antalya TR,2015.

[21] DEMARTINO C, KOSS H H, GEORGAKIS C T, et al. Effects of ice accretion on the aerodynamics of bridge cables[J]. Journal of Wind Engineering and Industrial Aerodynamics,2015(138):98-119.

[22] LIU Y, CHEN W, PENG Y, et al. An experimental study on the dynamic ice accretion processes on bridge cables with different surface modifications[J]. Journal of Wind Engineering and Industrial Aerodynamics,2019(190):218-229.

[23] MATEJICKA L, GEORGAKIS C T. A review of ice and snow risk mitigation and control measures for bridge cables[J]. Cold Regions Science and Technology,2022(193):103429.

[24] SPECIFICATION P T I Guide. Recommendations for stay cable design, testing and installation[S].[S.l.]:Post-tensioning Institute Committee on Cable stayed bridge,2001.

[25] IRVIN P. Wind vibrations of cables on cable-stayed bridges[C]. Proceedings of Structural Congress XV. Portland,Oregon:the Structural Engineering Institute of the American Society of Civil Engineers ,1997:383-387.

[26] COOPER K R. A note on the wind-induced vibrations of bundled bridgestay cables[R]. National Research Council of Canada,Note provided to RWDI,1985.

[27] JAFARI M, HOU F, ABDELKEFI A. Wind-induced vibration of structural cables[J]. Nonlinear Dynamics,2020(100):351-421.

[28] MATSUMOTO M,YAGI T,SHIGEMURA Y,et al. Vortex-induced cable vibration of cable-stayed bridges at high reduced wind velocity[J]. Journal of Wind Engineering and Industrial Aerodynamics,2001,89(7-8):633-647.

[29] LILIEN J L,DA COSTA A P. Vibration amplitudes caused by parametric excitation of cable stayed structures[J]. Journal of Sound and Vibration,1994,174(1):69-90.

[30] YAMAGUCHI H. Analytical study on growth mechanism of rain vibration of cables[J]. Journal of Wind Engineering and Industrial Aerodynamics,1990,33(1-2):73-80.

[31] 顾明,刘慈军,徐幼麟,等.带人工雨线的拉索在风激励下的响应[J].应用数学和力学,2002,23(10):1047-1054.

[32] 彭天波,顾明.斜拉桥拉索风雨激振的机理研究[J].同济大学学报(自然科学版),2001,29(1):35-39.

[33] 顾明,吕强.斜拉桥拉索风雨激振理论分析的一个新方法[J].土木工程学报,2003,36(6):47-52.

[34] 顾明,黄麟,王国砚.水线震荡对斜拉桥拉索风雨激振稳定性的作用[J].振动工程学报,2004,17(1):100-105.

[35] 刘庆宽,王毅,郑云飞,等.水线-雷诺数效应-斜拉索振动关系的试验研究[J].工程力学,2012,29(11):257-265.

[36] 顾明,杜晓庆.带人工雨线的斜拉桥拉索模型测压试验研究[J].空气动力学学报,2005,23(4):419-424.

[37] FLAMAND O. Rain-wind induced vibration of cables[J]. Journal of Wind Engineering and Industrial Aerodynamics,1995,57(2-3):353-362.

[38] 顾明,刘慈军,罗国强,等.斜拉桥拉索的风(雨)激振及控制[J].上海力学,1998,19(4):281-288.

[39] 顾明,杜晓庆.模拟降雨条件下斜拉桥拉索风雨激振及控制的试验研究[J].土木工程学报,2004(7):101-105.

[40] 李文勃,林志兴.抑制斜拉桥拉索风雨激振的气动措施研究[J].土木工程学报,2005,38(5):48-53.

[41] HIKAMI Y,SHIRAISHI N. Rain-wind induced vibration of cables in cable stayed bridges[J]. Journal of Wind Engineering and Industrial Aerodynamics,1988(29):409-418.

[42] BI J H,WANG J,SHAO Q,et al. 2D numerical analysis on evolution of water film and cable vibration response subject to wind and rain[J]. Journal of Wind Engineering and Industrial Aerodynamics,2013(121):49-59.

[43] BI J H,LU P,WANG J,et al. Numerical simulation and analysis of the effects of water-film morphological changes on the aerodynamic lift of stay cables[J]. Journal of Fluids and Structures,2014(48):376-392.

[44] WANG J,LU P,BI J H,et al. Three-phase coupled modelling research on rain-wind induced vibration of stay cable based on lubrication theory[J]. Journal of Fluids and Structures,2016(63):16-39.

[45] LEMAITRE C,HÉMON P,DE LANGRE E. Thin water film around a cable subject to wind[J]. Journal of Wind Engineering and Industrial Aerodynamics, 2007, 95 (9-11):1259-1271.

[46] LI H, CHEN W L, XU F, et al. A numerical and experimental hybrid approach for the investigation of aerodynamic forces on stay cables suffering from rain-wind induced vibration[J]. Journal of Fluids and Structures,2010,26(7-8):1195-1215.

[47] CHENG P, LI H, FUSTER D, et al. Multi-scale simulation of rainwater morphology evolution on a cylinder subjected to wind[J]. Computers & Fluids, 2015(123): 112-121.

[48] 王剑, 毕继红, 关健, 等. 风雨激振中斜拉索表面水线运动的三维数值模拟[J]. 振动工程学报, 2020, 33(3): 559-569.

[49] 王剑, 毕继红, 逯鹏, 等. 风雨激振时水线与拉索双向耦合的三维数值模拟[J]. 振动与冲击, 2020, 39(3): 8-15, 23.

[50] 许福友, 丁威, 姜峰, 等. 大跨度桥梁涡激振动研究进展与展望[J]. 振动与冲击, 2010, 29(10): 40-49, 249.

[51] CHEN W L, LI H, OU J P, et al. Numerical simulation of vortex-induced vibrations of inclined cables under different wind profiles[J]. Journal of Bridge Engineering, 2013, 18(1): 42-53.

[52] CHEN W L, ZHANG Q Q, Li H, et al. An experimental investigation on vortex induced vibration of a flexible inclined cable under a shear flow[J]. Journal of Fluids and Structures, 2015(54): 297-311.

[53] GAO D, CHEN W L, ZHANG R T, et al. Multi-modal vortex-and rain-wind-induced vibrations of an inclined flexible cable[J]. Mechanical Systems and Signal Processing, 2019(118): 245-258.

[54] MATSUMOTO M, YAGI T, HATSUDA H, et al. Dry galloping characteristics and its mechanism of inclined/yawed cables[J]. Journal of Wind Engineering and Industrial Aerodynamics, 2010, 98(6-7): 317-327.

[55] LAROSE G L. Wind-tunnel experiments on an inclined and yawed stay cable model in the critical Reynolds number range[C]. Proc. of the 5th Int. Symposium on Cable Dynamics. Italy, 2003: 279-286.

[56] CHEN S, IRWIN P A, JAKOBSEN J B. Divergent motion of cables exposed to skewed to wind[C]. Proceedings of the 5th International Symposium Cable Dynamics. Santa, Margherita Ligure (Italy): The International Symposium Cable Dynamics, 2003: 271-278.

[57] 李寿英, 曾庆宇, 温晓光, 等. 斜拉索干索驰振机理的数值模拟与试验研究[J]. 振动与冲击, 2017, 36(11): 100-105.

[58] CHENG S, LAROSE G L, SAVAGE M G, et al. Experimental study on the wind-induced vibration of a dry inclined cable—Part I: Phenomena[J]. Journal of Wind Engineering and Industrial Aerodynamics, 2008, 96(12): 2231-2253.

[59] CHENG S, IRWIN P A, TANAKA H. Experimental study on the wind-induced vibration of a dry inclined cable—Part Ⅱ: Proposed mechanisms[J]. Journal of WindEngineering and

Industrial Aerodynamics,2008,96(12):2254-2272.

[60] NIKITAS N,MACDONALD J H G,JAKOBSEN J B,et al. Critical Reynolds number and galloping instabilities:experiments on circular cylinders[J]. Experiments in Fluids,2012,52:1295-1306.

[61] 刘庆宽,郑云飞,马文勇,等. 雷诺数效应对斜拉索气动特性的影响[J]. 工程力学,2013,30(S1):284-289.

[62] GJELSTRUP H,GEORGAKIS C T. A quasi-steady 3 degree-of-freedom model for the determination of the onset of bluff body galloping instability[J]. Journal of Fluids and Structures,2011,27(7):1021-1034.

[63] DEMARTINO C,RICCIARDELLI F. Aerodynamic stability of ice-accreted bridge cables[J]. Journal of Fluids and Structures,2015(52):81-100.

[64] LI S Y,WU T,HUANG T,et al. Aerodynamic stability of iced stay cables on cable-stayed bridge[J]. Wind and Structures,2016,23(3):253-273.

[65] 李寿英,黄韬,叶继红. 覆冰斜拉索驰振稳定性的理论研究[J]. 振动与冲击,2013,32(1):122-127.

[66] 董学武. 超大跨径斜拉桥斜拉索振动特性及减振措施研究[D]. 上海:同济大学,2007.

第 3 章
斜拉索气动措施减振

3.1 概　　述

空气动力学减振措施(简称"气动措施")通过改变斜拉索的截面形状和气动外形,实现对风雨激振、涡激共振等多种类型振动的有效抑制。气动措施的维护和保养简单方便,费用较低,是一种经济合理的减振措施。常见的斜拉索气动措施,如索体表面缠绕螺旋线和压制凹坑等,已广泛应用于实际工程。然而,其减振机理和实桥验证仍是当前的研究课题。同时,设计非常关注增加气动措施后斜拉索的风阻系数以及所受风荷载的变化。不合理的气动措施会明显增大拉索的风阻系数,进而增大索及整个桥梁的风荷载,影响整个桥梁结构设计,即使能抑制索的风致振动,也难以应用于实际工程。因此,在采取气动措施时,需要综合考虑减振效果和对风阻系数的影响这两个因素。一般通过风洞试验评估气动措施的抑振效果以及增大气动措施后拉索的风阻系数。由于风与索之间流固耦合效应的复杂性,针对不同减振目标所设计的气动措施可能相互影响。工程上,针对不同类型的拉索振动,通常会采取气动措施结合机械阻尼器的组合式减振措施。本章针对不同类型振动的气动措施进行介绍,而后简述近期此方面的研究。

3.2 风雨激振抑振措施

采用气动措施抑制风雨激振的研究最早可追溯到19世纪90年代,当时桥梁工程师和空气动力学研究人员提出了多种气动措施并开展了测试,部分在实际工程中进行了应用。这些气动措施主要是在斜拉索表面增加附属构件或改变护套的形状和材质,从而改变拉索表面的气流状况,抑制风雨激振的发生。接下来对使用较多的气动措施进行介绍。

3.2.1 螺旋线

螺旋线是一种带状物,它贴附于拉索表面并沿着索长螺旋缠绕,如图3-1所示。螺旋线能够减少拉索旋涡脱落展向相关长度,破坏索体表面形成的水线,减弱拉索的振动响应,从而抑制拉索风雨激振。螺旋线措施广泛应用于国内外的众多斜拉桥中,如俄罗斯岛大桥、诺曼底大桥、马萨诸塞州的伦纳德·保罗·扎基姆邦克山纪念大桥(Leonard P. Zakim Bunker Hill Memorial Bridge)、密西西比州的格林威尔大桥(Greenville Bridge)、肯塔基州的威廉·H·纳彻大桥(William H. Natcher Bridge),以及我国的南京长江二桥、武汉沌口桥、福州青洲闽江大桥和杨浦大桥等。

a)俄罗斯岛大桥斜拉索螺旋线

b)武汉沌口桥斜拉索的螺旋线

图3-1 螺旋线气动措施抑制索风雨激振实例

螺旋线的抑振效果取决于其尺寸和缠绕形式等,包括螺旋线的缠绕间距、缠绕旋向、螺旋线截面尺寸、对应的索径等。如果螺旋线的设计参数不合适,拉索仍可能发生大幅振动。下面介绍三个工程案例。

1) 法国诺曼底大桥

法国诺曼底大桥跨越了塞纳河,该斜拉桥主跨为856m。边跨主梁采用钢筋混凝土结构,中跨主梁选用钢和混凝土混合结构。斜拉索由多股直径15mm的钢绞线组成,每根钢绞线都有高密度聚乙烯护套管保护,拉索的最外层为高密度聚乙烯外导管。

在诺曼底大桥设计过程中,进行了斜拉索风雨激振的试验研究[1],发现针对于直径165mm的拉索,当螺旋线的缠绕间距为0.3m、高为1.3mm时,抑制拉索风雨激振的效果最佳。最终,在诺曼底大桥的拉索表面采用了双螺旋线,螺旋线高1.3mm、宽2mm,螺旋线间距0.6m,顺时针缠绕。试验显示,缠绕螺旋线后,斜拉索的阻力系数为0.63。

除气动措施外,诺曼底大桥还采用了阻尼器和辅助索这两种减振措施,这些措施为斜拉索抗振提供了有较大的安全储备。自建成以来,诺曼底大桥的斜拉索未见有明显振动的报道。

2) 中国南京长江二桥南汊桥

南京长江二桥南汊桥为主跨628m的钢箱梁斜拉桥,其主塔采用钢筋混凝土结构,高度达195m。斜拉索以扇形布置,每个索面有20对斜拉索,拉索最长达到330m。安装阻尼器后,拉索的涡激振动得到了有效抑制(图3-2)。然而,桥梁建成后拉索仍出现过大幅的风雨激振,因此在索表面增加了螺旋线。螺旋线高8mm,缠绕间距0.5m,对拉索的风雨激振抑制效果明显。该桥采取气动措施后,未见有该桥斜拉索风雨激振的报道。

a) 南京长江第二大桥南汊桥

b) 斜拉索气动措施(螺旋线)

图3-2　南京长江第二大桥南汊桥及其拉索气动减振措施

3) 澳大利亚纽澳军团桥

纽澳军团桥(Anzac Bridge)跨过澳大利亚约翰斯通湾[图3-3a)],为一座双塔八车道斜拉桥,主跨345m,钢筋混凝土桥塔高69m。该桥于1995年建成通车,通车后出现了斜拉索振动的问题[2]。在2011—2013年的关闭维护期间,采用专门的机器人[图3-3b)]在索表面缠绕了3mm的螺旋线[2-3],每根螺旋线完成缠绕的时间为4~6h。在此次维护中,同样在索导管口安装了阻尼器辅助抑制拉索振动。

a) 大桥全貌

b) 机器人绕螺旋线方案示意图

c) 机器人绕螺旋线照片

图3-3　澳大利亚纽澳军团桥养护阶段斜拉索绕螺旋线抑制风雨激振[2-3]

3.2.2 表面凹坑

表面凹坑是在拉索表面压制特定形状和大小的凹坑,并按照特定的排列方式和覆盖率进行布置,如图 3-4、图 3-5 所示。根据第 2 章的介绍,雨线是导致拉索发生风雨激振的主要原因之一,同样,拉索表面压制凹坑也会对水流的形状产生影响,破坏水线的形成,从而有效控制拉索风雨激振的振幅在可接受范围内。凹坑的间距、分布、直径和坑深等参数都会影响其减振效果。

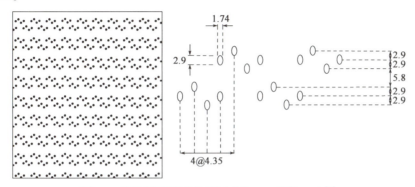

图 3-4 拉索表面凹坑规格(尺寸单位:mm,深度 1mm)[4]

a)苏通长江公路大桥斜拉索表面的凹坑

b)日本多多罗桥的压痕凹坑

图 3-5 表面设置规律性凹坑气动措施抑制拉索风雨激振

日本多多罗大桥可能是最早采用索表面压制凹坑作为拉索气动措施的斜拉桥。这座大桥位于日本本州四国连络桥西线,连接了广岛县生口岛和香川县大山岛,桥长 1480m,主跨 890m,最高桥塔达 224m,桥塔和箱梁均采用钢结构。拉索共有 4 个索面,共计 168 根,拉索长度在 108~462m 之间,索直径为 110~170mm。通常,中小跨径斜拉桥拉索的基频下限约为 0.5Hz,而多多罗大桥斜拉索一阶固有频率在 0.26~1.05Hz 之间,因此斜拉索可能会在更低的风速下发生振动。因此,需要考虑更宽范围的抑振模态,制定减振方案时要考虑的条件也更为多样和复杂。经过研究,最终采用了索表面压制凹坑的气动措施。在长达两年的观测期内,采用该措施的拉索的最大振幅小于9cm。日本多多罗大桥的实践证明,索表面压制凹坑技术具有良好的抗风雨激振效果。此后,表面压制凹坑的拉索在我国的苏通长江公路大桥和香港昂船洲大桥等诸多大桥中得到了应用。

上小节提到,缠绕螺旋线可以有效抑制拉索的风雨激振。然而,螺旋线的增加会导致拉索的阻力系数显著增大(尤其是螺旋线高度大的时候),从而增大了拉索承受的风荷载,这些额外的荷载会通过斜拉索传递至主塔和主梁上,可能会影响桥梁整体结构的稳定性。

相比之下,表面压制凹坑拉索不仅可以抑制风雨激振,还能保持较小的风阻系数。多多罗大桥压制凹坑拉索在风洞试验中的阻力系数仅为0.7,与光滑拉索相近,远低于东神户大桥纵向肋条拉索1.2的阻力系数,且在高风速范围内同样具有抗风振效果[5]。相比于下一小节中介绍的纵向肋条(多边形拉索),表面压制凹坑的圆柱形索不仅在各种雷诺数下阻力最小,而且在各种降雨量情况下和无雨情况下都具有出色的稳定性[6]。表3-1对比了两种最常用的抑制风雨激振的气动措施。

螺旋线与表面凹坑措施对比　　　　　　　　　　　表3-1

气动措施类型	抑制风雨振效果	抑制涡振效果	阻力系数	对干驰振性能影响	其他特点
螺旋线	较好	增大直径、减小螺距后可抑制涡振	较小	提高临界风速	在役桥梁可现场实施
表面凹坑	较好	不能抑制	小	可能降低临界风速	难以现场实施

3.2.3　纵向肋条

纵向肋条是指在拉索表面沿索轴向布置纵向凸起条或压制纵向凹槽,如图3-6所示。研究显示,纵向肋条对抑制拉索风雨激振和轴向流激振均有显著效果,并且在日本东神户大桥[7]和弓削大桥上得到了实际应用。然而,在实际使用过程中发现,高风速条件下拉索最大振幅仍能达到25cm。

图3-6　纵向肋条气动措施拉索在日本东神户大桥上的应用

同时,纵向肋条拉索的表面处理需要考虑3个方面:一是外形的美观性;二是凸起或凹槽的拐角处不能产生大的应力集中,否则会引起拉索外护套的开裂;三是防止其他形式的气动不稳定及阻力系数增大。因此,需要进一步优化这种拉索表面的处理方法,以提高其抗风雨激振的效果并满足实际应用中的要求。

3.2.4 其他措施

1) 椭圆环

椭圆环气动措施是在斜拉索上间隔一段距离套上一个椭圆环,环的平面平行于来流方向。风洞试验显示,该方案不仅可以破坏水线的形成,还可以控制局部流场,减弱轴向涡脱,从而减小局部激励,因此它对抑制风雨激振和轴向流激振都有效[8]。然而,如果椭圆环的布置间距过大,其减振效果将失效[9]。此外,根据气动措施的等效阻尼比计算,椭圆环对风雨激振的减振效果逊于螺旋线和纵向肋条。

2) 多边形截面的斜拉索

如果将斜拉索索体的截面制作成多边形,可以控制降雨条件下斜拉索表面形成的水线的位置,从而防止其在可能导致斜拉索不稳定振动的位置形成,因此能有效抑制斜拉索的风雨激振。风洞试验表明,在各种扭转和不扭转的多边形截面的拉索模型中,截面为二十四边形的模型阻力较小,在低风速下不会发生风雨激振,但在高风速下可能会不稳定[6]。总体而言,多边形截面拉索的气动措施目前仍处于研究阶段,尚未在实际工程中投入使用。

3) 斜拉索表面轴向平行的细杆

该措施在斜拉索表面每隔一定角度安装一根与轴向平行的细杆,与上述几种气动措施的减振机理类似,通过安置细杆,可以控制水线在多个确定位置形成,上水线被限制不能圆周向移动,从而抑制风雨激振的发生。然而,采用该措施同样将增大斜拉索阻力系数,并且该方法不适于很长的拉索。

4) 改变斜拉索表面材质

除上述措施外,改变斜拉索表面的状态也可能影响水线的形成,进而对斜拉索的风雨激振产生影响。1998年,日本学者Yamaguchi H[10]提出在斜拉索表面涂覆一层斥水性材料的做法。在试验中,这种斥水性材料成功阻止了斜拉索上水线的形成,并在一定程度上抑制了斜拉索的风雨激振。近年来,有研究人员将聚脲材料涂覆于拉索表面起到紫外线隔离作用。

试验中发现,由于聚脲涂层很薄,当斜拉索表面涂覆聚脲涂层后,在常遇设计风速条件下($Re \approx 3.58 \times 10^5$)螺旋线仍能较好地产生抑制斜拉索风雨激振的作用,并且斜拉索的阻力系数相较于单纯缠绕螺旋线可以降低了31%[11],显示出较好的应用潜力。

3.3 涡振抑振措施

斜拉索的振动频率密集,易在较宽风速范围内出现涡激共振,不过较小的阻尼即可有效抑制涡振。因此,通常认为斜拉索涡振仅在安装用于抑制风雨激振的阻尼器之前才可能出现。然而,随着斜拉索长度的增大,其振动基频减小,常遇风速下斜拉索的涡振模态也会增大。当阻尼器安装位置接近对应的斜拉索模态振型的驻点时,阻尼器将无法发挥减振作用,导致斜拉索安装阻尼器后仍可能出现高阶涡振。

在工程实践中,一些大跨径斜拉桥因阻尼器性能退化,导致斜拉索在运营期出现了明显的涡激振动问题,凸显了研究斜拉索涡激振动的必要性。学者们围绕斜拉索涡激振动的气动控制展开了一系列研究。实际观测和风洞试验发现,采用与抑制风雨激振相同设计参数的螺旋线、凹坑,对斜拉索涡振的抑制效果有限[12]。为了有效抑制斜拉索的高阶涡振,需要使用更粗的螺旋线。在对直径150mm的斜拉索缠绕不同规格螺旋线的涡振控制效果研究中发现[13],高度小于10mm的螺旋线涡振抑制效果不佳,只有将螺旋线高度增加到15mm,才能有效降低涡振响应幅值。以苏通长江公路大桥NA30U号索为原型的弹性悬挂节段模型风洞试验结果表明[14-16]:

(1)在低阻尼条件下,表面凹坑拉索和光滑表面缠绕$0.014D$和$0.025D$(D为斜拉索直径)小直径双螺旋线斜拉索存在明显的涡振现象;

(2)增大斜拉索的阻尼比可以有效抑制涡振;

(3)采用抑制风雨激振常用的2mm和3.5mm线径的双螺旋线对拉索涡振的抑制效果较差;

(4)10mm线径的双、三螺旋线对拉索涡振的抑制效果较好;

(5)15mm线径的双、三螺旋线对拉索涡振的抑制效果很好。

在综合评估斜拉索风荷载和涡振控制效果后,推荐采用$0.071D$线径和$12D$螺旋线间距的双、三螺旋线来抑制斜拉索涡振。图3-7展示了试验中用于抑制涡振的粗螺旋线。试验发现,设置双螺旋线后,斜拉索阻力系数均值较表面凹坑索阻力系数均值增加30.8%~48%[16],

不同风攻角下最大阻力系数达到 0.8947,而试验中得到表面凹坑索的阻尼系数为 0.6046。

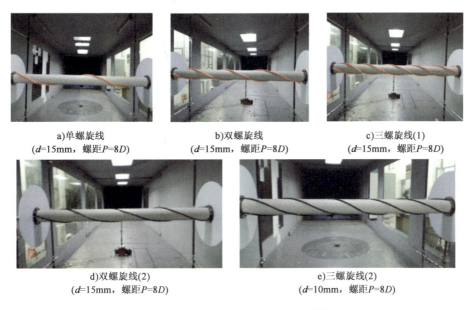

图 3-7 粗螺旋线抑制斜拉索涡振试验[12]

3.4 尾流驰振抑振措施

针对尾流驰振问题,研究人员提出了一些解决方案,包括使用较大直径的螺旋线[12,17]或分隔架[18]等。然而,如前文所述,拉索的尾流驰振主要发生在悬索桥上,在斜拉桥上较少发生。因此,相关研究主要围绕悬索桥展开,其研究成果也可为斜拉索尾流驰振的气动控制提供参考。

日本明石海峡大桥是一座主跨 1990m 的悬索桥,采用双吊索体系,吊索间的距离较小,这增大了尾流驰振的发生概率。在吊索上缠绕直径为 10mm 的螺旋线可起到较好的尾流驰振抑振效果(图 3-8),还可抑制吊索涡振[17]。我国的西堠门大桥是一座主跨 1650m 的悬索桥,采用四吊索体系。针对西堠门大桥吊索的振动开展的三维连续气弹模型风洞试验表明,螺旋线和增大阻尼对减小悬索桥吊索尾流驰振的效果不佳,阻尼比增大到 3% 以上才能起到一定的减振效果;刚性分隔架可以有效地抑制悬索桥吊索的尾流驰振,但其间距需进行合理设计[19]。因此,针对尾流驰振问题,需要综合运用多种措施进行控制。

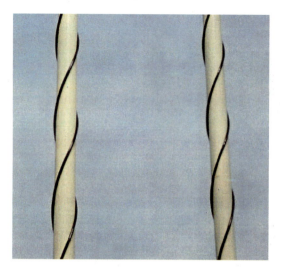

图 3-8　明石海峡大桥双吊杆采用直径 10mm 螺旋线抑制尾流驰振

3.5　相关研究

3.5.1　风雨激振气动措施抑振机理研究

1）气动措施规格等参数的影响

自螺旋线在诺曼底大桥斜拉索成功应用之后，随着国内大跨径斜拉桥的建设，针对螺旋线抑制斜拉索风雨激振的系统研究也在国内蓬勃开展起来，主要关注螺旋线的大小和缠绕方式对抑振效果的影响。

根据现有研究，只有大小合适的螺旋线才能有效抑制拉索风雨激振，而确定螺旋线具体参数时需要进行风洞试验。杜晓庆等[20]使用一个长 2.5m、直径 120mm 的索体模型进行了风洞试验，该模型采用木质内芯，外包聚乙烯（PE）套管，模型质量为 6kg/m，模型振动频率为 1Hz，阻尼比为 0.14%，试验风速 5～13m/s。试验发现，当螺旋线的直径大于 1mm 时，才能有效阻断上水线的形成。常颖等[21]通过人工降雨试验，发现 1.5mm 高的螺旋线可以完全抑制直径 139mm 拉索的风雨激振；而对于直径 200mm 的拉索，试验中使用的 2.0mm 和 3.0mm 高螺旋线均可大幅减少拉索在有雨条件下的振幅，但未能完全抑制。

此外,螺旋线的缠绕方向对抑振效果有很大影响(图 3-9)。顾明等[22]的风洞试验表明,顺时针缠绕的螺旋线具有更好的抑振效果,过大的螺旋线间距会降低抑振效果(此处的顺时针指从拉索顶部俯视时螺旋线的缠绕方向)。

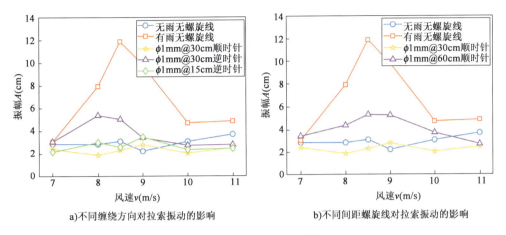

a)不同缠绕方向对拉索振动的影响　　b)不同间距螺旋线对拉索振动的影响

图 3-9　模型风洞试验结果[22]

在实际工程中,工程师需要综合考虑斜拉索直径、索护套材料、拉索生产和安装等多种因素,选择合适的气动措施。为了给实际工程设计提供参考,刘庆宽等[23]统计了国内多座斜拉桥拉索螺旋线的规格,在直径为 90mm、110mm、155mm、160mm 的斜拉索模型上分别缠绕 0.7~3mm 直径的单螺旋线或双螺旋线,通过风洞试验来评估螺旋线直径、缠绕方向、缠绕间距等多个参数对抑制不同直径拉索风雨激振效果的影响,得出了以下结论:当拉索直径不变时,增大螺旋线直径或减小螺旋线间距可以增加抑振效果;当螺旋线直径和缠绕方向不变时,拉索的直径越大,抑制风雨激振所需的螺旋线间距就越小。最后,针对不同直径的拉索,给出了达到抑振效果所需的螺旋线参数组合,为实际工程设计提供了参考。

可见,螺旋线的多个参数会对拉索风雨激振抑振效果产生影响。为了有效控制拉索的风雨激振,螺旋线的参数需要选择合适的值。在实际工程中,通常会基于既有研究和实践经验选择几种对比方案,并采用风洞试验测试等方法来确定最终应用的参数。

2)抑振机理

斜拉索风雨激振机理的研究涉及气(风)、液(雨)和固(拉索)三态的耦合,影响因素众多,情况非常复杂。李文勃等[9]基于驰振理论,提出了斜拉索的风雨激振气动减振措施理论分析方法,引入了发生风雨激振的必要条件、充分条件,以及用于定量分析气动措施减振效果的等效阻尼比;结合人工水线拉索及气动措施拉索的测力试验,分析发生风雨激振的可能性,并对气动措施减振效果进行分析计算和定量判断和对比;最后,通过人工降雨试验检验提出的分析方法。

本小节通过介绍该研究[9]展示评价气动措施抑制风雨激振效果的基本思路。单位长度拉索节段(有、无水线)的自由振动可以采用下式描述：

$$M[\ddot{y} + 2(\zeta + \zeta_{F_y}^{qd})\omega \dot{y} + \omega^2 y] = 0 \tag{3-1}$$

式中：M——拉索节段质量，kg；

y——拉索振动位移，m；

ζ——拉索固有阻尼比；

$\zeta_{F_y}^{qd}$——设有气动措施拉索的气动阻尼比，按下式计算：

$$\zeta_{F_y}^{qd} = \frac{1}{4}\frac{\rho UD}{M\omega}\left[\frac{dC_L^{qd}(\theta_s)}{d\alpha} + C_D^{qd}(\theta_s)\right] \tag{3-2}$$

C_L^{qd}——设有气动措施拉索在θ_s(图2-21)处的升力系数；

C_D^{qd}——设有气动措施拉索在θ_s(图2-21)处的阻力系数；

ω——索节段的振动圆频率，rad/s。

上述两式中的其他变量定义同前文。

根据式(3-2)，发生风雨激振的必要条件是$\zeta_{F_y}^{qd}<0$。可以看出，气动阻尼比与风速及拉索直径成正比，与拉索的质量和振动频率成反比。记拉索固有阻尼与气动阻尼之和为ζ_s，即：

$$\zeta_s = \zeta + \zeta_{F_y}^{qd} \tag{3-3}$$

那么，$\zeta_s<0$是判断拉索发生风雨激振的充分条件。式(3-1)可进一步写作：

$$M[\ddot{y} + 2(\zeta + \zeta_{F_y} + \zeta_{dx})\omega \dot{y} + \omega^2 y] = 0 \tag{3-4}$$

式中，ζ_{dx}为气动措施的等效阻尼比，可以写成如下的形式：

$$\zeta_{dx} = \zeta_{F_y}^{qd} - \zeta_{F_y} \tag{3-5}$$

式中，ζ_{F_y}表示采用气动措施前拉索的气动阻尼比；ζ_{dx}表示拉索采用了气动措施后气动阻尼比的改变量，它的作用类似于安装阻尼器来增大拉索的机械阻尼比。实际上，对拉索施加气动措施后，仍有雨水在拉索表面流动，关键是这时还能否形成驰振断面。气动措施等效改变了气动阻尼比，来抑制风雨激振发生和振幅。等效阻尼比是衡量气动阻尼比改变量大小的指标，利用它可以对各种气动措施的减振效果进行定量比较分析。在拉索发生风雨激振的水线θ_s角的"危险区域"内(θ_s指振动水线任一时刻相对于拉索的位置，见图2-21)，通过对设有人工水线和气动措施拉索的测力试验，可以分析设有气动措施的拉索发生风雨激振的可能性，并且通过计算各种气动措施等效阻尼比，比较出各种气动措施减振效果的优劣。

基于上述理论，通过试验对比了螺旋线、纵向肋条、椭圆环3种气动措施对拉索风雨激振抑振效果。假定在采取相应的气动措施后仍然存在水线生成的可能，因而将气动措施与水线共存的假设状态也列入了研究对象。具体假定如下：

(1)具有特定大小和螺距的螺旋线气动措施拉索可以形成上、下水线，偏安全地将该气动措施按有、无水线两种情况考虑；

(2)椭圆环的假设与螺旋线相同；

(3)纵向肋条破坏了水线形成,因此不考虑有水线的情况。

随后,研究人员在同济大学 TJ-2 号边界层风洞中采用六分量应变天平测量了贴有人工水线的光索模型以及附加螺旋线、纵向肋条及椭圆环 3 种气动措施拉索模型在均匀流场中的静气动力,研究了气动力随水线平衡角的变化规律。所有模型长度均为 1m,直径均为 120mm。试验有三类模型,A 类模型为仅附加螺旋线、纵向肋条及椭圆环三种气动措施拉索模型,不加人工水线,模型照片见图 3-10,模型参数见表 3-2;B 类模型为在 A 类模型中的螺旋线、椭圆环气动措施拉索上粘贴人工水线;C 类模型为光滑拉索模型上粘贴人工水线。人工水线和气动措施拉索测力试验工况见表 3-3。所有人工水线的截面均为高度 5.5mm 的半圆形。

 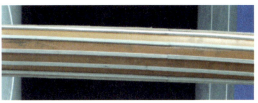

a)螺旋线　　　　　　　　　　　b)纵向肋条

c)椭圆环

图 3-10　拉索气动措施照片

气动措施拉索模型参数　　　　　　　　　　　　　　表 3-2

气动措施类型	气动措施参数			
螺旋线	螺旋线宽	螺旋线高	螺距	备注
	5.0mm	5.0mm	1250mm	双螺旋线
纵向肋条	高 5mm,宽 8mm,沿圆周每 30°设有一条纵向肋条			
椭圆环	高 3mm,宽 10mm,间距 300mm,椭圆平面与拉索轴向夹角为 45°			

人工水线和气动措施拉索测力试验工况表　　　　　　　表 3-3

模型序号	模型类型	气动措施	角度	试验风速(m/s)
1	B(加水线)	螺旋线	0°~180°间隔 30°;40°~60°间隔 1°	15
2	A(不加水线)	螺旋线	0°~180°间隔 30°;40°~60°间隔 1°	15
3	B(加水线)	椭圆环	0°~180°间隔 30°;40°~60°间隔 1°	15
4	A(不加水线)	椭圆环	0°~180°间隔 30°;40°~60°间隔 1°	15
5	A(不加水线)	纵向肋条	0°~180°间隔 30°;40°~60°间隔 1°	15
6	C(加水线)	无	0°~180°间隔 30°;40°~60°间隔 1°	15

试验发现,设有人工水线的光索在某个角度范围内升力系数出现了负斜率,从而使驰振力系数 $\frac{dC_L}{d\alpha}+C_d$ 在 $\theta_s=47°\sim 55°$ 范围内小于 0。这时拉索的气动阻尼 $\zeta_{F_y}<0$,存在发生驰振不稳定现象的可能性;以进行风雨激振试验的人工水线拉索模型为例,已知频率 $f=1.4375\mathrm{Hz}$,拉索单位长度质量 $M=6.54\mathrm{kg}$,风速 $U=6.7\mathrm{m/s}$,阻尼比 $\zeta=0.217\%$,空气密度 $\rho=1.225\mathrm{kg/m^3}$,计算得到人工水线拉索驰振力系数及总阻尼比随 θ_s 的变化曲线,见图 3-11。由于拉索的固有阻尼比气动阻尼小得多,故拉索的总阻尼在 $\theta_s=47°\sim 55°$ 范围内也小于 0,当水线在 $47°\sim 55°$ 范围内形成时,拉索则可能发生驰振,表现为风雨激振。$\theta_s=47°\sim 55°$ 就是该种拉索发生风雨激振的水线生成"危险区域"。

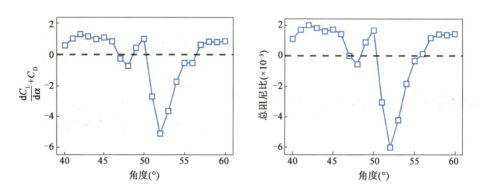

图 3-11 人工水线拉索的驰振力系数和总阻尼比随风攻角的变化曲线

从试验中可观察到,采取相应的气动措施后,带人工水线拉索产生升力负斜率的"危险区域"消失了。特别值得注意的是,缠绕螺旋线的拉索,即使假定仍然会产生水线,也不会产生升力负斜率的"危险区域",即不会发生驰振,因此可以确认其对风雨激振的可靠抑制作用。而采取椭圆环的措施若不能阻止水线的生成,仍会产生升力负斜率的"危险区域"。

为了进一步研究,假定各种气动措施拉索仍采用前述人工水线拉索模型的参数,并计算出拉索的气动阻尼比及总阻尼比随 θ_s 角变化,得到图 3-12 和图 3-13。从图 3-12、图 3-13 中可以看出,采用螺旋线、椭圆环、纵向肋条的模型 1、2、4、5 的气动阻尼比及总阻尼比均大于 0,空气动力性能稳定,不会发生驰振;而模型 3 在 $\theta_s=53°\sim 56°$ 范围内,气动阻尼比及总阻尼比均小于 0,没有消除发生驰振的可能性,该气动措施拉索是否会发生风雨激振取决于加上椭圆环后是否仍能形成上水线。

取人工水线拉索的发散风速 $U=6.7\mathrm{m/s}$,发生风雨激振时的 θ_s 角变化范围为 $47°\sim 55°$,空气密度 $\rho=1.225\mathrm{kg/m^3}$,拉索单位长度质量 $M=6.54\mathrm{kg}$,拉索直径 $D=0.12\mathrm{m}$,按照公式计算得到模型 1~模型 5 对应于 $f=1.4375\mathrm{Hz}$ 时的最大、最小及平均等效阻尼比,结果见表 3-4。

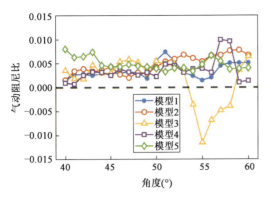

图 3-12 气动措施拉索模型气动阻尼比

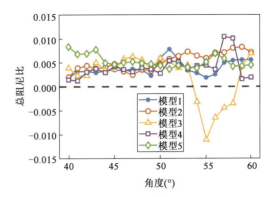

图 3-13 气动措施拉索模型总阻尼比

各模型对应的等效阻尼比（$f=1.4375 Hz$） 表 3-4

结果	模型 1	模型 2	模型 3	模型 4	模型 5
最大值	0.02344	0.023956	0.021725	0.022752	0.022197
最小值	0.000352	0.000415	-0.00894	-0.00142	0.000206
平均值	0.008909	0.00982	0.007153	0.008768	0.009277

由表 3-4 可以看出，模型 1 和模型 2 等效阻尼比的最大值、最小值及平均值最大；模型 3 和模型 4 的等效阻尼比出现了负值，仍有风雨激振发生可能性；模型 5 的等效阻尼比也较大。从等效阻尼比角度来看，螺旋线和纵向肋条均较好抑制了风雨激振，椭圆环的抑振有效性值得怀疑。3 种气动措施对风雨激振抑制效果从优到差的排序为：螺旋线、纵向肋条、椭圆环。

为了进一步检验气动措施减振效果的计算结果，采用弹簧悬挂刚性拉索节段模型的单自由度振动系统，在同济大学 TJ-1 号风洞自由射流区进行了人工降雨试验。为避免模型试验的尺寸效应及雷诺数的影响，试验模型的拉索直径与某桥发生风雨激振的实际拉索相同，直径为 0.12m，模型长度为 3.5m，长度与直径比为 29.2，风速、雨量及频率均进行 1:1 模拟，质量阻尼参数的模拟按斯柯顿数的条件适当放宽，即模型阻尼比与实索阻尼比相同。其中实际拉索节段的质量为 181.3kg，索模型总质量为 22.9kg，二者的质量比为 7.9:1。试验结果显示，有人工水线的光索出现了较大振幅的风雨激振。当加入螺旋线、纵向肋条和椭圆环后，拉索振幅显著减小，说明这三种气动措施均具有抑制风雨激振的作用。值得注意的是，在人工降雨条件下，试验中未发现椭圆环有上水线的生成。人工降雨试验证实了上述基于等效阻尼比的分析结果。

3.5.2 新型涡振抑振措施研究

按照是否需要外界能量输入来抑制振动，气动措施可分为被动控制措施和主动控制措施。其中,被动控制措施通过改变钝体的外形,改善其流体动力学特性,从而达到抑振的目的。前文提到的在拉索表面设置螺旋线、压制凹坑、安装导流板、开槽等都属于被动控制措施。实际上,除螺旋线和压制凹坑外,研究人员还提出了一些新颖的气动措施,例如O形套环[24](图3-14)。对直径0.12m斜拉索进行的试验结果表明,O形套环的厚度和宽度增加会增强其对斜拉索涡激振动的抑制效果,且抑振效果与套环厚度、宽度的关系都可用指数函数表示。套环对斜拉索涡激振动的抑制效果不随套环间距单调变化,从整体趋势来看,套环间距越小,抑振效果越显著,两者之间的关系可以用分段函数表示。Ran等[25]对各种被动气流控制方法进行了综述,图3-15展示了其中的部分新型气动措施。

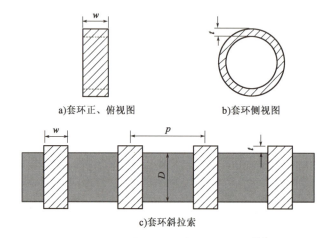

图3-14 O形套环对斜拉索涡振抑制研究[24]

t-厚度;w-宽度;p-间距

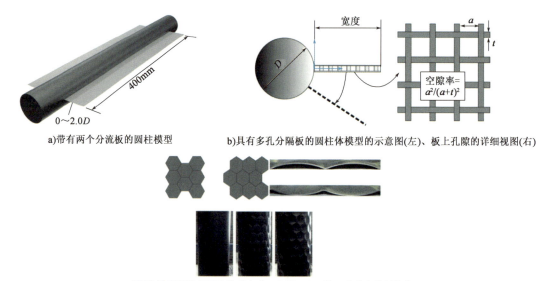

a)带有两个分流板的圆柱模型　　b)具有多孔分隔板的圆柱体模型的示意图(左)、板上孔隙的详细视图(右)

c)表面六边形凹坑的两种排列方式,光滑、含凹坑、含凸点的圆柱体

图3-15 部分被动气流控制方法[25]

近年来,针对大跨径桥梁斜拉索的涡振问题,除被动控制措施外,研究人员还探索了一些新颖的主动流动控制方法。例如,陈文礼等[26-29]系统研究了自吸气技术,包括均布式多孔表面和吹吸气套环等。他们对直径为 0.2m 的圆柱形拉索开展风洞试验(图 3-16),系统固有阻尼取 0.34%,所使用的套环通气宽度为 12mm,外径 0.224m,厚度 86mm,研究了不同套环间距对圆柱涡振的影响。试验结果表明,套环间距较小时能有效抑制涡振幅值,当套环间距为索直径的一半时,能够完全抑制涡振,这验证了套环对涡振的抑制作用。该研究建议工程中套环间距采用 1.5~3 倍索直径。

a) 气弹模型试验系统

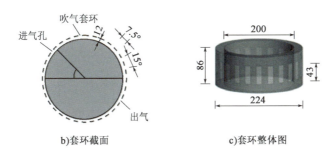

b) 套环截面　　　　c) 套环整体图

图 3-16　吹吸气套环抑制斜拉索涡振(尺寸单位:mm)[27]

由于涡激振动的普遍性,包括斜拉索、吊索及桥梁主梁的涡激振动,工程和研究中仍不断有新的气动措施涌现,大部分措施经过风洞试验或者计算流体力学方法验证了其有效性,积累了丰富的研究成果。相对而言,斜拉索涡振抑制的气动措施实际应用较少。一方面,抑制涡振的气动措施对于索的风载产生较大影响;另一方面,通过阻尼器等手段增加阻尼即可很好地抑制涡振。因此,寻找兼具经济性和可实施性的斜拉索涡振控制气动措施仍然是一个有待解决的开放课题。

3.5.3　干驰振抑制措施研究

如第 2 章所介绍,即使在干燥无雨的条件下,仍能观察到斜拉索在亚临界范围内出现大幅振动,这种振动现象主要通过临界雷诺数和斜拉索后的轴向流两方面来解释[30]。针对这种可能出现的干索驰振现象,已经研究出一些气动措施。

尽管在拉索表面凹坑可以有效抑制风雨激振,但凹坑也可能对干索驰振的抑制有负面效果。在Katsuchi等[4]的风洞试验中,当风攻角为30°时,凹坑索模型在23m/s的风速(折减风速约为100)下发生了干索驰振(图3-17),这个速度低于光索发生干索驰振时的25m/s风速(折减风速约为110)。然而,试验中发现,在20~23m/s的风速范围内,凹坑索大幅干索驰振现象的出现对测试条件非常敏感,在重复试验中,表面凹坑索并没有出现干索驰振。Yagi等[31]在试验中也观察到,表面凹坑拉索在低雷诺数情况下发生了干索驰振,而在拉索表面设置螺旋线会明显减小拉索旋涡脱落展向相关长度,从而有效抑制拉索干索驰振。

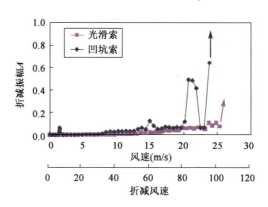

图3-17 光索模型和凹坑索在干燥(无雨)下振动振幅

注:无端板,风向角为30°,光索模型的$S_c = 17.9$,凹坑索模型的$S_c = 19.7$。[4]

除了凹坑,纵向肋条对干索驰振的抑制效果也相对较弱。Hung等[32]在试验中研究了螺旋线索、凹坑索和纵向肋条索在不同风速下的风致振动响应。图3-18a)~c)展示了试验中使用的拉索模型,图3-18d)为试验布置。图3-18e)展示了试验结果,从图3-18e)中可以看出,表面凹坑索和纵向肋条索在无雨情况下均出现了限幅振动。通过对比可以发现,表面采用螺旋线的拉索抑制干驰振的性能更好[31]。

为了更深入地了解螺旋线参数对干索驰振的影响,郑云飞等[34]进行了多组试验,并得出以下结论:

(1)螺旋线缠绕间距不变,改变螺旋线直径对干索驰振的影响并不明显;

(2)螺旋线直径不变,螺旋线缠绕间距小于临界间距时,改变螺旋线间距对干索驰振的影响也不明显,但当螺旋线间距大于这个临界值时,斜拉索会发生明显振动。

随着服役时间的增长,斜拉索表面可能受风化和灰尘附着等因素的影响,导致索表面的粗糙度增大。为了研究表面粗糙度对斜拉索干索驰振的影响,卢照亮等[35]通过在斜拉索模型表面包裹不同数目的工业砂纸来改变索表面的粗糙度,并利用SJ-410表面粗糙度测量仪进行粗糙度的测量。在随后开展的风洞试验中发现,增大拉索表面粗糙度有助于抑制拉索的干索驰振,并且随着粗糙度的增大,临界雷诺数减小,雷诺数效应减弱。

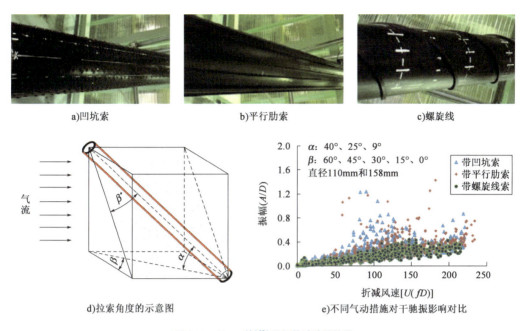

图 3-18 Hung 等[32]进行的试验及结果

3.5.4 气动措施对风阻系数的影响研究

对于大跨径斜拉桥,斜拉索上的风荷载会占到全桥风荷载的很大比例。以苏通长江公路大桥为例,在横桥向风的作用下,斜拉索上的风荷载对于主梁位移和内力的贡献占总体的 60%～70%。通常,气动措施在抑制拉索风雨激振的同时也会改变拉索的风荷载。因此,在采用气动措施时,必须同时评估其对拉索风雨激振的抑制作用以及对风荷载的影响。围绕气动措施对拉索动力特性的影响这一问题,许多学者进行了深入研究。

在对长 1.8m、外径 158mm 的拉索模型进行风洞试验时发现[36],表面有椭圆形花纹索和螺旋线索(均布 3 条,螺纹高度 2mm,单根缠绕间距 0.9m)的阻力系数随拉索倾角和雷诺数变化呈现相似的趋势。然而,与光滑索相比,表面花纹索和螺旋线索的阻力系数的变化较为平稳,表面花纹索的阻力系数略低于螺旋线索。林志兴等[37]在风洞试验中也发现,对于直径 139mm 的拉索,在不同的倾角下,凹坑索(覆盖率约 5%)的阻力系数大多情况下低于螺旋线索(双螺旋线、顺时针缠绕、螺旋线直径分别为 2mm 和 4mm)的阻力系数,并且与直径 2mm 螺旋线的阻力系数相差不大。此外,数值模拟结果还表明[38],在风雨激振发生的雷诺数范围内,螺旋线能够减小拉索的平均阻力系数,破坏规则的旋涡脱落,减小脉动升力系数,降低气动力在拉索轴向方向的相关性。这一结论已经在试验中得到验证[39],并且还发现在 5～20m/s 的风速范围内,螺旋线索的平均阻力系数甚至小于光拉索的阻力系数。除凹坑索外,研究人员还研究了具有特定性状和尺寸凹槽的斜拉索气动力和风致振动状态,发现凹槽对斜拉索的平均升力系数和平均阻力系数也有一定影响,而且不同风攻角的影响程度不同[40]。

螺旋线的参数会影响螺旋线索的风阻系数C_d。在苏通长江公路大桥设计阶段,在TJ-2风洞中测量了均匀流场下具有不同参数的螺旋线斜拉索(拉索直径$D=139$mm)的横风向阻力系数,试验结果如图3-19、图3-20所示。结果表明,螺旋线拉索的螺距越大,其阻力系数越小;螺旋线拉索的螺旋线直径越大,其阻力系数越大。薛晓锋等[41]在距拉索节段自由端2cm处安置端板,用以消除三维拉索节段模型自由端附近三维绕流的影响,实现二维流场的模拟。试验结果表明,随着螺旋线高度增大,脉动风压的变化并不显著,而螺旋线索迎风侧停驻点的平均风压系数略微增大;风阻系数随着风速的增大而减小,随螺旋线高度增大或缠绕间距的减小而增大。

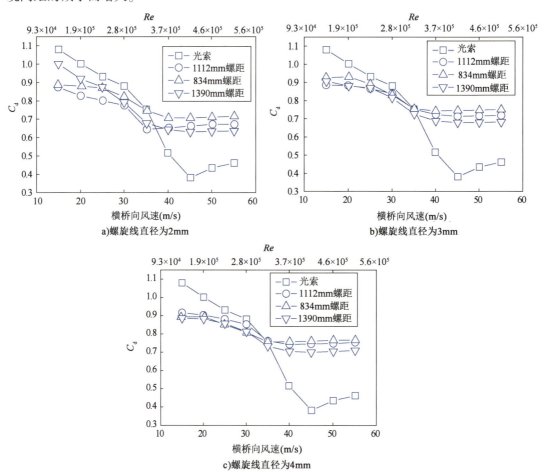

图3-19 不同螺旋线间距下阻力系数随雷诺数的变化规律[40]

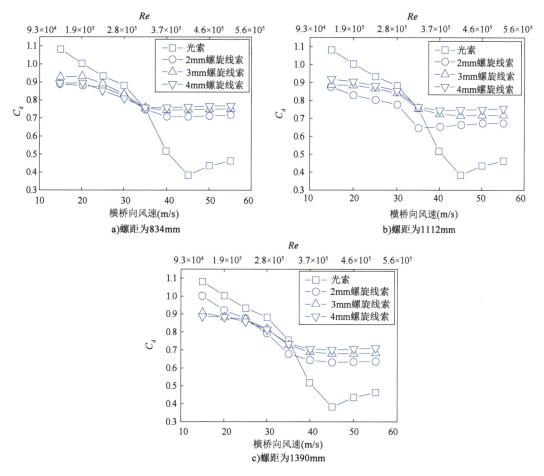

图3-20 不同螺旋线直径下阻力系数随雷诺数的变化规律[40]

为了更准确地描述螺旋线参数对风阻系数的影响,刘庆宽等[42-43]通过天平测力风洞试验对直径为120mm的光滑索模型和25种螺旋线拉索模型进行测力试验,得到了各个工况下阻力系数随雷诺数的变化规律。结果显示,螺旋线可以减轻雷诺数效应。在超临界雷诺数区域,随着缠绕间距的增大,阻力系数呈单调递减趋势,而随着螺旋线直径的增大,阻力系数则呈单调递增趋势。此外,随着螺旋线直径的增大和间距的减小,索的振动稳定性有所提高。

实际上,气动措施不仅会影响拉索的风阻系数,还会对升力系数产生影响。在研究用于抑制风雨激振的螺旋线对索横风向气动力和稳定性的影响时,研究人员发现,螺旋线直径不变,螺旋线缠绕间距越小,斜拉索模型的升力越小,平衡位置偏移量越小[44];螺旋线缠绕间距不变,螺旋线直径越大,斜拉索模型的平均升力越小,平衡位置改变量越小。此外,Kleissl等[45]在试验中还观察到索表面凹坑分布的不对称性使拉索的升力系数依赖于风偏角,进而导致 Den Hartog 驰振不稳定,而带螺旋线索的升力系数则几乎不受风偏角的影响。

总体来说,凹坑索的阻力系数多数情况下小于螺旋线索,表面凹坑的不均匀分布导致拉索升力系数对风偏角的变化较为敏感。相比之下,螺旋线索的动力系数受风偏角的影响较小。在一定风速范围内,缠绕螺旋线后拉索的阻力系数和升力系数会减小,而螺旋线直径和缠绕间距同样会影响其气动力系数。

本章参考文献

[1] FLAMAND O. Rain-wind induced vibration of cables[J]. Journal of Wind Engineering and Industrial Aerodynamics,1995,57(2-3):353-362.

[2] KODAKALLA V, OATES R, GUPTA V K, et al. ANZAC cable stayed bridge health monitoring[C]. Austroads Bridge Conference, 9th, 2014, Sydney, New South Wales, Australia,2014(3.3).

[3] KIM K S. Major Work to Extend the Lifespan of the Anzac Bridge in Sydney. Magazine of the Korea Institute for Structural Maintenance and Inspection,2014,17(2):101-105.

[4] KATSUCHI H, YAMADA H. Wind-tunnel study on dry-galloping of indented-surface stay cable[C]. Proceedings of the 11th Americas Conference on Wind Engineering. American Association of Wind Engineering,Polytechnic Institute of Puerto Rico,2009:22-26.

[5] 费汉兵,金增洪.斜拉索的雨振机理及抗振措施[J].公路,2003(7):134-139.

[6] KOBAYASHI H, MINAMI Y, MIKI M. Prevention of rain-wind induced vibration of an inclined cable by surface processing[C]. Proceedings of the 9th National Conference on Wind Engineering,1995:753-758.

[7] MATSUMOTO M, SHIRAISHI N, SHIRATO H. Rain-wind induced vibration of cables of cable-stayed bridges[J]. Journal of Wind Engineering and Industrial Aerodynamics,1992,43(1-3):2011-2022.

[8] MATSUMOTO M, DAITO Y, KANAMURA T, et al. Wind-induced vibration of cables of cable-stayed bridges[J]. Journal of Wind Engineering and Industrial Aerodynamics,1998(74):1015-1027.

[9] 李文勃,林志兴.抑制斜拉桥拉索风雨激振的气动措施研究[J].土木工程学报,2005,38(5):48-53.

[10] YAMAGUCHI H. Stayed cable dynamics and its vibration control[C]. Bridge Aerodynamics: Proceedings of the International Symposium on Advances in Bridge Aerodynamics. Copenhagen,Denmark,10-13 May 1998. Rotterdam:Balkema,1998:235-253.

[11] 张超,曹振生,张少强,等.表面涂层拉索风雨激振及风荷载风洞试验研究[J].桥梁建

设,2022,52(1):88-93.

[12] LI S,DENG Y,ZHONG W,et al. On the aerodynamic characteristics of stay cables attached with helical wires[J]. Advances in Structural Engineering,2018,21(9):1262-1272.

[13] 刘庆宽,邵林媛,孙一飞,等.螺旋线对斜拉索涡激振动特性影响的试验研究[J].湖南大学学报(自然科学版),2023,50(11):25-35.

[14] 沈静思.大跨度斜拉桥拉索高阶涡振现象及气动控制措施研究[D].长沙:湖南大学,2020.

[15] LIU Z,SHEN J,LI S,et al. Experimental study on high-mode vortex-induced vibration of stay cable and its aerodynamic countermeasures[J]. Journal of Fluids and Structures,2021(100):103195.

[16] 刘志文,沈静思,陈政清,等.斜拉索涡激振动气动控制措施试验研究[J].振动工程学报,2021,34(3):441-451.

[17] FUJINO Y,KIMURA K,TANAKA H,et al. Wind Resistant Design of Bridges in Japan:Developments and Practices[M]. Tokyo:Springer Science & Business Media,2012.

[18] WEN Q,HUA X G,LEI X,et al. Experimental study of wake-induced instability of coupled parallel hanger ropes for suspension bridges[J]. Engineering Structures,2018(167):175-187.

[19] DENG Y,LI S,CHEN Z. Experimental investigation on wake-induced vibrations of the hangers of suspension bridges based on three-dimensional elastic test model[J]. Engineering Structures,2021(234):111985.

[20] 杜晓庆,顾明,全涌.斜拉桥拉索风雨激振控制的试验研究[J].同济大学学报(自然科学版),2003,31(11):1266-1269,1279.

[21] 常颖,罗维,赵林,等.不同索径拉索风雨激励稳定性影响试验研究[J].同济大学学报(自然科学版),2016,44(10):1482-1489.

[22] 顾明,杜晓庆.模拟降雨条件下斜拉桥拉索风雨激振及控制的试验研究[J].土木工程学报,2004,37(7):101-105.

[23] 刘庆宽,郑云飞,赵善博,等.螺旋线参数对斜拉索风雨激振抑振效果的试验研究[J].工程力学,2016,33(10):138-144.

[24] 孙一飞,刘庆宽,王仰雪,等.O型套环对斜拉索涡激振动影响的试验研究[J].工程力学,2023,40(7):239-248.

[25] RAN Y,DENG Z,YU H,et al. Review of passive control of flow past a circular cylinder[J]. Journal of Visualization,2023,26(1):1-44.

[26] CHEN W L,XIN D B,XU F,et al. Suppression of vortex-induced vibration of a circular

cylinder using suction-based flow control[J]. Journal of Fluids and Structures,2013(42):25-39.

[27] 陈文礼,陈冠斌,黄业伟,等.斜拉索涡激振动的被动自吸吹气流动控制[J].中国公路学报,2019,32(10):222-229.

[28] CHEN W L,CHEN G B,XU F,et al. Suppression of vortex-induced vibration of a circular cylinder by a passive-jet flow control[J]. Journal of Wind Engineering and Industrial Aerodynamics,2020(199):104119.

[29] 高东来,余海洋,陈文礼.基于均布式多孔表面吹气的索结构尾流控制[J].湖南大学学报(自然科学版),2022,49(5):34-43.

[30] ZUO D,JONES N P. Interpretation of field observations of wind-and rain-wind-induced stay cable vibrations[J]. Journal of Wind Engineering and Industrial Aerodynamics,2010,98(2):73-87.

[31] YAGI T,OKAMOTO K,SAKAKI I,et al. Modification of surface configurations of stay cables for drag force reduction and aerodynamic stabilization[C]. Proceedings of the 13th International Conference on Wind Engineering. Amsterdam,The Netherlands:Multi-Science Publishing Co. Ltd,2011:10-15.

[32] HUNG V D,KATSUCHI H,SAKAKI I,et al. Aerodynamic performance of spiral-protuberance cable under rain and dry conditions[J]. Journal of Structural Engineering,2016(62):431-441.

[33] KATSUCHI H,YAMADA H,SAKAKI I,et al. Wind-tunnel investigation of the aerodynamic performance of surface-modification cables[J]. Engineering,2017,3(6):817-822.

[34] 郑云飞,刘庆宽,战启芳,等.螺旋线参数对斜拉索气动特性影响的试验研究[J].工程力学,2020,37(S1):301-306.

[35] 卢照亮,刘晓玲,郑云飞,等.斜拉索表面粗糙度对干索驰振的影响[J].工程力学,2017,34(S1):174-178.

[36] 王卫华,李明水,陈忻.斜拉索的阻力系数研究[J].空气动力学学报,2005,23(3):389-393.

[37] 林志兴,杨立波,李文勃.斜拉索顺桥向风阻系数的试验研究[J].郑州大学学报(工学版),2005,26(1):38-41.

[38] 李寿英,钟卫,陈政清.缠绕螺旋线斜拉索气动性能的数值模拟[J].振动工程学报,2014,27(4):488-496.

[39] 李寿英,钟卫.缠绕螺旋线斜拉索气动性能的试验研究[J].土木工程学报,2013,46(7):108-115.

[40] 刘庆宽,孙一飞,张磊杰,等.凹痕对斜拉桥斜拉索气动性能影响研究[J].工程力学,2019,36(S1):272-277.

[41] 薛晓锋,李加武,白桦,等.螺旋线参数对斜拉索气动性能影响的试验研究[J].振动与冲击,2013,32(20):179-183.

[42] 刘庆宽,李聪辉,郑云飞,等.缠绕螺旋线的斜拉桥斜拉索平均气动阻力特性的试验研究[J].土木工程学报,2017,50(5):97-104.

[43] 刘庆宽,卢照亮,田凯强,等.螺旋线对斜拉桥斜拉索高雷诺数风致振动影响的试验研究[J].振动与冲击,2018,37(14):175-179.

[44] 张强,刘汉顺,王东晖,等.马鞍山长江公铁大桥主跨超千米三塔斜拉桥设计[J].桥梁建设,2023,53(S2):16-21.

[45] KLEISSL K, GEORGAKIS C T. Comparison of the aerodynamics of bridge cables with helical fillets and a pattern-indented surface[J]. Journal of Wind Engineering and Industrial Aerodynamics,2012(104):166-175.

第 4 章
斜拉索阻尼器减振

4.1 概　　述

阻尼器是土木和机械工程中常用的耗能和减振(震)控制元件。实际应用于斜拉索减振的阻尼器包括黏滞阻尼器、黏性剪切阻尼器、高阻尼橡胶阻尼器和摩擦阻尼器等。当前，一些新型的斜拉索减振阻尼器还在不断涌现，部分已经通过足尺试验验证和取得了小规模的应用。本章首先介绍斜拉索阻尼器的基本类型，对于常用的类型还介绍了基本的力学模型和应用案例。接着，基于理想黏滞阻尼器和高阻尼橡胶阻尼器，系统介绍了斜拉索阻尼器系统的通用设计公式。随后，重点分析了阻尼器刚度参数、支架柔度、斜拉索的垂度和抗弯刚度等关键参数对减振性能的影响。最后，针对斜拉索上两处分布安装阻尼器的情况，详细探讨了其分析方法和阻尼器的协同工作机制。

4.2 斜拉索阻尼器类型

根据斜拉索阻尼器的工程应用情况，可将其划分为常用阻尼器和新型阻尼器两大类。其中，常用阻尼器是指已在工程实践中得到广泛验证和应用的成熟产品，其性能稳定、可靠性高；而新型阻尼器则主要处于理论研究阶段或初步应用探索期，其工程适用性尚待进一步验证。接下来，本节将按照该分类对斜拉索阻尼器进行介绍。

4.2.1 常用阻尼器

1) 黏滞阻尼器

黏滞阻尼器主要通过挤压阻尼液穿过小孔来产生阻尼力，并通过阻尼液的发热来耗散能量。图 4-1 展示了经典的缸式黏滞阻尼器的构造示意图及其力学模型。在实际工程中，黏滞阻尼器的性能通常表现出非线性特征，其阻尼力与加载速度之间呈现典型的指数关系。

这种关系可以表示为：

$$F_d(t) = c_d[\dot{u}(t)]^\alpha \tag{4-1}$$

式中：$F_d(t)$——阻尼力，N；

c_d——阻尼系数或者黏滞系数，其单位与非线性系数 α 相关；

t——时间，s；

$\dot{u}(t)$——阻尼器的变形速率，m/s；

α——黏滞阻尼器的非线性系数。

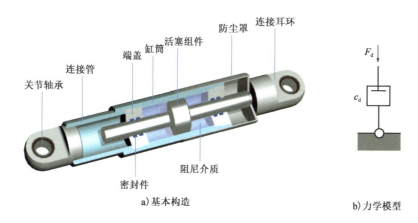

图 4-1　缸式黏滞阻尼器的构造示意图及其力学模型

当 $\alpha=1$ 时，阻尼器表现为理想的黏滞阻尼器；当 $\alpha\neq 1$ 时，阻尼器则呈现非线性特征。图 4-2 显示了不同 α 值时，阻尼器的非线性力学行为。实际阻尼器产品的 α 值通常在 $0.2\sim 1.8$ 之间[1]。

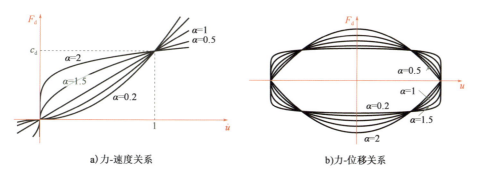

图 4-2　黏滞阻尼器的非线性力学行为

为了分析方便，通常将非线性阻尼器（$\alpha\neq 1$）近似等效为一个线性黏滞阻尼器，对应的阻尼系数变为等效阻尼系数（c_{eq}），即：

$$F_d(t) = c_{eq}\dot{u}(t) \tag{4-2}$$

等效阻尼系数可通过使原阻尼器与等效线性阻尼器在一个运动周期内所耗散的能量相等来确定：

$$\int_0^{T_n} F_\mathrm{d}\,\dot{u}(t)\,\mathrm{d}t = \int_0^{T_n} c_\mathrm{eq}\,[\dot{u}(t)]^2\,\mathrm{d}t \tag{4-3}$$

式中：T_n——斜拉索第 n 阶振动的周期，s。

可以得到等效阻尼系数的表达式：

$$c_\mathrm{eq} = \frac{\int_0^{T_n} F_\mathrm{d}\,\dot{u}(t)\,\mathrm{d}t}{\int_0^{T_n} [\dot{u}(t)]^2\,\mathrm{d}t} \tag{4-4}$$

通常情况下，阻尼器的等效阻尼系数 c_eq 会随着变形幅值和加载频率的变化而表现出频率依赖性。一般而言，黏滞阻尼器的等效阻尼系数随着加载频率的增大而减小，这种特性对于斜拉索的多模态减振是有利的。具体效果可参见第 7 章的试验结果[图 7-3b)、d)、f)]。

实际设计时，可以开展阻尼器单体性能试验，测量不同振幅和频率下，阻尼器的力-位移、力-速度关系，获取等效阻尼系数，进而校核索各阶模态能够获得的阻尼比是否均满足设计需求。黏滞阻尼器在我国斜拉索减振中应用广泛，具体的斜拉桥案例如表 4-1 所示。

斜拉索安装黏滞阻尼器的斜拉桥案例　　表 4-1

序号	桥梁名称	桥梁主跨(m)	数量(套)	采用年份	桥梁特点
1	南京八卦洲长江大桥	628	160	2014	双塔双索面斜拉桥,最长索 313m
2	毕都北盘江大桥	720	224	2015	双塔双索面钢桁架斜拉桥
3	漳州西溪大桥	200	56	2016	独柱独塔斜拉桥
4	湖北潜江大桥	260	84	2016	独塔斜拉桥
5	沈阳孝信桥	50	6	2016	独塔斜拉桥
6	武汉沌口长江大桥	780	240	2016	钢箱梁双塔斜拉桥
7	哇家滩黄河大桥	560	152	2016	钢混叠合梁斜拉桥
8	重庆地维长江大桥	340	96	2016	混凝土梁双塔斜拉桥
9	清远市北江四桥	418	96	2017	单索面双直塔斜拉桥
10	浙江乐清湾大桥	388	80	2017	斜拉桥
11	茂名市水东湾大桥	328	64	2017	双塔混凝土斜拉桥
12	赣州赣江大桥	300	96	2017	双塔式斜拉桥
13	武汉市江汉四桥	232	104	2018	钢梁桥
14	泰东高速公路黄河大桥	430	200	2018	双塔中央索面钢混组合梁斜拉桥
15	柳州白沙大桥	200	60	2018	反对称结构斜拉桥
16	乐清湾 2 号桥	388	48	2018	斜拉桥
17	西江大桥	600	192	2019	世界上双线货运重载铁路跨径最大的钢箱混合梁斜拉桥

2）黏性剪切阻尼器

黏性剪切阻尼器结构简单，主要包含盛放黏性介质的箱体、黏性介质和剪切插板。黏性剪切阻尼器基本构造如图 4-3a)所示。这类阻尼器是一种典型的黏弹性阻尼器，即同时具有弹簧和阻尼器的效果。一般采用如图4-3b)所示的力学模型模拟黏弹性阻尼器刚度和阻尼效应。黏弹性阻尼器的出力与变形量和变形速度相关,即:

$$F_d(t) = k_d u(t) + c_d \dot{u}(t) \tag{4-5}$$

式中:k_d——刚度系数,N/m;

$u(t)$——阻尼器的变形,即其两端的相对位移量,m。

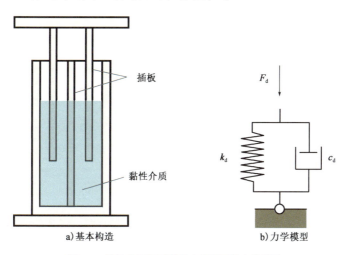

图4-3 黏性剪切阻尼器基本构造及其力学模型

影响黏性剪切阻尼器性能(包括刚度系数和阻尼系数)的因素包括插板间距(即黏性介质的厚度)、黏性介质剪切面积、黏性介质性质、工作温度等。有研究采用黏性剪切阻尼器性能试验数据,拟合得到了阻尼器的阻尼和刚度系数的表达式如下[2]:

$$\begin{cases} c_d = 0.85\ e^{-0.043 t_c} \cdot S \cdot A^{0.34} \cdot d_e^{-0.5} \cdot A^{-0.5} \cdot \omega^{-0.5} \\ k_d = 0.54\ d_e^{-0.5} \cdot A^{-0.19} \cdot \omega^{0.95} \cdot c_d \end{cases} \tag{4-6}$$

式中:t_c——温度,℃;

d_e——黏性体厚度,cm;

S——黏性剪切面积,cm^2;

A——变形幅值,m;

ω——频率,rad/s。

式(4-6)中阻尼系数(c_d)的单位是 kg/(s·cm),刚度系数(k_d)的单位为 kg/cm。当黏性介质和阻尼器构造不同时,通过试验拟合的表达式可能存在较大差异。但是,式(4-6)表明插板的剪切面积越大、插板间距越小,阻尼力越大。实际工程中,可以试制黏性剪切阻尼器样品,获取等效的刚度和阻尼系数,评估其阻尼效果。不满足要求时,基于试验结果调整插板面积和间距,以调整阻尼器的刚度和阻尼系数,使其与斜拉索的特性相匹配。黏性剪切阻尼器在日本和我国的斜拉索减振中应用广泛,典型的应用案例见表4-2。

斜拉索安装黏性剪切阻尼器的斜拉桥　　　　　　　　　　表 4-2

序号	桥梁名称	桥梁主跨(m)	数量(套)	采用年份	桥梁特点
1	望亨北盘江大桥	328	120	2015	斜拉桥
2	威海香水河大桥	180	96	2015	双塔斜拉桥
3	广州江门番中大桥	365	224	2015	双塔双索面斜拉桥
4	贵州鸭池河大桥	800	172	2015	双塔双索面混合梁斜拉桥
5	安徽水阳江大桥	240	152	2015	预应力混凝土斜拉桥
6	南京龙池路大桥	100	20	2016	独塔斜拉桥
7	贵州六广河大桥	580	176	2016	预应力钢筋混凝土连续刚构 T 形桥
8	广东江门西江水道桥	400	248	2016	双塔中央索面预应力混凝土斜拉桥
9	福建长门特大桥	550	136	2017	混合梁斜拉桥
10	佛山市沥桂大桥	160	96	2017	独塔斜拉桥
11	景洪市澜沧江大桥	400	76	2017	双塔双索面混合梁斜拉桥
12	东莞市东平东江大桥	148	84	2017	独塔混凝土斜拉桥
13	广东枫树坝大桥	320	200	2018	双塔单索面预应力混凝土斜拉桥
14	海南铺前大桥	230	68	2018	国内首座跨断裂带桥
15	浙江鳌江六桥	320	68	2018	双塔双索面叠合梁斜拉桥
16	佛山市菊花湾大桥	120	68	2018	独塔斜拉桥
17	铜怀高速公路锦江大桥	276	72	2018	预应力混凝土斜拉桥
18	山东济宁微山湖大桥	210	96	2019	山东省最长跨湖桥
19	广东通明海大桥	383	72	2019	双塔双索面斜拉桥
20	贵州平塘大桥	550	204	2019	叠合梁斜拉桥
21	苏通长江公路大桥	1088	96	2019	双塔双索面钢箱梁斜拉桥
22	福建沙埕湾跨海大桥	535	136	2019	混合梁斜拉桥

3）橡胶阻尼器

橡胶阻尼器在斜拉索减振中应用广泛，其可以根据安装条件设计成不同的形状，尤其适应于斜拉索导管内部安装，美观性好。然而，橡胶阻尼器对斜拉索的减振效果与其耗能能力相关，还对橡胶用量以及安装方式敏感。根据安装的方式不同，橡胶阻尼器分为剪切型橡胶阻尼器和挤压型橡胶阻尼器，如图 4-4 所示。剪切型橡胶阻尼器类似于桥梁的支座，橡胶在结构振动中承受剪切力，发生变形耗能，如图 4-4a)所示。图 4-4c)为一个典型的剪切型橡胶阻尼器样品，实际中可以采用多个阻尼器并联方式调整阻尼力，与斜拉索以及安装位置匹配，如图 4-4d)所示。挤压型橡胶阻尼器在结构振动中受压，变形耗能，如图 4-4b)所示，具体的应用参见第 7 章的工程案例。一般而言，挤压型橡胶阻尼器的耗能和阻尼效果不如剪切型橡胶阻尼器,但是其耐久性更好,同时能起到密封斜拉索锚头、防尘和防潮等作用。挤压型橡胶阻尼器在计算分析时,仅考虑受压材料部分的减振耗能效果。

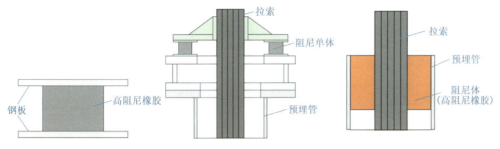

a) 剪切型橡胶阻尼器　　　　　　　　b) 挤压型橡胶阻尼器

c) 剪切型橡胶阻尼器单品样品　　　　d) 法兰安装剪切型橡胶阻尼器

图 4-4　高阻尼橡胶阻尼器

高阻尼橡胶阻尼器一般采用复刚度模型来模拟,其同时具有刚度和耗能的效果。橡胶阻尼器变形时的出力可以表示为:

$$F_d(t) = k_d(1 + i\varphi)u(t) \tag{4-7}$$

式中: k_d——刚度系数,kg/m;

　　　i——虚数单位;

　　　φ——损耗因子。

橡胶阻尼器的耗能能力由其损耗因子决定,损耗因子一般在 1 以下。损耗因子高的橡胶阻尼器称为高阻尼橡胶阻尼器。对于特定的橡胶材料,其损耗因子固定,针对不同斜拉索,刚度系数为需要优化设计的参数,以实现最优的减振效果。

式(4-7)对应的复刚度模型与式(4-5)所示的黏弹性阻尼器模型可以相互转化,其中刚度系数相同,对于特定的振动频率,黏弹性阻尼器的阻尼系数与等效的高阻尼橡胶阻尼器的损耗因子和刚度系数满足如下关系:

$$c_d = \frac{k_d \varphi}{\omega} \tag{4-8}$$

高阻尼橡胶阻尼器适用于高频振动控制,可以同时控制面内外振动;由于其安装不需要活动铰连接,对小幅振动抑制效果较好。20世纪90年代,高阻尼橡胶阻尼器应用于日本的鹤见翼桥(Tsurumi Tsubasa Bridge)和多多罗大桥。近期,挤压型高阻尼橡胶阻尼器被用于苏通长江公路大桥,以控制斜拉索的涡激振动,具体参见第7章。

4)摩擦阻尼器

摩擦阻尼器主要通过摩擦耗能,在斜拉索减振中也有一些应用。一般可以采用库仑摩擦模型描述摩擦阻尼器,即摩擦阻尼器的力与两端相对变形速度之间的关系为:

$$F_d(t) = F_k \text{sgn}(\dot{u}) \tag{4-9}$$

式中:F_k——滑动摩擦力,N;

sgn( )——符号函数,即:

$$\text{sgn}(\dot{u}) = \begin{cases} 1 & (\dot{u} > 0) \\ 0 & (\dot{u} = 0) \\ -1 & (\dot{u} < 0) \end{cases}$$

摩擦阻尼器的出力与其两端的相对运动之间存在强非线性关系,图4-5所示为库仑摩擦阻尼器的力-速度和力-位移关系。

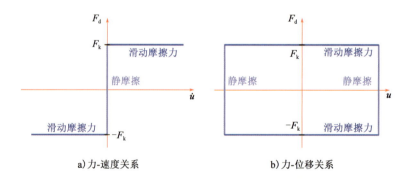

a)力-速度关系　　　　　　　　b)力-位移关系

图4-5　摩擦阻尼器力学特性

式(4-9)表明,摩擦阻尼器的出力主要与滑动摩擦力有关,用于斜拉索减振时需要确定合适的滑动摩擦力,以达到最优减振效果。由于摩擦阻尼器的非线性行为,直接采用式(4-9)进行摩擦阻尼器的效果分析和参数设计比较困难,实际设计中可以采用能量等效的方法,将其等效为线性黏滞阻尼器:使等效黏滞阻尼器在一个完整的周期内的能量耗散与摩擦阻尼器相等,耗散的能量可以根据一个周期内力-位移曲线的包络面积确定。黏滞阻尼器和摩擦阻尼器在一个周期内的耗散能量W_v和W_f分别可以表示为:

$$W_v = \pi \omega \, c_d U_d^2 \tag{4-10}$$

$$W_f = 4 F_k U_d \tag{4-11}$$

式中：U_d——阻尼器位置斜拉索的振幅，m。

根据等效原则，使 $W_v = W_f$，得到等效的阻尼系数：

$$c_d = \frac{4 F_k}{\pi \omega U_d} \tag{4-12}$$

可见，等效的阻尼系数与阻尼器的变形幅值（斜拉索振动幅值）相关。因此，设计中常需要确定摩擦阻尼器实现最优减振效果的拉索振幅。另外，摩擦阻尼器提供的阻尼或者减振效果与斜拉索的振动频率无关。

摩擦阻尼器在实际工程中有了一些应用。1999 年，瑞典乌德瓦拉大桥（Uddevalla Bridge）的斜拉索在靠近下端锚固点的位置安装了摩擦阻尼器用于减振，这一应用引起了广泛关注，并推动了相关研究。此外，韩国主跨 800m 的仁川桥（Incheon Bridge）也采用了摩擦型阻尼器，如图 4-6 所示。

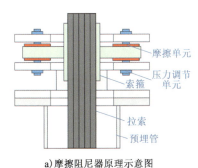

a) 摩擦阻尼器原理示意图　　b) 韩国仁川桥上安装的摩擦型阻尼器

图 4-6　摩擦型阻尼器基本原理和典型应用

5) 磁流变阻尼器

磁流变阻尼器（magnetic-rheological damper），简称 MR 阻尼器[3-4]，其构造与图 4-1 所示的黏滞阻尼器相近，但是腔体内部充满的是磁流变液，并且有对应的电磁模块，如图 4-7a) 所示。磁流变液是一种含有细小悬浮磁性颗粒的绝缘液态介质，具有随外加磁场变化的可逆流变特性，其表观黏度随着外加磁场强度的增加而递增，直至半固态。因此，MR 阻尼器可以外接电源，在几伏输入电压的作用下，通过内置磁场的强度变化，在毫秒级的时间内改变磁流变液的表观黏度，从而调整流体的流动阻力，即阻尼器的阻尼力。依据拉索振动响应，控制输入电压或电流，以调节 MR 阻尼器参数实现最优控制，即半主动控制。图 4-7b) 所示为一种 MR 阻尼器样品。不接入或者不调节外接电源时，MR 阻尼器也可以作为一种被动阻尼器使用。这时，也可以采用永磁铁替代电磁线圈，此类阻尼器被称为永磁磁流变阻尼器。

MR阻尼器的阻尼力主要来自库仑阻尼,库仑阻尼较黏滞阻尼要大很多。该阻尼器常采用改进的Bouc-Wen模型[3]来模拟,如图4-7c)所示。

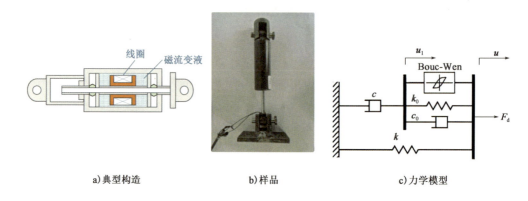

a) 典型构造　　　　b) 样品　　　　c) 力学模型

图4-7　磁流变阻尼器

采用改进的Bouc-Wen模型,MR阻尼器变形时两端的反力可以表示为:[3]

$$F_d(t) = c\dot{u}_1 + ku \tag{4-13}$$

式中:u——MR阻尼器两端的相对位移,m;

c——阻尼器在低速状态下的阻尼系数,N·s/m;

k——刚度系数,N/m;

u_1——图4-7c)中黏滞系数为c的阻尼单元两端的相对位移,m,按式(4-14)计算:

$$\dot{u}_1 = \frac{1}{c_0 + c}[\gamma_0 z + c_0 \dot{u} + k_0(u - u_1)] \tag{4-14}$$

式中:c_0——阻尼器在高速状态下的阻尼系数,N·s/m;

k_0——阻尼器在高速状态下的刚度系数,N/m;

z——模型中的状态变量,通过式(4-15)计算:

$$\dot{z} = -\gamma_1|\dot{u} - \dot{u}_1|z|z|^{l-1} - \gamma_2(\dot{u} - \dot{u}_1)|z|^l + \gamma_3(\dot{u} - \dot{u}_1) \tag{4-15}$$

式中:γ_0、γ_1、γ_2、γ_3、l——参数。

尽管上述改进的Bouc-Wen模型可以较好地拟合MR阻尼器的试验数据,但是采用该模型分析MR阻尼器对斜拉索的减振效果时,需要求解多个微分方程,因此该模型常用于基于MR阻尼器的半主动控制系统的时域分析。工程实际中,常采用式(4-5)表示的黏弹性模型进行设计,式(4-5)中的刚度系数和阻尼系数可以通过MR阻尼器性能试验进行确定。

MR阻尼器在实际工程中也有较多应用,例如苏通长江公路大桥长拉索初始设计时采用了半主动控制MR阻尼器。表4-3列出了斜拉索应用磁流变阻尼器(包括永磁磁流变阻尼器)减振的桥梁案例。

斜拉索安装磁流变阻尼器的斜拉桥　　　　　　　　　　　　　　　表 4-3

序号	桥梁名称	桥梁主跨（m）	数量（套）	采用年份	桥梁特点
1	云南怒江二桥	175	4	2016	独塔单索面混凝土斜拉桥
2	潮惠榕江大桥	380	96	2016	矮塔双索面钢箱梁+预应力混凝土梁（PC）组合箱梁斜拉桥
3	重庆阿蓬江大桥	240	88	2017	我国第一高跨高速铁路斜拉桥
4	可克达拉大桥	320	88	2018	新疆生产建设兵团首座混凝土斜拉桥
5	京港澳高速公路湖北军山大桥	460	88	2018	双塔双索面钢箱梁斜拉桥
6	湖南长湾澧水大桥	172	56	2018	黔张常铁路斜拉桥
7	塔里木河大桥	418	84	2018	独塔双跨斜拉桥
8	水阳江2号桥	240	176	2018	预应力混凝土斜拉桥
9	徐宿淮盐铁路线盐城大桥	312	48	2019	徐宿淮盐铁路大桥
10	云南双河大桥	356	108	2019	双塔斜拉桥
11	滨州黄河大桥	300	20	2019	预应力混凝土箱形桥梁
12	贵州乌江三桥	155	60	2019	独塔双索面 PC 斜拉桥

6）减振锤

减振锤主要包含锤头和钢绞线，如图 4-8a）所示。锤头通常由铸铁等材料制成，钢绞线提供刚度（k_{sd}）和阻尼（c_{sd}），锤头质量（m_{sd}）的大小是影响其减振效果的关键因素。设计中，可以近似考虑减振锤为一个调谐质量阻尼器[17]，其对斜拉索的作用力可以表示为：

$$F_d(t) = -m_{sd}\ddot{u}_{sd} \tag{4-16}$$

式中：u_{sd}——减振锤锤头的位移，m。

同时，减振锤锤头的振动满足如下的微分方程：

$$m_{sd}\ddot{u}_{sd} + c_{sd}(\dot{u}-\dot{u}_{sd}) + k_{sd}(u-u_{sd}) = 0 \tag{4-17}$$

减振锤的特征频率为：

$$\omega_{sd} = \sqrt{\frac{k_{sd}}{m_{sd}}} \tag{4-18}$$

采用调谐质量阻尼器的设计方法，先依据安装条件等确定减振锤锤头质量，选定钢绞线后调整其长度，使减振锤的特征频率靠近斜拉索的目标模态频率。而钢绞线的阻尼一般难以设计调节，可以通过设计锤头的形状和钢绞线、利用不对称设计等，以实现单个减振锤控制拉索多阶模态振动的目的。

另外，不同于一般的调谐质量阻尼器，钢绞线的力学行为具有非线性，因此减振锤的耗能效果能覆盖较宽的频段。减振锤设计时，也可以采用输电线减振锤设计中常用的能量平衡法，具体方法可以参考文献[5]。

在桥梁工程中，减振锤目前主要应用于拱桥或者悬索桥的吊索减振中，典型的悬索桥吊索减振应用包括韩国的 Palyung Bridge、我国的南沙大桥、土耳其 1915 恰纳卡莱大桥（1915 Çanakkale Bridge）以及挪威的哈洛加兰大桥（Hålogaland Bridge）。图 4-8b）展示了减振锤在斯里兰卡科伦坡港口桥斜拉索上的实际应用案例。近年来，减振锤在斜拉索高阶涡振控制中得到了进一步应用，其中具有代表性的工程实例包括我国的沪苏通公铁长江大桥和韩国的千四大桥（Cheonsa Bridge）西桥。

a）减振锤

b）实桥安装

图 4-8　减振锤应用案例

7）电涡流阻尼器

近年来，一种较为新型的阻尼器——电涡流阻尼器在斜拉索减振中有了一些应用。电涡流阻尼器依靠电磁感应原理产生阻尼效果（图 4-9）。其耗能部件无须接触、无工作流体，因而避免了常用液体类阻尼器的泄漏问题。电涡流阻尼器在机械领域应用广泛。然而，土木结构需要阻尼装置提供较大的阻尼力，直接利用电磁感应耗能面临着能量密度低即阻尼力较小的问题。因此，针对斜拉索减振，需利用滚珠丝杠、杠杆放大等技术，来提高电涡流阻尼器的出力[6-7]，以满足实际需求。采用上述放大措施后，阻尼器的活动质量在阻尼器工作时的惯性力也获得了放大，该惯性力对提升阻尼器对斜拉索特定模态的最优阻尼有一定帮助。电涡流阻尼器可以与黏滞阻尼器进行等效，然后进行优化设计[6]。

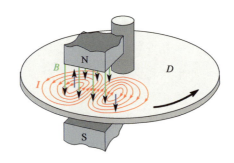

图 4-9　电涡流阻尼器利用电磁感应耗能

表4-4总结了斜拉索常用阻尼器的优点和缺点,供设计和研究人员参考。

斜拉索常用阻尼器比较　　　　　　　表4-4

类型	抑振机理	优点	缺点
黏滞阻尼器	黏滞液体受挤压穿过小孔发热耗能	耗能性能接近理想的黏滞阻尼器,对低阶控制效果好	密封圈易损坏导致阻尼液易泄漏,需要铰连接,效率系数(实测阻尼/理论阻尼)约为50%
黏性剪切阻尼器	高分子材料剪切变形耗能	构造简单、成本低,插板和箱体分别与索和支撑固结无活动连接,对高频和小幅振动控制效果好,单个阻尼器对面外振动也具有一定抑制效果,耐久性在国内外桥梁上得到验证	具有一定刚度,降低了其阻尼效果,黏性介质对温度具有一定敏感性,黏性液体有溅出风险
橡胶阻尼器	弹性材料或者橡胶片挤压耗能	针对高阶涡激振动控制效果较好,同时起到索锚头防湿、防尘和减小索端部弯曲应力的作用,安装在套管口对索美观性无影响,减振器的有效性和耐久性在日本多多罗大桥、中国香港昂船洲大桥上得到验证	总体附加阻尼较小;对索低阶振动减振效果较差,效果对施工和安装方式较敏感
摩擦阻尼器	摩擦耗能	最优耗能效果好(优于黏滞阻尼器),适用于低温等恶劣环境;无须铰连接,损耗小;单个阻尼器可以抑制面内外振动	阻尼效果与振幅相关;小幅振动时减振效果差;摩擦部件会磨损
磁流变阻尼器	磁流变液受挤压穿过小孔发热耗能	阻尼效果好;易调节,可实现半主动控制	磁流变液体会加速密封圈磨损;需要铰连接,效率系数在50%左右
减振锤	锤头振动吸能,钢绞线变形耗能	构造简单,安装无须支架,在役桥梁方便实施	仅针对特定模态和频段减振效果好,影响桥梁美观性,部件有跌落风险
电涡流阻尼器	切割磁感线产生抵抗力,通过导体的电阻热效应将动能转化为电热能耗散	阻尼效果好,耗能无须液体和接触,无液体泄漏风险;活动质量通过放大产生的惯性力能明显提升阻尼效果;适应于低温等恶劣环境	需要铰连接,需要活动部件放大阻尼力,球铰和活动部件影响阻尼器效率和耐久性

4.2.2 新型阻尼器

除了前述斜拉索减振的常用阻尼器,相关研究和试验还考虑和测试了多种类型的阻尼器,包括形状记忆合金阻尼器、负刚度阻尼器、惯容阻尼器和钢丝绳阻尼器等。目前更多的新型阻尼器还在不断涌现。

1) 形状记忆合金阻尼器

形状记忆合金(Shape Memory Alloy,SMA)阻尼器是一种被动式阻尼器。SMA因其材料具有独特的特性而具有相当的潜力,例如伪弹性、超弹性效应、形状记忆效应、较大阻尼以及高抗疲劳性等[8]。SMA 阻尼器可以在恶劣环境(例如 -40℃的低温环境)中工作,并且与其他阻尼器相比,其使用寿命也较长。另外,SMA 阻尼器具有高弹性应变范围,可以与其他阻尼器结合使用,以改善阻尼特性。已有试验采用 Ni-Ti SMA 材料作为模型斜拉索减振装置进行测试[9],显示了较好的减振效果。

2) 负刚度阻尼器

阻尼器中的负刚度能够增强阻尼器的减振效果。负刚度的概念最初出现于主动控制和半主动控制领域,通过外部电源调节来实现负刚度的效果,以达到增强阻尼效果的目的。目前研究发现,可以通过预压弹簧[10-11]和磁铁阵列实现被动负刚度,已有装置能够实现 -350kN/m 的负刚度,可以满足实际斜拉索减振增效需求[11]。理论研究和模型试验发现,负刚度与现有的黏滞阻尼器或高阻尼橡胶阻尼器并联或串联可以提高原有阻尼器的性能。

3) 惯容阻尼器

惯容阻尼器是指在常规阻尼器上附加惯性装置,以提升阻尼器的阻尼效果。惯性装置可以产生与其两端加速度成比例的惯性力,增大斜拉索在阻尼器安装位置的位移幅值,提升阻尼器的耗能效果。具体而言,可以通过飞轮转动[12]、液体流动、杠杆放大等方式,利用较小物理质量实现巨大的惯容效果。

4) 钢丝绳阻尼器

钢丝绳阻尼器广泛用于航空控制系统、化工设备、发动机等各种动力机械和建筑物隔振中的减振器。钢丝绳阻尼器具有较宽的隔振频率范围和良好的隔振效果。钢丝绳在斜拉索高频、小幅涡振控制方面具有应用潜力[13],能够增大多个方向的阻尼,同时减少拉索的面内和面外振动。

4.3 基本设计理论和方法

斜拉索阻尼器减振时,需要设计安装位置和优化阻尼器的参数,以实现减振目标并达到最优减振效果。分析阻尼器的减振效果首先需要采用合理的拉索振动模型(参见第 2 章)。最早的研究考虑在一根张紧弦上安装一个理想黏滞阻尼器,经过定性分析发现必存在一个最优阻尼系数,使得斜拉索一阶模态阻尼比最大[14]。而后,学者们通过数值分析和理论推导[15-18],得到了黏滞阻尼器安装在张紧弦上索模态阻尼的显式表达式和通用阻尼器参数设计曲线,适用于索的前几阶模态和阻尼器在靠近索端的任意位置。上述公式和通用设计曲线在斜拉索减振设计中得到了广泛应用。

后续斜拉索阻尼器减振的研究进一步分析了斜拉索的垂度[19-21]、抗弯刚度[22-23],以及阻尼器的内刚度、活动质量和支架的刚度要求[1,25-27],并通过一系列的足尺试验进行了验证[28-34]。随着斜拉索长度的增大,已经很难通过一处安装阻尼器满足斜拉索多模态减振要求,因此需研究在拉索上不同位置安装阻尼器综合抑制拉索振动[35-38]。因此,本节首先介绍通用设计公式,然后介绍阻尼器参数以及斜拉索参数的影响,最后介绍不同位置组合安装阻尼器的情况和设计方法。

图 4-10 所示为一个最基本的拉索-阻尼器系统,包括张紧的拉索和靠近锚点安装的阻尼器。其中拉索的参数包括单位长度质量 m、抗弯刚度 EI、轴向刚度 EA、轴向力 H 和总长 L 等;阻尼器安装在距离两锚固点 a 和 $a'=L-a$ 的位置,拉索的横向振动位移为 $v(x,t)$ 和 $v(x',t)$,其中 x 和 x' 分别为以索两端为原点沿索弦线的坐标,t 表示时间。阻尼器的其他参数主要取决于其类型,将在本章下文中分别介绍。

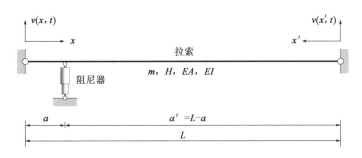

图 4-10 斜拉索阻尼器系统的基本分析模型

4.3.1 通用阻尼器设计公式

理想黏滞阻尼器和高阻尼橡胶阻尼器模型是斜拉索减振分析和设计中应用最多的模型,本小节主要介绍这两种阻尼器安装在拉索上时的阻尼设计公式,其他阻尼器可以通过等效方法进行近似优化和设计,也基本能满足精度要求。

1) 理想黏滞阻尼器

理想黏滞阻尼器的力-速度满足下式:

$$F_d(t) = c_d \dot{u}(t) \tag{4-19}$$

式中:$u(t)$——拉索在阻尼器位置的横向振动位移,m,$u(t)=v(a,t)$。

对于图 4-10 所示的拉索阻尼器系统,暂时忽略垂度和拉索抗弯刚度的影响,即斜拉索模拟为一根张紧弦。阻尼器位置一般很靠近拉索端,位于索长5%范围内,即 $a \ll L$ [1-2]。阻尼器将拉索分为左右两段,分别以两个锚点为原点指向跨中的坐标轴 x 和 x'。索-阻尼器系统的运动微分方程为:

$$H\frac{\partial^2 v(x,t)}{\partial x^2} - m\frac{\partial^2 v(x,t)}{\partial t^2} = F_d(t)\delta(x-a) \tag{4-20}$$

式中:$\delta(x-a)$——狄拉克函数,即:

$$\delta(x-a) = \begin{cases} 1 & (x=a) \\ 0 & (x \neq a) \end{cases} \tag{4-21}$$

索两端固定,对应边界条件为:

$$\begin{cases} v(0,t)=0 \\ v(L,t)=0 \end{cases} \tag{4-22}$$

在阻尼器的位置 $x=a$ 处,由于受到阻尼力的作用,拉索的曲率不连续,因此在阻尼器处的力平衡条件可表示为:

$$H\left(\frac{\partial v(x,t)}{\partial x}\bigg|_{a^+} - \frac{\partial v(x,t)}{\partial x}\bigg|_{a^-}\right) = c_d\frac{\partial v(x,t)}{\partial t} \tag{4-23}$$

索自由振动位移可以表示成如下的形式:

$$v(x,t) = \tilde{v}(x)\mathrm{e}^{\mathrm{i}\omega t} \tag{4-24}$$

式中: ω——复模态频率,rad/s;

$\tilde{v}(x)$——相应的复模态振型。

将式(4-24)代入式(4-20),化简可得(对于图4-10中阻尼器右侧的索段,采用坐标轴 x',即下式中 x 替换为 x'):

$$\begin{cases} \dfrac{\mathrm{d}^2\tilde{v}(x)}{\mathrm{d}x^2} + \beta^2\tilde{v}(x) = 0 & (0<x<a) \\ \dfrac{\mathrm{d}^2\tilde{v}(x')}{\mathrm{d}x'^2} + \beta^2\tilde{v}(x') = 0 & (0<x'<a') \end{cases} \tag{4-25}$$

为了求解的方便,引入复波数:

$$\beta = \omega\sqrt{\frac{m}{H}} \tag{4-26}$$

式(4-20)所表示的常微分方程为齐次方程,方程的解可以表示如下:

$$\tilde{v}(x) = \begin{cases} C\sin(\beta x) & (0<x<a) \\ C'\sin(\beta x') & (0<x'<a') \end{cases} \tag{4-27}$$

式中:C、C'——常量系数。

索振型函数在阻尼器位置保持连续,因而有:

$$C\sin(\beta a) = C'\sin(\beta a') = \tilde{v}_a \quad (4\text{-}28)$$

式中：$\tilde{v}_a$——索在阻尼器安装位置的振幅，即 $\tilde{v}(a)$。

进而可以得到式(4-29)：

$$\tilde{v}(x) = \begin{cases} \tilde{v}_a \dfrac{\sin(\beta x)}{\sin(\beta a)} & (0 < x < a) \\ \tilde{v}_a \dfrac{\sin(\beta x')}{\sin(\beta a')} & (0 < x' < a') \end{cases} \quad (4\text{-}29)$$

在索的自由振动中，$\tilde{v}_a$ 为一常数。

将拉索的振型表达式代入阻尼器位置的内力平衡条件，可以得到式(4-30)：

$$\cot(\beta a) + \cot(\beta a') = -\mathrm{i}\dfrac{c_d}{\sqrt{Hm}} \quad (4\text{-}30)$$

式(4-30)即为索-黏滞阻尼器系统的频率方程，可以采用求解复方程的方法进行求解，来获取复数频率和阻尼。为了推导阻尼的显式表达式，式(4-30)可以写成如下形式：

$$\tan(\beta L) = \dfrac{\mathrm{i}\eta \sin^2(\beta a)}{1 + \mathrm{i}\eta\cos(\beta a)\sin(\beta a)} \quad (4\text{-}31)$$

式中：η——量纲一阻尼系数，$\eta = \dfrac{c_d}{\sqrt{Hm}}$。

以下给出式(4-31)的渐近法求解过程。两端铰支拉索（安装阻尼器前）的波数的表达式为：

$$\beta_n^0 = \omega_n^0 \sqrt{\dfrac{m}{H}} = \dfrac{n\pi}{L} \quad (n = 1,2,3,\cdots) \quad (4\text{-}32)$$

式中：n——振动模态阶数；

上标 0——变量对应未安装阻尼器的斜拉索的动力特性。

安装阻尼器后，假定系统振动的波数偏离未安装阻尼器的拉索的复波数 β_n^0 的量为 $\Delta\beta$，即：

$$\beta_n = \beta_n^0 + \Delta\beta \quad (4\text{-}33)$$

考虑阻尼器靠近索端，其引起的波数变化 $\Delta\beta$ 很小，可以采用下式近似：

$$\sin(\beta a) \approx n\pi a/L, \cos(\beta a) \approx 1 \quad (4\text{-}34)$$

从而可以得到复波数 β_n 的近似解：

$$\beta_n L \approx n\pi + \dfrac{\mathrm{i}\eta(n\pi a/L)^2}{1 + \mathrm{i}\eta(n\pi a/L)} \quad (4\text{-}35)$$

从而

$$\zeta_n = \dfrac{\mathrm{Im}(\omega_n)}{|\omega_n|} \approx \dfrac{\mathrm{Im}(\omega_n)}{\mathrm{Re}(\omega_n)} = \dfrac{\mathrm{Im}(\beta_n L)}{\mathrm{Re}(\beta_n L)} = \dfrac{\eta n\pi a/L}{1 + (\eta n\pi a/L)^2} \cdot \dfrac{a}{L} \quad (4\text{-}36)$$

式中：ζ_n——模态阻尼比；

ω_n——索阻尼器系统第 n 阶模态复频率，rad/s；

Im( )——复数的虚部；

Re( )——复数的实部。

将式(4-36)中的 a/L 移到方程的左边,从而可得阻尼器的通用设计公式:

$$\frac{\zeta_n}{a/L} \approx \frac{\eta n\pi a/L}{1+(\eta n\pi a/L)^2} \quad (4-37)$$

图4-11为通用的阻尼-阻尼系数曲线,同时利用式(4-35)可以绘制安装阻尼器的斜拉索复波数(复频率)在复平面的轨迹,对于黏滞阻尼器的情况,其轨迹接近一个半圆。进一步,由式(4-37)可得在 $x=a$ 处安装阻尼器时拉索所能获得的最大模态阻尼比为 $\zeta_{n,\max}=0.5a/L$,而阻尼器的最优阻尼系数为:

$$c_{d,n}^{\mathrm{opt}} = \frac{\sqrt{Hm}}{n\pi a/L} \quad (4-38)$$

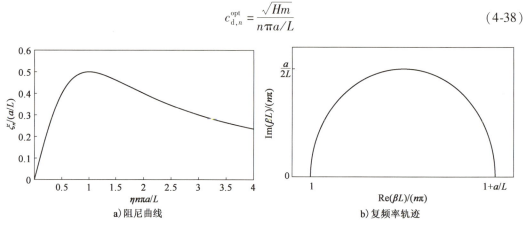

图4-11 黏滞阻尼器用于斜拉索减振的通用设计曲线

由式(4-38)求出拉索的第 n 阶最优阻尼系数后,代入式(4-37)即可得到该阻尼器对于斜拉索任意阶模态的阻尼值。确定阻尼器安装位置、阻尼系数及目标模态后,采用式(4-29)即可以得到索-黏滞阻尼器系统的复模态振型。

2) 高阻尼橡胶阻尼器

依据高阻尼橡胶的线性滞回模型式(4-7),其受力与变形之间的关系如式(4-39)所示:

$$F_d(t) = k_d(1+i\varphi)v(a,t) \quad (4-39)$$

拉索安装高阻尼橡胶阻尼器后的系统动力方程和上述索-黏滞阻尼器系统的方程相同,在阻尼器安装位置的内力平衡表达式变为:

$$H\left(\left.\frac{\partial v(x,t)}{\partial x}\right|_{a^+} - \left.\frac{\partial v(x,t)}{\partial x}\right|_{a^-}\right) = k_d(1+i\varphi)v(a,t) \quad (4-40)$$

将拉索复振型表达式(4-29)代入式(4-40),可得:

$$\cot(\beta a) + \cot(\beta a') = -\frac{k_d(1+i\varphi)}{\beta L} \quad (4-41)$$

定义以下量纲一系数:

$$\begin{cases} \bar{k}_d = \dfrac{k_d L}{H} \\ \tilde{k}_d = \dfrac{k_d a}{H} = \bar{k}_d \dfrac{a}{L} \end{cases} \quad (4\text{-}42)$$

进而频率方程可以写成如下形式：

$$\cot(\beta a) + \cot(\beta a') = -\dfrac{\tilde{k}_d(1+\mathrm{i}\varphi)}{\beta a} \quad (4\text{-}43)$$

得到索-高阻尼橡胶阻尼器系统的复频率方程为：

$$\tan(\beta L) = \dfrac{\tilde{k}_d(1+\mathrm{i}\varphi)\sin^2(\beta a)/(\beta a)}{1+\tilde{k}_d(1+\mathrm{i}\varphi)\cos(\beta a)\sin(\beta a)/(\beta a)} \quad (4\text{-}44)$$

同理，由于 $a \ll L$，可采用上述相同的近似得到：

$$\beta_n L \approx n\pi + \dfrac{\tilde{k}_d(1+\mathrm{i}\varphi)n\pi a/L}{1+\tilde{k}_d(1+\mathrm{i}\varphi)} \quad (4\text{-}45)$$

从而

$$\zeta_n \approx \dfrac{\mathrm{Im}(\omega_n)}{\mathrm{Re}(\omega_n)} = \dfrac{\mathrm{Im}(\beta_n L)}{\mathrm{Re}(\beta_n L)} = \dfrac{\tilde{k}_d\varphi}{(1+\tilde{k}_d)^2+(\tilde{k}_d\varphi)^2} \cdot \dfrac{a}{L} \quad (4\text{-}46)$$

进而可得高阻尼橡胶阻尼器用于斜拉索减振的通用设计公式：

$$\dfrac{\zeta_n}{a/L} \approx \dfrac{\tilde{k}_d\varphi}{(1+\tilde{k}_d)^2+(\tilde{k}_d\varphi)^2} \quad (4\text{-}47)$$

图 4-12a）所示为阻尼与刚度系数之间的关系曲线，可见曲线与阻尼器的损耗因子相关，同样由式（4-45）可以得到索复频率在复平面上的轨迹。对应最大模态阻尼比和最优刚度系数为：

$$\begin{cases} \zeta_{n,\max} = \dfrac{\varphi}{2(1+\sqrt{1+\varphi^2})} \cdot \dfrac{a}{L} \\ \tilde{k}_d^{\mathrm{opt}} = \dfrac{1}{\sqrt{1+\varphi^2}} \end{cases} \quad (4\text{-}48)$$

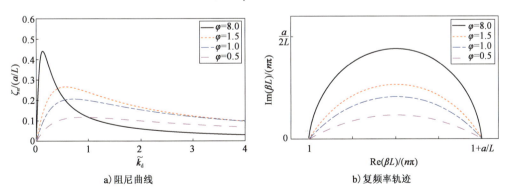

a）阻尼曲线　　b）复频率轨迹

图 4-12　高阻尼橡胶阻尼器用于斜拉索减振的通用设计曲线

上述公式表明,高阻尼橡胶阻尼器的近似阻尼效果与拉索的振动模态无关。将所求频率代入振型函数式(4-29)中,可以得到对应索安装橡胶阻尼器后系统的复振型。

4.3.2 阻尼器刚度和支架柔度影响

实际工程中的阻尼器并非理想的黏滞型,其可能具有一定的刚度效果。阻尼器的刚度会减小拉索所能获得的阻尼,因此需要对阻尼器的刚度影响进行分析。同时,阻尼器需要连接较长的支架,以安装在索-梁或者索-塔之间,支架的柔性也会影响减振阻尼效果。为考虑阻尼器的内刚度和支架柔度对阻尼器减振效果的影响,采用与理想黏滞单元并联的弹簧模拟阻尼器刚度、与阻尼器串联的弹簧模拟阻尼器支架,即三单元 Maxwell 力学模型[24],如图4-13所示。其中,并联和串联弹簧的刚度系数分别为k_d和k_s,其余参数含义与上文相同。

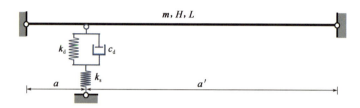

图4-13 拉索附加三单元 Maxwell 阻尼器系统模型

拉索阻尼器位置发生$u(t)$位移时,三单元 Maxwell 阻尼器的内力按式(4-49)计算:

$$F_d(t) = k_s u_s(t) = k_d [u(t) - u_s(t)] + c_d [\dot{u}(t) - \dot{u}_s(t)] \quad (4\text{-}49)$$

式中:$u_s(t)$——支架的变形量,m;

k_s——支架刚度系数,N/m。

将式(4-49)代入式(4-20),可以获得拉索-三单元 Maxwell 阻尼器系统的振动方程。依据式(4-24),并且定义$u_s(t) = \tilde{u}_s e^{i\omega t}$,由式(4-49)得到:

$$\tilde{u}_s = \frac{k_d + i c_d \omega}{k_d + k_s + i c_d \omega} \tilde{u} \quad (4\text{-}50)$$

参考式(4-23)可以得到:

$$H\left(\left.\frac{\partial v(x,t)}{\partial x}\right|_{a^+} - \left.\frac{\partial v(x,t)}{\partial x}\right|_{a^-}\right) = k_s u_s \quad (4\text{-}51)$$

然后利用式(4-29),可以获得系统的复特征频率方程:

$$\tan(\beta L) = \frac{(i\eta + \mu/\beta a)\sin^2(\beta a)/(1 + \mu\xi + i\eta\beta a)}{1 + (i\eta + \mu/\beta a)\cos(\beta a)\sin(\beta a)/(1 + \mu\xi + i\eta\beta a)} \quad (4\text{-}52)$$

式中:μ——量纲一的阻尼器内刚度系数,$\mu = k_d a / H$;

ξ——量纲一的阻尼器支架柔度系数,$\xi = H/(k_s a)$。

根据式(4-33),可以得到波数的近似解表达式如下:

$$\beta_n L \approx n\pi + \frac{\mu\pi a/L + i\eta(n\pi a/L)^2}{1+\mu+\mu\xi+i\eta(1+\xi)n\pi a/L} \quad (4\text{-}53)$$

当 $a \ll L$ 时,阻尼器所能提供的附加阻尼较小,即 $\mathrm{Im}(\beta_n L)$ 较小,那么复数 $\beta_n L$ 的模近似等于实部,拉索-三单元 Maxwell 阻尼器的模态阻尼比近似为:

$$\frac{\zeta_n}{a/L} \approx \frac{\eta n\pi a/L}{(1+\mu+\mu\xi)^2 + [\eta(1+\xi)n\pi a/L]^2} \quad (4\text{-}54)$$

根据式(4-54),分别以量纲归一化的支架柔度系数 ξ 和阻尼器内刚度系数 μ 作为参数,得到系统模态阻尼比与其影响参数之间的关系,如图 4-14、图 4-15 所示。从图中可以看出,当阻尼器刚度为一定值时,随着支架柔度的不断增大,拉索-三单元 Maxwell 阻尼器系统所能得到的最大模态阻尼比逐渐减小,阻尼器阻尼系数的优化值也逐渐减小;当支架柔度为一定值时,随着阻尼器刚度的不断增大,拉索-三单元 Maxwell 阻尼器系统所能得到的最大模态阻尼比逐渐减小,而阻尼器阻尼系数的优化值逐渐增大。

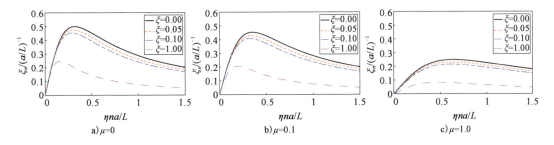

图 4-14 支架柔度系数 ξ 对拉索-三单元 Maxwell 阻尼器系统模态阻尼比的影响

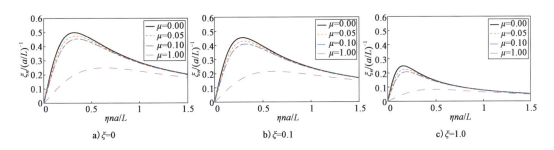

图 4-15 阻尼器内刚度系数 μ 对拉索-三单元 Maxwell 阻尼器系统模态阻尼比的影响

当阻尼器的安装位置 a/L,阻尼器刚度系数 μ 和支架柔度系数 ξ 确定后,阻尼系数的优化值 η 为:

$$\eta_{n,\mathrm{opt}} \approx \frac{\mu + 1/(1+\xi)}{n\pi a/L} \quad (4\text{-}55)$$

此时,系统的最大模态阻尼比为:

$$\zeta_{n,\max} \approx \frac{1}{1+\xi+\mu(1+\xi)^2} \cdot \frac{a}{2L} \quad (4\text{-}56)$$

修正后阻尼系数最优设计值为:

$$c_{d,opt} = \left(\mu + \frac{1}{1+\xi}\right)\frac{\sqrt{Hm}}{n\pi a/L} \quad (4\text{-}57)$$

考虑支架柔度时,μ 一般通过阻尼器单体性能试验确定,阻尼器支架柔度 ξ 应小于最大允许值 ξ_{max},即 $\xi \leq \xi_{max}$。

4.3.3 斜拉索垂度和抗弯刚度影响

以上计算理论是基于理想的张紧弦理论,事实上,索的垂度和抗弯刚度都会影响阻尼器对斜拉索的阻尼效果[22-23,26]。因此,需要考虑拉索垂度和抗弯刚度对上述设计表达式进行修正。

考虑垂度和抗弯刚度的条件下,斜拉索的运动微分方程表示为:

$$H\frac{\partial^2 v}{\partial x^2} - m\frac{\partial^2 v}{\partial t^2} + h\frac{\partial^2 y}{\partial x^2} - EI\frac{\partial^4 v}{\partial x^4} = F_d\delta(x-a) \quad (4\text{-}58)$$

以黏滞阻尼器为例,其阻尼系数及支架刚度系数分别为 c_d 和 k_s。从式(4-58)推导斜拉索的阻尼的过程相对复杂,此处不再详细介绍,感兴趣的读者可参考相关文献[6]。此时,斜拉索的模态阻尼比可以表示为:

$$\frac{\zeta_n}{a/L} = R_s R_f R_{sn} \frac{r_s r_{sn} \eta n\pi a/L}{1+(r_s r_{sn}\eta n\pi a/L)^2} \quad (4\text{-}59)$$

式中:r_{sn}——拉索垂度对阻尼系数的修正系数;

r_s——支架刚度对最优阻尼系数的修正系数;

R_f——拉索抗弯刚度对模态阻尼比折减系数;

R_{sn}——拉索垂度对模态阻尼比折减系数;

R_s——支架刚度对模态阻尼比折减系数。

在式(4-59)中,支架刚度的影响系数:

$$\begin{cases} R_s = \dfrac{\tilde{k}_s r_f}{1+\tilde{k}_s r_f} \\ r_s = r_f + \dfrac{1}{\tilde{k}_s} \end{cases} \quad (4\text{-}60)$$

式中:$\tilde{k}_s$——量纲一的支架刚度,$\tilde{k}_s = k_s a/H$,其为支架柔度系数 ξ 的倒数;

r_f——拉索抗弯刚度对阻尼系数的修正系数,有:

$$r_f = 1 - q - \frac{1}{2}rq^2 \quad (4\text{-}61)$$

式中：q、r——拉索抗弯刚度相关参数，$q = \dfrac{1-\exp(-r)}{r}$，$r = \dfrac{a/L}{\sqrt{\varepsilon}}$；

ε——量纲一的抗弯刚度，$\varepsilon = \dfrac{EI}{HL^2}$，见式(2-17)。

拉索抗弯刚度对阻尼效果的影响系数 R_f 为：

$$R_f = \frac{(1-q)^2}{r_f} = \frac{(1-q)^2}{1 - q - \dfrac{1}{2}rq^2} \tag{4-62}$$

拉索垂度对阻尼效果和阻尼系数的影响系数分别为：

$$\begin{cases} R_{sn} = \dfrac{\left[\tan\left(\dfrac{1}{2}\beta_n^0 L\right) - \dfrac{1}{2}\beta_n^0 a\right]^2}{\tan^2\left(\dfrac{1}{2}\beta_n^0 L\right) + (12/\lambda^2)\left(\dfrac{1}{2}\beta_n^0 L\right)^2} \\ r_{sn} = \dfrac{\beta_n^0 L}{n\pi} \end{cases} \quad (n = 1, 3, \cdots) \tag{4-63}$$

$$\begin{cases} R_{sn} = 1 \\ r_{sn} = 1 \end{cases} \quad (n = 2, 4, \cdots) \tag{4-64}$$

式中：β_n^0——无附加阻尼器时拉索的第 n 阶振动对应的波数，通过求解如下方程[同式(2-14)]得到：

$$\tan\left(\frac{1}{2}\beta_n^0 L\right) = \frac{1}{2}\beta_n^0 L - (4/\lambda^2)\left(\frac{1}{2}\beta_n^0 L\right)^3$$

λ^2——垂度系数，定义参见式(2-12)；

L_e——考虑垂度后有效索长，$L_e = L[1 + 8(d/L)^2]$；

d——拉索跨中垂度，$d = \dfrac{mgL^2\cos\theta}{8H}$；

θ——拉索两锚固端之间连线与水平面的夹角。

根据式(4-59)，计算拉索最大阻尼比和对应最优阻尼系数为：

$$\zeta_{n,\max} = \frac{1}{2}(a/L)R_s R_f R_{sn}, \quad \eta_{n,\mathrm{opt}} = 1/(r_s r_{sn} n\pi a/L) \tag{4-65}$$

4.3.4 其他参数的影响

除了上述参数之外，阻尼器的非线性等也会影响其实际的阻尼效果和优化阻尼参数。以非线性黏滞阻尼器为例，利用阻尼力等效的方法[1]，可以获得近似的最优阻尼效果和对应的优化阻尼器参数。考虑非线性力学行为以后，阻尼效果和优化阻尼系数与斜拉索的振幅相关,导致系统分析和优化设计复杂。另外,现有基于非线性时程分析方法显示,当黏滞阻尼器的指数小于1时,阻尼器的非线性会引起索振动能量由低阶到高阶的传递,因而其最优减振效果优于线性黏滞阻尼器。对摩擦阻尼器理论和试验研究也发现了类似的效果。

理论研究发现,考虑斜拉索阻尼器系统中阻尼附加在索上的部件的质量时,斜拉索单阶振动能获得的最优阻尼比有所提高[25,27]。然而,对于常规的阻尼器,活动部件的质量可以忽略不计,采用杠杆或惯容器时,这种效果的影响会变得显著,需要加以考虑。当然,极端情况阻尼器位置附加质量(或者惯容)过大时,斜拉索在阻尼器安装位置趋于锁定,阻尼效果反而会降低。

4.3.5 索上两处安装阻尼器减振分析

随着斜拉索长度的增大,其阻尼器相对安装位置更加靠近端部;同时拉索基频减小,在外部荷载作用下可能激起的拉索振动模态更多。为控制长索的多模态振动,需要利用索的塔端、梁端支撑,多点布置阻尼器。拉索多点安装阻尼器按照阻尼器的安装位置可以分成在拉索两端布置阻尼器和在拉索同端两处布置阻尼器的情况。需要采用多点布设阻尼器方案的拉索主要是长索,由于长索的抗弯刚度可以忽略不计,故本书主要介绍小垂度索上两端安装阻尼器的情况。

1) 两端安装阻尼器

(1) 两端黏滞阻尼器。

考虑在图4-16所示的小垂度拉索两处安装阻尼器,两个黏滞阻尼器的阻尼系数分别为c_1和c_2,拉索被两个阻尼器分成为3段,长度分别为l_1、l_2和l_3,黏滞阻尼器1与相近拉索锚固点之间的距离记作a_1,黏滞阻尼器2与相近拉索锚固点之间的距离记作a_2。图4-17展示了在实桥索端和塔端两侧安装黏滞阻尼器的布置,即有$a_1 = l_1$和$a_2 = l_3$。

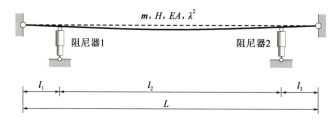

图4-16 小垂度拉索两处安装黏滞阻尼器系统

定义如下量纲一索段长度:

$$\bar{l}_1 = \frac{l_1}{L}, \bar{l}_2 = \frac{l_2}{L}, \bar{l}_3 = \frac{l_3}{L}, \bar{a}_1 = \frac{a_1}{L}, \bar{a}_2 = \frac{a_2}{L} \tag{4-66}$$

定义量纲一的第n阶索频率:

$$\bar{\omega}_n = \frac{\beta_n L}{\pi} \tag{4-67}$$

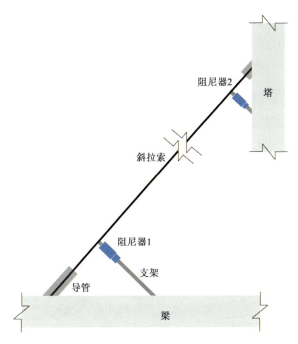

图 4-17　长索上两端安装两个黏滞阻尼器

阻尼器 1 和阻尼器 2 的量纲归一化阻尼系数定义为：

$$\begin{cases} \bar{c}_1 = \dfrac{c_1}{\sqrt{Hm}} \\ \bar{c}_2 = \dfrac{c_2}{\sqrt{Hm}} \\ \tilde{c}_1 = \bar{c}_1 \pi \bar{\omega}_{n0} \bar{a}_1 \\ \tilde{c}_2 = \bar{c}_2 \pi \bar{\omega}_{n0} \bar{a}_2 \end{cases} \quad (4\text{-}68)$$

式中：$\bar{\omega}_{n0}$——拉索未安装阻尼器时第 n 阶量纲归一化圆频率，见式(2-14)。

假定两阻尼器均距离索端很近，索的偶数阶振动的阻尼近似按照式(4-69)计算：

$$\zeta_n = \bar{a}_1 \frac{\bar{c}_1 \pi \bar{\omega}_{n0} \bar{a}_1}{1 + (\bar{c}_1 \pi \bar{\omega}_{n0} \bar{a}_1)^2} + \bar{a}_2 \frac{\bar{c}_1 \pi \bar{\omega}_{n0} \bar{a}_2}{1 + (\bar{c}_1 \pi \bar{\omega}_{n0} \bar{a}_2)^2} \quad (n = 2,4,\cdots) \quad (4\text{-}69)$$

由于受垂度的影响，索奇数阶的模态阻尼公式为：

$$\zeta_n \approx R_{sn}^{(1)} \bar{a}_1 \frac{\bar{c}_1 \pi \bar{\omega}_{n0} \bar{a}_1}{1 + (\bar{c}_1 \pi \bar{\omega}_{n0} \bar{a}_1)^2} + R_{sn}^{(2)} \bar{a}_2 \frac{\bar{c}_1 \pi \bar{\omega}_{n0} \bar{a}_2}{1 + (\bar{c}_1 \pi \bar{\omega}_{n0} \bar{a}_2)^2} \quad (n = 1,3,\cdots) \quad (4\text{-}70)$$

式中：$R_{sn}^{(1)}$——垂度对阻尼器 1 效果的影响因子，$R_{sn}^{(1)} = \dfrac{\left[\tan\left(\dfrac{\pi \bar{\omega}_{n0}}{2}\right) - \dfrac{\bar{a}_1 \pi \bar{\omega}_{n0}}{2}\right]^2}{\tan^2\left(\dfrac{\pi \bar{\omega}_{n0}}{2}\right) + \left(\dfrac{12}{\lambda^2}\right)\left(\dfrac{\pi \bar{\omega}_{n0}}{2}\right)^2}$；

$R_{sn}^{(2)}$——垂度对阻尼器2效果的影响因子，$R_{sn}^{(2)} = \dfrac{\left[\tan\left(\dfrac{\pi \overline{\omega}_{n0}}{2}\right) - \dfrac{\overline{a}_2 \pi \overline{\omega}_{n0}}{2}\right]^2}{\tan^2\left(\dfrac{\pi \overline{\omega}_{n0}}{2}\right) + \left(\dfrac{12}{\lambda^2}\right)\left(\dfrac{\pi \overline{\omega}_{n0}}{2}\right)^2}$。

由上述公式可知，当两黏滞阻尼器两端安装时，其阻尼效果依然为各阻尼器贡献的叠加，这种叠加效果与是否考虑拉索的垂度无关。

以下通过参数分析具体展示索上两端安装阻尼器系统的阻尼效果。当垂度参数$\lambda^2 = 3$时，两阻尼器在不同相对安装位置时系统一阶模态阻尼比的变化如图4-18a) 所示，其中两个阻尼器距离索端位置之比$\rho_a = a_2/a_1 = l_3/l_1$，考虑其取值范围为$[0, 1]$。图4-18b) 表示$\rho_a = 3/4$时两个阻尼器阻尼参数比($\rho_c = c_2/c_1$)对拉索模态阻尼比的影响情况。

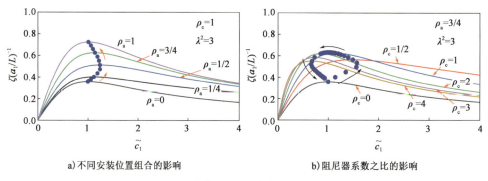

a) 不同安装位置组合的影响　　　　　b) 阻尼器系数之比的影响

图4-18　两端安装阻尼器系统奇数阶模态阻尼曲线

由图4-18a) 可见，拉索的模态阻尼比随ρ_a的增大而减小，当$\rho_a = 1$时，阻尼比约为$\rho_a = 0$的两倍，即垂度$\lambda^2 = 3$时安装双阻尼器较安装单阻尼器拉索的最大阻尼比提高了1倍。图4-18b) 给出了$\rho_a = 3/4$时对应不同阻尼系数比的系统阻尼曲线，并给出了更多工况下系统阻尼比的最优值点，可以看出，两阻尼器阻尼系数比的变化对拉索的减振有较大的影响。图4-19给出了二、四阶反对称振型下拉索两端安装黏滞阻尼器的模态阻尼曲线，并且对比了近似解和数值解，发现近似解在阻尼器靠近索端时候精度很高。与图4-18类似，得到图4-20所示的振型反对称模态阻尼曲线。由于垂度对系统此类模态阻尼计算结果没有影响，故各阶的模态阻尼曲线几乎相同。

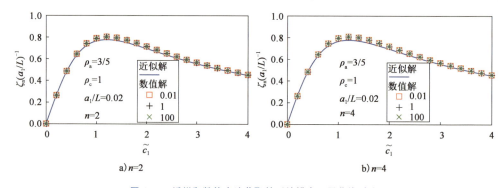

a) $n=2$　　　　　　　　　　　　　b) $n=4$

图4-19　近似和数值方法获取的系统模态阻尼曲线对比

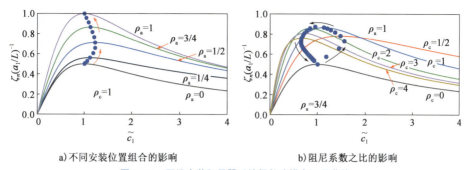

a）不同安装位置组合的影响　　　　b）阻尼系数之比的影响

图4-20　两端安装阻尼器系统偶数阶模态阻尼曲线

（2）黏弹性阻尼器和高阻尼橡胶阻尼器。

考虑长拉索上安装一个黏弹性阻尼器和一个高阻尼橡胶阻尼器的情况。黏弹性阻尼器的刚度和阻尼系数分别为k_1和c_1，当$k_1=0$时，阻尼器退化为黏滞阻尼器；高阻尼橡胶阻尼器的刚度系数记为k_2，损耗因子为φ。黏弹性阻尼器与相近拉索锚固点之间的距离定义为a_1，高阻尼橡胶阻尼器与相近的索锚固点之间的距离定义为a_2。当两个阻尼器两端安装时，如图4-21所示，即有$a_1=l_1$，$a_2=l_3$。

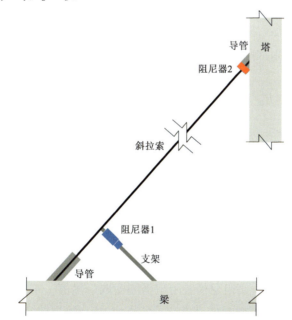

图4-21　长索上两端附加一个黏弹性阻尼器和一个高阻尼橡胶阻尼器

黏弹性阻尼器和高阻尼橡胶阻尼器的量纲一的刚度定义如下，其余参数与标题上一小节中的定义相同：

$$\begin{cases}\overline{k}_1=\dfrac{k_1L}{H}\\[4pt]\overline{k}_2=\dfrac{k_2L}{H}\\[4pt]\tilde{k}_1=\overline{k}_1\overline{a}_1\\[4pt]\tilde{k}_2=\overline{k}_2\overline{a}_2\end{cases} \quad (4\text{-}71)$$

理想状态下,黏弹性阻尼器两端之间的力与其相对位移有线性关系。实际中,k_1 和 c_1 具有频率和变形幅值依赖性[7],应采用试验方法,确定阻尼器在设计频段内的刚度和阻尼特性。将对应索第 n 阶振动的阻尼器刚度系数和阻尼系数记为 $k_{1,n}$ 和 $c_{1,n}$。假定两阻尼器均距离索端很近,采用文献[8]中的近似方法,阻尼器 1 对索偶数阶(第 n 阶)振动的阻尼效果近似按式(4-72)计算:

$$\zeta_{1,n} = \bar{a}_1 \frac{\bar{c}_1 \pi \bar{\omega}_{n0} \bar{a}_1}{(1+\bar{k}_1 \bar{a}_1)^2 + (\bar{c}_1 \pi \bar{\omega}_{n0} \bar{a}_1)^2} \qquad (n=2,4,\cdots) \qquad (4\text{-}72)$$

考虑垂度时,阻尼器 1 对索奇数阶的模态阻尼为:

$$\zeta_{1,n} = R_{sn}^{(1)} \bar{a}_1 \frac{\bar{c}_1 \pi \bar{\omega}_{n0} \bar{a}_1}{(1+\bar{k}_1 \bar{a}_1)^2 + (\bar{c}_1 \pi \bar{\omega}_{n0} \bar{a}_1)^2} \qquad (n=1,3,\cdots) \qquad (4\text{-}73)$$

考虑高阻尼橡胶阻尼器的刚度 k_2 和损耗因子 φ 为定值,其对各偶数阶振动的附加阻尼均为:

$$\zeta_{2,n} = \bar{a}_2 \frac{\varphi \bar{k}_2 \bar{a}_2}{(1+\bar{k}_2 \bar{a}_2)^2 + (\varphi \bar{k}_2 \bar{a}_2)^2} \qquad (n=2,4,\cdots) \qquad (4\text{-}74)$$

其对索各奇数阶模态的附加阻尼按式(4-75)近似计算:

$$\zeta_{2,n} = R_{sn}^{(2)} \bar{a}_2 \frac{\varphi \bar{k}_2 \bar{a}_2}{(1+\bar{k}_2 \bar{a}_2)^2 + (\varphi \bar{k}_2 \bar{a}_2)^2} \qquad (n=1,3,\cdots) \qquad (4\text{-}75)$$

橡胶阻尼器主要针对索的高阶振动,索垂度主要影响其对索的一阶附加阻尼。两阻尼器两端安装,其组合阻尼效果为各阻尼器贡献的叠加:

$$\zeta_n = \zeta_{1,n} + \zeta_{2,n} \qquad (4\text{-}76)$$

拉索一、二阶模态阻尼曲线如图 4-22 所示。其中,外侧黏弹性阻尼器安装位置 $\bar{a}_1 = 0.02$,内刚度 $\tilde{k}_1 = 0.1$;内置高阻尼橡胶阻尼器安装在 $\bar{a}_2 = 0.02$ 处,图 4-22 中曲线对应着不同的内置阻尼器损耗因子 φ,高阻尼橡胶阻尼器刚度取最优值。正如式(4-76)所示,两端安装阻尼器时,总的阻尼效果是阻尼器各自效果的叠加,这与阻尼器的类型无关。

图 4-23 和图 4-24 分别给出了拉索单独安装外置黏弹性阻尼器和内置高阻尼橡胶阻尼器的阻尼曲线,分析中考虑了拉索的垂度参数 $\lambda^2 = 3$,阻尼器的安装位置均为 0.02。图 4-23a)给出了黏弹性阻尼器具有不同内刚度值(即 $\bar{k}_1 = 0$、0.10、0.50、1.00)时的阻尼曲线。图 4-23b)给出了当黏弹性阻尼器内刚度参数为 $\bar{k}_1 = 0.10$ 时拉索典型奇数阶模态的阻尼曲线。图 4-24a)展示了高阻尼橡胶阻尼器损耗因子变化时的拉索偶数阶模态阻尼曲线(即 $\varphi = 0.3$、0.5、1.0)。图 4-24b)展示了当高阻尼橡胶阻尼器的损耗因子 $\varphi = 1.0$ 时,拉索典型奇数阶模态的阻尼曲线。

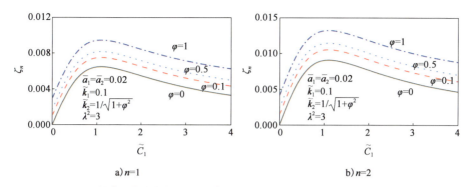

图 4-22 拉索安装黏弹性阻尼器和高阻尼橡胶阻尼器的模态阻尼与黏滞系数的关系

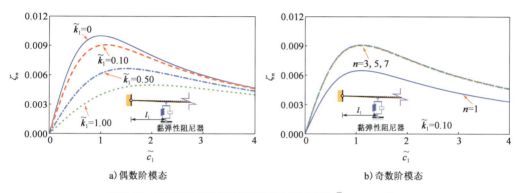

图 4-23 安装黏弹性阻尼器拉索的模态阻尼曲线 ($\bar{a}_1 = 0.02, \lambda^2 = 3$)

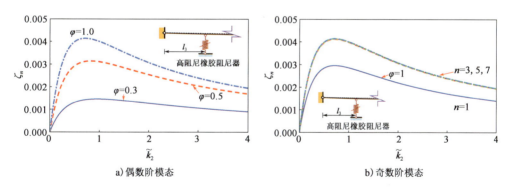

图 4-24 安装高阻尼橡胶阻尼器拉索的模态阻尼曲线 ($\bar{a}_1 = 0.02, \lambda^2 = 3$)

从图 4-23 中可以看出，黏弹性阻尼器的刚度对其阻尼效果有很大的影响。在黏弹性阻尼器的设计中，应考虑阻尼器刚度和拉索垂度的对于阻尼效果的削弱作用，特别是对于一阶模态的影响。图 4-24 表明，高阻尼橡胶阻尼器的损耗因子决定了可实现的最大阻尼。随着橡胶材料的发展，高阻尼橡胶阻尼器的损耗因子可以达到 1.0 以上。因此，高阻尼橡胶阻尼器可用于中长拉索的减振。另外，当拉索与桥面之间的外置阻尼器不能满足阻尼设计需求时，在索塔端导管内安装高阻尼橡胶阻尼器是提高拉索阻尼的可行方案。对比图 4-22～图 4-24，可以直观看出两端安装阻尼器的阻尼叠加效果。

2）同端两处安装阻尼器

进一步考虑同端两处安装阻尼器的情况，即 $a_1 = l_2 + l_3$，$a_2 = l_3$。注意，两阻尼器之间的距离为 l_2，其他参数与两端安装时相同。

(1) 两处黏滞阻尼器。

图 4-25 所示为拉索同端两处安装黏滞阻尼器时的情况，考虑实际工程中两阻尼器安装位置均距离索端很近，索的偶数阶振动的阻尼近似按照式(4-77)计算：

$$\zeta_n = \bar{a}_1 \frac{(\tilde{c}_1 + \tilde{c}_2)\tilde{c}_1\tilde{c}_2 \bar{l}_2/\bar{a}_1 + (\tilde{c}_2 \bar{a}_2/\bar{a}_1 + \tilde{c}_1)(1 - \tilde{c}_1\tilde{c}_2 \bar{l}_2/\bar{a}_1)}{(1 - \tilde{c}_1\tilde{c}_2 \bar{l}_2/\bar{a}_1)^2 + (\tilde{c}_1 + \tilde{c}_2)^2} \quad (n = 2,4,\cdots) \quad (4\text{-}77)$$

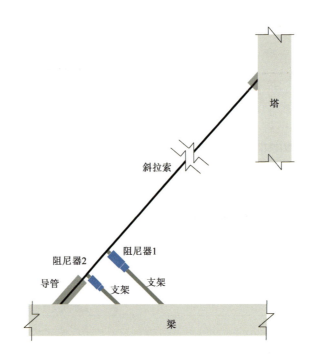

图 4-25　拉索同端安装两个黏滞阻尼器

对索奇数阶的模态阻尼为：

$$\zeta_n = \bar{a}_1 \frac{R_{sn}^{(1)}(\tilde{c}_1 + \tilde{c}_2)\tilde{c}_1\tilde{c}_2 \bar{l}_2/\bar{a}_1 + (R_{sn}^{(2)}\tilde{c}_2 \bar{a}_2/\bar{a}_1 + R_{sn}^{(1)}\tilde{c}_1)(1 - \tilde{c}_1\tilde{c}_2 \bar{l}_2/\bar{a}_1)}{(1 - \tilde{c}_1\tilde{c}_2 \bar{l}_2/\bar{a}_1)^2 + (\tilde{c}_1 + \tilde{c}_2)^2}$$

$$(n = 1,3,\cdots) \tag{4-78}$$

式中，各参数与两端安装时相同。依据式(4-77)和式(4-78)，绘制典型黏滞阻尼器系统模态阻尼曲线，如图 4-26 所示。

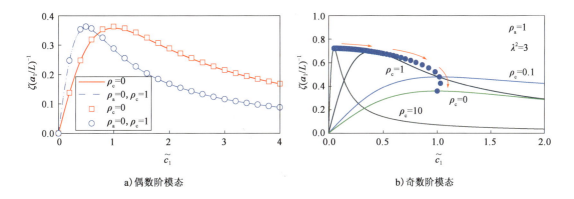

a) 偶数阶模态　　　　　　　　　　b) 奇数阶模态

图 4-26　拉索同端两处安装黏滞阻尼器系统模态阻尼曲线

由图 4-26a)可见,拉索在同一位置安装两个同参数的阻尼器与在该位置安装一个对应参数的阻尼器,拉索所能获得的最大模态阻尼比是相同的,$\tilde{c}_1$ 的最优取值将从 1 变为 0.5。所以,在拉索端部同位置安装两个阻尼器并不能提高拉索单一模态能获得的最大模态阻尼比,但可以减小每个阻尼器的尺寸。图 4-26b)显示在阻尼器 1 和拉索近锚固点中间安装阻尼器 2 时的阻尼曲线。由图 4-26b)可知,阻尼器 2 的安装对于阻尼器 1 的单阶模态最优阻尼效果有一定的负面作用。

(2)黏弹性阻尼器和高阻尼橡胶阻尼器。

根据拉索上同端两处安装黏滞阻尼器系统的分析,从提高单阶模态阻尼比的角度考虑,不建议在拉索同端两处安装阻尼器。但是,针对斜拉索单一位置安装黏滞阻尼器,存在高阶模态阻尼不足而出现高阶涡振的情况,可以在同侧安装针对高阶模态控制的其他类型阻尼器。例如,在苏通长江公路大桥长斜拉索上采用了外置黏弹性阻尼器和内置高阻尼橡胶阻尼器在靠近梁端锚固点布置的方案,同时控制低阶和高阶振动,显示出较好的效果,具体见第 7 章。

图 4-27 显示了同端两处分别设置一个黏弹性阻尼器和一个高阻尼橡胶阻尼器的方案。根据实际情况,考虑高阻尼橡胶阻尼器安装在导管口,其安装位置更靠近索端点,即 $a_1 = l_2 + l_3, a_2 = l_3$。两阻尼器之间的距离为 l_2,其余参数定义与上文相同。两处安装的阻尼器对索偶数阶振动的综合阻尼效果按式(4-79)计算:

$$\zeta_n = \frac{\bar{a}_1\{[\tilde{\bar{c}}_1 + \bar{a}_2/\bar{a}_1 \varphi \tilde{k}_2 + (1-\bar{a}_2/\bar{a}_1)(\varphi \tilde{k}_1 \tilde{k}_2 + \tilde{\bar{c}}_1 \tilde{k}_2)][1+\tilde{k}_1+\tilde{k}_2+(1-\bar{a}_2/\bar{a}_1)(\tilde{k}_1\tilde{k}_2 - \varphi \tilde{\bar{c}}_1 \tilde{k}_2)] - [\tilde{k}_1 + \bar{a}_2/\bar{a}_1 + (1-\bar{a}_2/\bar{a}_1)(\tilde{k}_1\tilde{k}_2 - \varphi \tilde{\bar{c}}_1 \tilde{k}_2)][\tilde{\bar{c}}_1 + \varphi \tilde{k}_2 + (1-\bar{a}_2/\bar{a}_1)(\varphi \tilde{k}_1\tilde{k}_2 + \tilde{\bar{c}}_1 \tilde{k}_2)]\}}{[1+\tilde{k}_1+\tilde{k}_2+(1-\bar{a}_2/\bar{a}_1)(\tilde{k}_1\tilde{k}_2 - \varphi \tilde{\bar{c}}_1 \tilde{k}_2)]^2 [\tilde{\bar{c}}_1 + \varphi \tilde{k}_2 + (1-\bar{a}_2/\bar{a}_1)(\varphi \tilde{k}_1\tilde{k}_2 + \tilde{\bar{c}}_1 \tilde{k}_2)]^2}$$

$$(n = 2, 4, \cdots) \tag{4-79}$$

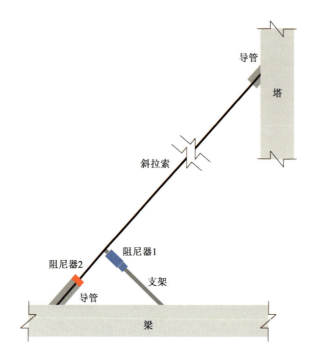

图 4-27 拉索上同端附加一个黏弹性阻尼器和一个高阻尼橡胶阻尼器

考虑垂度效应后,两处阻尼器对索奇数阶振动的阻尼为:

$$\zeta_n = \frac{\overline{a}_1\left\{\left[\tilde{\tilde{c}}_1 R_{sn}^{(1)} + \dfrac{\overline{a}_2}{\overline{a}_1}\varphi \tilde{k}_2 R_{sn}^{(2)} + \left(1 - \dfrac{\overline{a}_2}{\overline{a}_1}\right)(\varphi \tilde{k}_1 \tilde{k}_2 + \tilde{\tilde{c}}_1 \tilde{k}_2)R_{sn}^{(1)}\right]\left[1 + \tilde{k}_1 + \tilde{k}_2 + \left(1 - \dfrac{\overline{a}_2}{\overline{a}_1}\right)(\tilde{k}_1 \tilde{k}_2 - \varphi \tilde{\tilde{c}}_1 \tilde{k}_2)\right] - \left[\tilde{k}_1 R_{sn}^{(1)} + \dfrac{\overline{a}_2}{\overline{a}_1}R_{sn}^{(2)} + \left(1 - \dfrac{\overline{a}_2}{\overline{a}_1}\right)(\tilde{k}_1 \tilde{k}_2 - \varphi \tilde{\tilde{c}}_1 \tilde{k}_2)R_{sn}^{(1)}\right]\left[\tilde{\tilde{c}}_1 + \varphi \tilde{k}_2 + \left(1 - \dfrac{\overline{a}_2}{\overline{a}_1}\right)(\varphi \tilde{k}_1 \tilde{k}_2 + \tilde{\tilde{c}}_1 \tilde{k}_2)\right]\right\}}{\left[1 + \tilde{k}_1 + \tilde{k}_2 + \left(1 - \dfrac{\overline{a}_2}{\overline{a}_1}\right)(\tilde{k}_1 \tilde{k}_2 - \varphi \tilde{\tilde{c}}_1 \tilde{k}_2)\right]^2\left[\tilde{\tilde{c}}_1 + \varphi \tilde{k}_2 + \left(1 - \dfrac{\overline{a}_2}{\overline{a}_1}\right)(\varphi \tilde{k}_1 \tilde{k}_2 + \tilde{\tilde{c}}_1 \tilde{k}_2)\right]^2}$$

$(n = 1, 3, \cdots)$ (4-80)

可见,阻尼器同端安装时,二者的减振效果存在互相影响,不再是各自效果的简单叠加。考虑斜拉索在 $\overline{a}_2 = 0.01$ 处导管口安装一个橡胶阻尼器(内置阻尼器),该橡胶阻尼器耗能较小,即耗能因子为零,将其等效为一个刚度系数为 $\tilde{k}_2$ 的弹簧。同时,在 $\overline{a}_1 = 0.03$ 处安装刚度系数为 $\tilde{k}_1 = 0.10$ 的外置阻尼器,图 4-28 绘制了该拉索的前两阶模态阻尼曲线。可见,该内置阻尼器对外置阻尼器的减振效果产生一定的影响,降低了这两阶模态可达到的最大模态阻尼比,外置阻尼器的最优阻尼系数相应有所提高。

当内置阻尼器具有一定耗能效果时,例如损耗因子 φ 取值在 $[0,1]$ 之间,拉索模态阻尼相应受到影响。图 4-29 显示了拉索模态阻尼与外置阻尼器黏滞系数 $\tilde{\tilde{c}}_1$ 的关系曲线,可以看出,内置阻尼器刚度固定时,随着损耗因子增大,外置阻尼器提供的最优阻尼效果有所降低,但是降低幅度很小。总体而言,内置高阻尼橡胶阻尼器的刚度系数对外置阻尼器的影响较为明显,损耗因子的影响可以忽略不计。

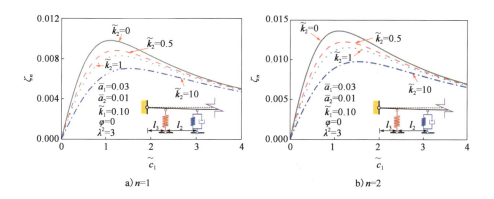

图 4-28　斜拉索上同端两处安装阻尼器时,阻尼与弹簧刚度 $\tilde{k}_2$ 和阻尼系数 $\tilde{c}_1$ 的关系

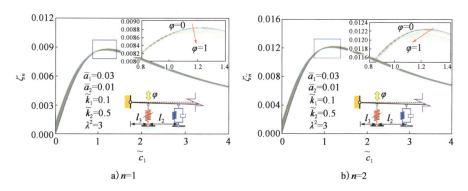

图 4-29　斜拉索上同端两处安装阻尼器时,阻尼器的损耗因子 φ 对外置阻尼器阻尼效果的影响

图 4-30 显示了高阻尼橡胶阻尼器的安装位置对外置阻尼器阻尼效果的影响。当黏弹性阻尼器的阻尼系数较小时[图 4-30a)中阻尼曲线交点的左侧],高阻尼橡胶阻尼器起主要的阻尼作用,高阻尼橡胶阻尼器安装位置越远离锚固点(靠近外置阻尼器),模态阻尼越大。如果黏弹性阻尼器的阻尼系数已经很大(阻尼曲线交叉点的右侧),则高阻尼橡胶阻尼器会降低外置黏弹性阻尼器的阻尼效果,而且高阻尼橡胶阻尼器越靠近黏弹性阻尼器,负面影响越明显。

上述讨论主要关注斜拉索较为低阶的模态,如果考虑斜拉索的更多阶模态,便可以发现同端两处安装阻尼器的优势。图 4-31 展示了在斜拉索上仅安装外置黏滞阻尼器(简称 VD,刚度系数为 0 的黏弹性阻尼器),以及同时安装黏滞阻尼器与高阻尼橡胶阻尼器(两组参数)时斜拉索前 40 阶模态的阻尼比。可见,对于斜拉索前几阶模态,高阻尼橡胶的安装使得模态阻尼比有所降低。然而,对于黏弹性阻尼器控制效果较弱的部分高阶模态,拉索的模态阻尼比可以显著提高,例如第 30~36 阶模态。因此,同端安装阻尼器可以改善斜拉索多阶模态的振动控制效果。

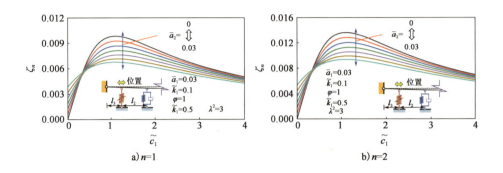

图 4-30 高阻尼橡胶阻尼器安装位置对外置阻尼器阻尼效果的影响

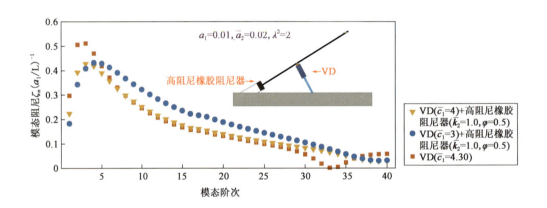

图 4-31 单侧布置内外置黏滞阻尼器对斜拉索模态阻尼比的影响

(3)黏滞阻尼器和减振锤。

可以选用黏滞阻尼器结合减振锤的方案[9]来防治斜拉索的高阶涡振。减振锤可以近似模拟为一个调谐质量阻尼器,其参数可以针对黏滞阻尼器位于振型驻点的模态进行优化设计。

从图 4-31 中可以看出,仅安装黏滞阻尼器时斜拉索第 33 阶模态阻尼较小接近为 0。因此,针对第 33 阶模态设计减振锤。考虑到实际安装的可行性,选择比较小的附加质量,分别选取质量比 $\mu_{sd} = 0.001$ 和 $\mu_{sd} = 0.0005$。质量比 $\mu_{sd} = m_{sd}/(mL)$,其中,m_{sd} 为减振锤锤头总质量。减振锤的特征频率 $\omega_{sd} = \sqrt{k_{sd}/m_{sd}}$,$k_{sd}$ 为减振锤的刚度系数。为增大第 33 阶附近模态阻尼,将减振锤频率 ω_{sd} 调整为与第 33 阶模态无阻尼频率 ω_{33}^0 一致。黏滞阻尼器的安装位置 $\bar{a}_1 = 0.03$,阻尼系数 $\bar{c}_1 = 4.30$,与图 4-28 中单黏滞阻尼器工况保持一致,增加的减振锤布置在与黏滞阻尼器安装位置较近的第 33 阶振型波峰位置,即 $\bar{a}_2 = 0.045$。拉索的垂度系数取为$\lambda^2=2$。图4-32a)为第33阶模态阻尼比与减振锤阻尼比之间的关系,其中减振锤阻尼比$\zeta_{sd}=c_{sd}/(2m_{sd}\omega_{sd})$。可以明显看出,减振锤对于单阶模态具有最佳阻尼效果,当$\mu_{sd}=0.0005$时,减振锤对第33阶模态附加的最大阻尼为0.379×0.045,此时减振锤的阻尼比为0.04;当$\mu_{sd}=0.001$,减振锤对第33阶模态的最大阻尼为0.411×0.045,减振锤的最优阻尼比为0.065。图4-32b)显示了同时安装黏滞阻尼器和减振锤后的多阶模态阻尼比。安装减振锤后,从第31阶模态到第33阶模态拉索阻尼比均显著增大,弥补了单个黏滞阻尼器控制的不足,同时对其他阶模态阻尼比没有负面效果。图4-32b)还表明,安装减振锤前后,外置阻尼器对斜拉索较低阶模态的阻尼效果几乎不受影响,因此外置黏滞阻尼器和减振锤对斜拉索的参数优化可以分开进行,多模态减振效果可以直接叠加,具体分析见文献[38]。

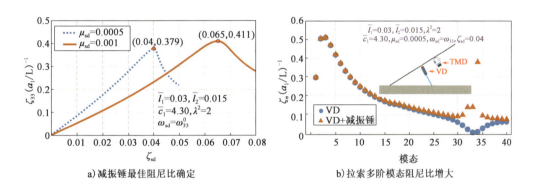

图4-32 黏滞阻尼器结合减振锤对拉索模态阻尼比的影响

4.3.6 多模态阻尼设计方法

实际工程设计中,需要考虑斜拉索的多模态振动[10],包括多模态风雨激振和高阶涡振。对于较长索,索振动频率小于3Hz后容易受到风雨影响的模态就超过10阶。设计理想黏滞阻尼器时,仅需要确定黏滞系数,如果针对斜拉索某一特定模态设计优化该系数,其对斜拉索目标模态的阻尼效果最佳,但对于高阶模态显得过于刚性,对于较低模态下则会显得过软。此时可以设计阻尼系数,使得多个目标模态中最低阶和最高阶模态阻尼比相等[41]。

综合考虑风雨激振和涡振模态、阻尼器及支架的多种参数,以及试验发现的阻尼器刚度系数和阻尼系数的频率依赖性,斜拉索的阻尼器设计变得更加复杂,建议可以采用图4-33所示的设计流程。在调整阻尼器的参数时,优先调整阻尼、刚度系数,在仍不能满足要求时考虑增大安装高度。

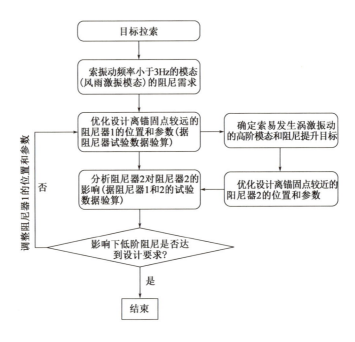

图 4-33　斜拉索阻尼器的一般设计流程

4.4　阻尼器的构造要求

阻尼器安装在拉索上,除了需要满足附加阻尼的需求外[18-19],还需要满足安装和耐久性要求。

阻尼器安装支架的设计需充分考虑阻尼器的高度,并严格控制阻尼器的连接间隙。在阻尼器行程设计时,除了考虑拉索减振后的最大振幅外,还需综合考虑斜拉桥在温度变化和车辆荷载作用下的整体变形对阻尼器的影响。以苏通长江公路大桥为例[33],拉索在振动时阻尼器位置处的位移最大值和最小值之间相差可达到40mm。其中,由于拉索振动所引发的位移大概为1.5mm,而位移变化主要是由桥梁主梁荷载引起的,比如交通荷载等,因此,运营中的桥梁荷载会引起主梁发生竖向振动,从而使得拉索的倾角和索力发生变化,导致拉索的垂度变化,进而使得拉索相对于桥面产生较大位移。长拉索的阻尼器更靠近斜拉桥跨中,阻尼器发生连续周期性变形,振动幅度大、频率低,会承受较大的循环荷载。在设计中,应综合考虑拉索振动引起的阻尼器振幅和斜拉桥整体变形引起的阻尼器变形来设计阻尼器长度,同时要保证阻尼器的变形幅度在阻尼器的行程以内,避免连续的循环荷载导致阻尼器疲劳失效。

黏滞阻尼器的两端需要采用球铰分别与拉索和支架连接,球铰连接间隙会影响阻尼器的起动位移,长期磨损导致间隙增大,会降低减振效果,同时在拉索振动时发出撞击声音,需要在设计中特别关注。

本章参考文献

[1] MAIN J A, JONES N P. Free vibrations of taut cable with attached damper. II: Nonlinear damper[J]. Journal of Engineering Mechanics,2002,128(10):1072-1081.

[2] 朱文正,刘健新.黏性剪切型阻尼器性能试验研究[J].广州大学学报(自然科学版),2005,4(6):526-531.

[3] SPENCER JR B F,DYKE S J,SAIN M K,et al. Phenomenological model for magnetorheological dampers[J]. Journal of Engineering Mechanics,1997,123(3):230-238.

[4] 陈勇.采用 ER/MR 阻尼器作斜拉索振动的半主动控制[D].杭州:浙江大学,2001.

[5] LARSEN A,ANDERSEN K G,JAMAL A. Wind Induced Hanger Vibrations-the Hålogaland Suspension Bridge[J]. Structural Engineering International,2022,32(1):62-70.

[6] WANG Y,CHEN Z,YANG C,et al. A novel eddy current damper system for multi-mode high-order vibration control of ultra-long stay cables[J]. Engineering Structures,2022(262):114319.

[7] 陈政清,华旭刚,牛华伟,等.永磁电涡流阻尼新技术及其在土木工程中的应用[J].中国公路学报,2020,33(11):83-100.

[8] RAJORIYA S,MISHRA S S. Application of SMA wire in vibration mitigation of bridge stay cable:a state-of-the-art review[J]. Innovative Infrastructure Solutions,2022,7(3):192.

[9] DIENG L,HELBERT G,CHIRANI S A,et al. Use of shape memory alloys damper device to mitigate vibration amplitudes of bridge cables[J]. Engineering Structures,2013(56):1547-1556.

[10] CHEN L,SUN L,NAGARAJAIAH S. Cable with discrete negative stiffness device and viscous damper:passive realization and general characteristics[J]. Smart Structures and Systems,2015,15(3):627-643.

[11] CHEN L,LIU Z,ZOU Y,et al. Practical negative stiffness device with viscoelastic damper in parallel or series configuration for cable damping improvement[J]. Journal of Sound and Vibration,2023(560):117757.

[12] LU L,DUAN Y F,SPENCER Jr B F,et al. Inertial mass damper for mitigating cable vibration[J]. Structural Control and Health Monitoring,2017,24(10):1986.

[13] LAI K,FAN W,CHEN Z,et al. Performance of wire rope damper in vibration reduction of

stay cable[J]. Engineering Structures,2023(278):115527.

[14] KOVACS I. Zur frage der seilschwingungen und der seildämpfung[J]. Bautechnik,1982,59(10):325-332.

[15] YONEDA M,MAEDA K. A study on practical estimation method for structural damping of stay cables with dampers[J]. Doboku Gakkai Ronbunshu,1989,1989(410):455-458.

[16] UNO K,KITAGAWA S,TSUTSUMI H,et al. A simple method of designing cable vibration dampers of cable-stayed bridges[J]. Journal of Structural Engineering,1991,37(2):789-798.

[17] PACHECO B M,FUJINO Y,SULEKH A. Estimation curve for modal damping in stay cables with viscous damper[J]. Journal of Structural Engineering,1993,119(6):1961-1979.

[18] KRENK S. Vibrations of a taut cable with an external damper[J]. Journal of Applied Mechanics,2000,67(4):772-776.

[19] CRÉMONA C. Courbe universelle pour le dimensionnement d'amortisseurs en pied de haubans[J]. Revue Française de Génie Civil,1997,1(1):137-159.

[20] XU Y L,YU Z. Mitigation of three-dimensional vibration of inclined sag cable using disrete oil dampers—Ⅱ. Application[J]. Journal of Sound and Vibration,1998,214(4):675-693.

[21] KRENK S,NIELSEN S R K. Vibrations of a shallow cable with a viscous damper[J]. Proceedings of the Royal Society of London. Series A:Mathematical,Physical and Engineering Sciences,2002,458(2018):339-357.

[22] TABATABAI H,MEHRABI A B. Design of mechanical viscous dampers for stay cables[J]. Journal of Bridge Engineering,2000,5(2):114-123.

[23] HOANG N,FUJINO Y. Analytical study on bending effects in a stay cable with a damper[J]. Journal of Engineering Mechanics,2007,133(11):1241-1246.

[24] 周亚刚,孙利民. 斜拉索-三单元 Maxwell 阻尼器系统的复模态分析[J]. 同济大学学报(自然科学版),2006,34(1):7-12.

[25] KRENK S,HØGSBERG J R. Damping of cables by a transverse force[J]. Journal of Engineering Mechanics,2005,131(4):340-348.

[26] FUJINO Y,HOANG N. Design formulas for damping of a stay cable with a damper[J]. Journal of Structural Engineering,2008,134(2):269-278.

[27] DUAN Y,NI Y Q,ZHANG H,et al. Design formulas for vibration control of taut cables using passive MR dampers[J]. Smart Structures and Systems, An International Journal,2019,23(6):521-536.

[28] SUN L,SHI C,ZHOU H,et al. A full-scale experiment on vibration mitigation of stay cable

[C]. Proc. of 2004 IABSE Symposium. Shanghai,China:IABSE,2004,88:154.

[29] ZHOU H,SUN L M. Damping of stay cable with passive-on magnetorheological dampers:a full-scale test[J]. International Journal of Civil Engineering,2013,11(3):154-159.

[30] ZHOU H,SUN L,XING F. Damping of full-scale stay cable with viscous damper:experiment and analysis[J]. Advances in Structural Engineering,2014,17(2):265-274.

[31] ZHOU H,XIANG N,HUANG X,et al. Full-scale test of dampers for stay cable vibration mitigation and improvement measures[J]. Structural Monitoring and Maintenance,2018,5(4):489-506.

[32] CHEN L,DI F,XU Y,et al. Multimode cable vibration control using a viscous-shear damper:Case studies on the Sutong Bridge[J]. Structural Control and Health Monitoring,2020,27(6):2536.

[33] CHEN L,SUN L,XU Y,et al. A comparative study of multi-mode cable vibration control using viscous and viscoelastic dampers through field tests on the Sutong Bridge[J]. Engineering Structures,2020(224):111226.

[34] DI F,SUN L,QIN L,et al. Full-scale experimental study on vibration control of bridge suspenders using the Stockbridge damper[J]. Journal of Bridge Engineering,2020,25(8):4020047.

[35] HOANG N,FUJINO Y. Combined damping effect of two dampers on a stay cable[J]. Journal of Bridge Engineering,2008,13(3):299-303.

[36] CARACOGLIA L,JONES N P. Damping of taut-cable systems:Two dampers on a single stay[J]. Journal of Engineering Mechanics,2007,133(10):1050-1060.

[37] DI F,SUN L,CHEN L. Cable vibration control with internal and external dampers:Theoretical analysis and field test validation[J]. Smart Structures and Systems,2020(26):575-589.

[38] DI F,SUN L,CHEN L. Suppression of vortex-induced high-mode vibrations of a cable-damper system by an additional damper[J]. Engineering Structures,2021(242):112495.

[39] PTI Guide Specification. Recommendations for stay cable design, testing and installation[M]. Post-tensioning Institute Committee on Cable-Stayed Bridge ,USA,2001.

[40] KUMARASENA S,JONES N P,IRWIN P,et al. Wind-Induced vibration of stay cables[R]. United States:Federal Highway Administration,2007.

[41] WEBER F,FELTRIN G,MAŚLANKA M,et al. Design of viscous dampers targeting multiple cable modes[J]. Engineering Structures,2009,31(11):2797-2800.

第 5 章
斜拉索辅助索减振

5.1 概　　述

将一个索面内的多根斜拉索采用连接件横向连接起来形成一个整体,实现抗振效果,称为斜拉索的辅助索减振措施。斜拉索间的连接也常采用索结构,因此称为辅助索,后来泛指所有类型的索间连接,包括阻尼器、弹簧或者组合元件。两(多)根斜拉索-辅助索系统也被称为索网结构,其中斜拉索称为主索。直观来看,辅助索措施能够有效减小斜拉索的自由长度,从而增大了单根索的频率。严格来讲,辅助索和斜拉索连接在一起形成了一个新的结构体系,其动力特性包括频率、阻尼和振型等均发生改变,在外激励下的动力响应亦发生改变。

辅助索减振措施适用于大跨径斜拉桥的超长斜拉索,通过提升结构体系的刚度,对参数振动和线性内部共振起到抑制作用。另外,结合辅助索与阻尼元件还可以提高斜拉索的阻尼,因此也能有效抑制其他类型的振动。在实际斜拉桥中,已有组合采用两种或三种斜拉索减振措施的案例。例如,法国的诺曼底大桥同时采用了气动措施、索端阻尼器和辅助索三种减振措施。随着斜拉桥跨径的增大,斜拉索的长度也不断增大,仅采用气动措施和索端阻尼器措施已难以满足斜拉索的减振要求,辅助索减振措施可能成为大跨径斜拉桥超长斜拉索减振的必选。

本章首先介绍了斜拉索-辅助索减振体系的分类,然后重点介绍了典型桥梁中辅助索减振措施的应用,最后回顾了辅助索减振措施的研究历程,总结了斜拉索-辅助索减振体系的动力建模方法与试验方法,并对斜拉索辅助索减振的未来发展提出了展望。

5.2　斜拉索-辅助索减振体系的分类

5.2.1　纯索网体系

当仅采用辅助索将相邻斜拉索连接时,就形成一个纯索网结构。辅助索主要通过提升斜拉索横向刚度、分散局部斜拉索振动能量,达到减振效果。理论建模分析系统频率时,一般考虑斜拉索两端固定,相邻斜拉索近似平行,辅助索采用线性弹簧单元模拟[1-2],如图5-1所示。实际工程中,辅助索通常采用钢绞线或钢丝绳,成本较低。由于辅助索对于系统阻尼贡献不足,该措施适合于中小跨径斜拉桥拉索及斜拉索临时减振处置。

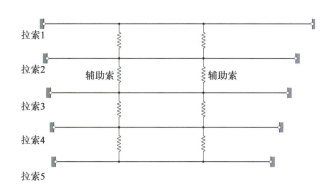

图5-1　纯索网系统分析模型

5.2.2　斜拉索-阻尼型辅助索体系

为了解决上述辅助索对索网系统阻尼贡献不足的问题,学术界较早提出将阻尼装置和辅助索结合的斜拉索混合减振思路。如图5-2所示,将剪切型高阻尼橡胶阻尼器直接与传统钢绞线串联形成一种阻尼型辅助索,采用这种辅助索连接相邻斜拉索,即形成了一种斜拉索-阻尼型辅助索系统。图5-3所示为另外一种类型的阻尼型辅助索,即用张紧的辅助索将最外侧索与最内侧索或者主梁相连,然后其他斜拉索与辅助索之间采用高阻尼橡胶阻尼器或其他阻尼器连接,形成斜拉索-阻尼型辅助索体系,该方案的优点是中间主索和阻尼部件不承受辅助索的预张力[3]。理论研究表明,阻尼型辅助索对于控制斜拉索多模态振动具有优势。阻尼型辅助索在构造上依托辅助索实现阻尼器沿索分布式安装,摆脱了传统阻尼器近索锚固端安装的限制,大大提升了阻尼器阻尼效果,相比于纯索网系统,阻尼器的安装有效弥补了单纯辅助索耗能不足的缺陷。与辅助索串联的阻尼器一般采用橡胶阻尼器,这是由于橡胶阻尼器同时具有刚度和阻尼特性,能够承受辅助索中的预张力。因此,阻尼型辅助索适用于大跨径斜拉桥超长斜拉索多模态减振。

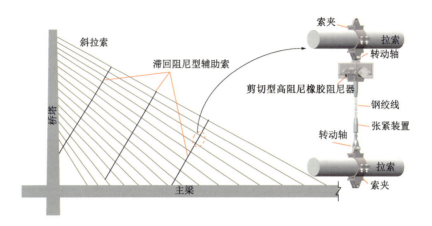

图 5-2　斜拉索-阻尼型辅助索示意图

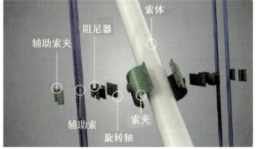

图 5-3　斜拉索与辅助索之间的黏弹性连接及其组件图

5.2.3　索-辅助索-索端阻尼器体系

在已有索网系统中增设索端阻尼器是一种直接且便于实施的阻尼提升方案,理论[4-5]和实索试验[6]也验证了该方法对于提升系统模态阻尼的有效性。在分析辅助索和阻尼器位置和参数变化对系统频率和阻尼影响时,一般采用图 5-4 所示的模型,即将相邻的索考虑为平行布置,索倾角、垂度对其动力特性的影响可以纳入垂度参数中考虑,辅助索模拟为线性弹簧或者黏弹性元件,阻尼器采用黏滞或者黏弹性模型。辅助索和索端阻尼器可以实现优势互补,协同提升系统阻尼和频率。辅助索和索端阻尼器的混合减振措施适用于超长斜拉索减振,以及在役斜拉桥现有减振系统的升级改造,比如在安装有索端阻尼器的拉索间连接辅助索或在索网系统中增设索端阻尼器。

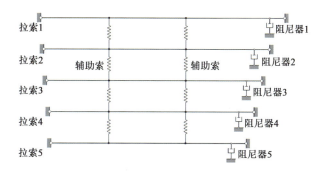

图 5-4　斜拉索-辅助索-索端阻尼器系统模型

结合辅助索与索端阻尼器的混合减振方法已在多座桥梁中得到应用。例如,法国诺曼底大桥的中跨采用了辅助索,并在最长的几根拉索上通过支架安装了外置阻尼器。此外,美国的雷德·哈特曼大桥([图 5-5a)])和列尼·扎金彭加山大桥(Leonard P. Zakim Bunker Hill Bridge)也采用了类似的方案。近年来,苏通长江公路大桥的三根较长斜拉索也试验性地采用了辅助索连接方案,并在索端安装了外置阻尼器,如图 5-5b)所示。

a) 美国弗雷德·哈特曼大桥

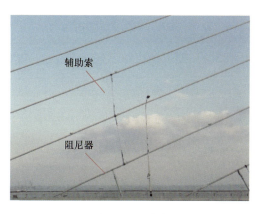

b) 苏通长江公路大桥

图 5-5　索-辅助索-索端阻尼器体系应用

5.2.4　其他体系

为了提升辅助索对斜拉索的阻尼耗能作用,也有学者提出了辅助索通过阻尼器连接于桥面或桥塔的方案[7],如图 5-6 所示,经理论分析该系统具有较好的阻尼效果。此类体系在克罗地亚的杜布罗夫尼克大桥上得到应用,如图 5-6a)所示,该桥有 6 根背索,索间距较小,难以布设支架为每根索安装阻尼器,因此采用了辅助索连接相邻斜拉索,并最终通过半主动磁流变阻尼器连接到桥面的方案。同样,已有缩尺模型试验研究验证了接地(指阻尼器/辅助索与主梁或者主塔相连)阻尼器提升系统低阶模态阻尼的有效性[8]。然而,在对更为复杂索网系统的理论分析中发现,辅助索通过阻尼器接地的措施对整体振动模态有较好的阻尼效果,但难以为系统局部振动模态提供足够的阻尼[9]。

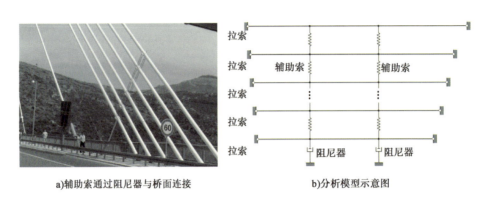

a)辅助索通过阻尼器与桥面连接　　　　b)分析模型示意图

图5-6　采用阻尼器将辅助索与主梁连接的方案

5.3　工程案例

5.3.1　早期应用案例

Fritz Leonhard 在意大利墨西拿海峡大桥工程中曾首次提出在超大跨径斜拉桥的斜拉索体系中采用辅助索的设计思想,其目的主要是增加超大跨径斜拉桥的刚度。辅助索第一次运用的工程实例是丹麦的法岛桥(The Faroe Bridge)。法岛桥在建成后,其部分较长的斜拉索在风雨作用下常发生振动,但是其振幅相对较小。因此,科威(Cowi)公司提出了运用辅助索将较长的斜拉索连接起来的解决方案,当时的辅助索方案并不与桥面或桥塔相连,如图5-7所示。后来,日本本四联络桥的岩黑岛桥和柜石桥运用辅助索来避免近邻拉索的尾流驰振,如图5-8所示,实践证明辅助索措施是有效的。在上述工程实例中,初始设计辅助索的初张力较小,辅助索在斜拉索较大振幅的振动过程中张力完全释放然后突然张紧,导致辅助索受到非常大的冲击力引发断裂,最后更换了较大初张力的辅助索[10]。

图 5-7　丹麦法岛桥上安装的辅助索

图 5-8　日本岩黑岛桥上安装的辅助索

5.3.2　诺曼底大桥

辅助索的典型工程应用之一是法国的诺曼底大桥[10]（图 5-9）。由于理论分析发现，诺曼底桥斜拉索的一阶振动频率与桥梁本身的低阶振动频率处在同一区间。这种情况下，桥面的振动可能引起斜拉索的参数振动和线性内部共振，因此采取了辅助索措施，改变斜拉索的振动频率，使其远离桥梁本身的低阶振动频率范围。基于法岛桥等采用辅助索的经验，诺曼底大桥的辅助索采用了较大的初张力，以避免大幅斜拉索振动引发辅助索松弛-张紧承受冲击力的问题。诺曼底大桥的辅助索设计与以往工程实例有所不同。一方面，辅助索与桥面直接相连，这种设计更有利于提高斜拉索体系的频率；另一方面，采用了具有较高结构阻尼的辅助索，从而显著提升了斜拉索的阻尼性能。此外，在中跨较长的拉索索端还安装了外置阻尼器。诺曼底大桥辅助索的细部结构如图 5-10 所示。

图 5-9 诺曼底大桥上安装的辅助索

 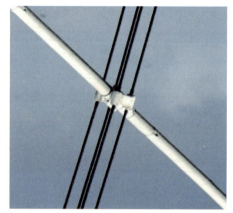

a) 辅助索减振措施局部　　　　　　　　b) 辅助索索夹细部

图 5-10 诺曼底大桥辅助索细部图

5.3.3　弗雷德·哈特曼大桥

弗雷德·哈特曼大桥位于美国休斯敦,主跨 381m,左右两幅共 4 座桥塔,全桥共 192 根斜拉索。自 1997 年起,该桥拉索观测到显著的风雨激振,部分拉索最大振幅可达索直径的 5~10 倍,以索低阶模态振动为主。为了控制斜拉索的振动,弗雷德·哈特曼大桥采用辅助索减振措施[4]。考虑该桥拉索振动主要是低阶模态,设计目标是将索振动频率提升到 2Hz 以上。在安装辅助索后,该桥安装的振动监测显示,斜拉索振动响应有明显减弱。

5.4 相关研究

5.4.1 研究历程

自 20 世纪 90 年代学者提出采用索构件连接邻近的斜拉索(吊索)的减振方案[11]以来,在过去的三十多年间,针对斜拉索辅助索减振体系的研究一直在持续深入。早期的研究关注辅助索对相连的斜拉索振动能量的重分布作用;而后,研究关注辅助索对索网系统阻尼的影响[12-13],结果发现柔性和具有耗能能力的辅助索能提升系统阻尼。辅助索非线性力学行为[14]及辅助索-主索动力耦合[15]等对于系统控制效果的影响也是重要的研究课题。早期的这些研究主要采用有限元方法进行数值分析或开展模型试验,考虑了辅助索自身的振动。国内学者[16-17]较早建立了多索-辅助索系统的有限元模型,研究了系统面内外振动获得的抑制效果,分析了水平布置和弧形布置辅助索对主索内力和频率的影响,讨论了系统的阻尼以及响应变化,结果表明弧形布置的辅助索减振效果更加优良。

早期的辅助索主要起到调节拉索频率的作用,而索端阻尼器主要用于提升阻尼。为了解决法国诺曼底大桥的斜拉索参数振动问题和风雨激振问题,人们采用了二者结合的混合方案[18]。在设计世界第一座千米级斜拉桥——苏通长江公路大桥时,也将辅助索和索端阻尼器的混合索网体系作为预案进行了研究,并提出了一种阻尼型辅助索的措施和一次张拉的安装方案[19-20],即在辅助索与斜拉索连接部位增设阻尼耗能装置,具体是在辅助索-主索连接位置处安装高阻尼橡胶块,详见第 7 章。另外,现有研究提出了多种广义的辅助索,例如利用高阻尼橡胶阻尼器作为索间连接、将阻尼器或者调谐质量阻尼器作为连接两索的辅助索、集成惯性元件[22]或负刚度元件[23]的辅助索,以及均匀分布的弹性辅助索[24]等。

上述基于有限元模拟或者试验测试的研究,定性描述了辅助索对拉索的减振效果,但难以应用于索网系统中辅助索布置方式和力学参数的优化。为了解决此问题,学者提出了索网系统的解析分析方法[1-2]:将主索模拟为张紧弦,将辅助索模拟为无质量的弹簧-阻尼单元,然后采用复模态分析或者动刚度方法推导系统的复频率方程,进而采用数值方法求解得到索网系统振动的复频率、振型和阻尼,然后评估减振效果。解析方法首先应用于索网系统动力分析以及参数优化[4],而后应用于分析斜拉索与阻尼器、辅助索构成的混合体系[7],还包括用于分析广义的辅助索以及索间连接的减振效果等。典型的理论研究案例包括利用解析方法研究一根张紧索安装一根与主梁相连的辅助索和一个索端阻尼器的情况,讨论辅助索和阻尼器的优化参数[25],分析影响索网系统动力性能的关键参数[26-31];研究双索-辅助索-阻尼器系统[32-33],探究双索之间采用阻尼器[34]或锚固于主梁的辅助索[35]连接时的动力行为;研究两索采用辅助索和近锚固点阻尼器时的阻尼减振效果[36]。

大多数基于解析方法的研究将斜拉索模拟为张紧弦。然而,辅助索一般针对的是长拉索,垂度效应不容忽略,因此需要在上述解析方法框架中引入拉索垂度参数[39]。同时,辅助索的预张力会直接影响索力和垂度效应,因此,有必要考虑预张力对索网系统动力性能的影响[40-41]。此外,上述解析方法还得到拓展以考虑拉索抗弯刚度的影响[42]。对于单斜拉索和双斜拉索系统,也有研究采用上述解析方法同时考虑拉索垂度和抗弯刚度对辅助索和阻尼器效果的影响[43-44]。除了斜拉索外,对于采用分隔器减振的多股吊索系统,同样可以采用上述解析方法进行分析[45]。前述研究几乎都假定辅助索一直处于张紧的状态,因而可以近似采用线性模型描述其在斜拉索振动中的力学行为。实际辅助索可能在斜拉索大幅振动中松弛,其对斜拉索的力与变形具有非线性关系,因此有研究采用等效线性化的方法结合上述解析理论,分析了这种辅助索非线性行为对索网系统频率和阻尼等动力特性的影响[46-50]和系统随机响应特征[51-52]。表5-1总结了现有研究斜拉索-辅助索-阻尼器系统采用的模型与考虑的参数。

斜拉索-辅助索-阻尼器系统采用的模型与考虑的参数　　　　表5-1

组件	模型	参数
斜拉索	张紧弦、小垂度索、张拉梁、考虑垂度的张拉梁	根数、长度比、质量比、索力比、端部偏移量
辅助索	刚性、弹性、黏滞型、黏弹性、滞回型、非线性	刚度系数、阻尼系数、位置、数目、是否接地、非线性参数、初张力
阻尼器	黏弹性、黏滞型、线性滞回型	刚度系数、阻尼系数、数量

上述解析方法在索网系统的动力分析和参数优化中具有一定的优势。但是,当主索以及辅助索和阻尼器的数量增加后,系统频率方程的推导以及求解都面临较大的困难。这种情况下,采用数值方法更具有优势,例如采用基于模态展开截断和准静力修正的数值建模方法[53]。该方法可以很大程度缩减系统的自由度,同时具有足够的精度,与多目标遗传算法结合,可以实现实际桥梁一个索面的斜拉索安装辅助索、阻尼器混合减振体系的优化设

计[54]。数值方法同样适用于采用分隔器和阻尼器减振的拱桥及悬索桥的吊索,针对分隔器和阻尼器的位置和参数进行优化设计。

5.4.2 建模分析方法

1) 半解析-半数值方法

复模态分析方法早期应用于斜拉索-阻尼器系统的研究中(参见本书第4章)。该方法用于分析索网系统时,首先将拉索的振型表示为复函数,然后将其与时间变量分离,利用各索在辅助索、阻尼器位置处的受力平衡和连续性条件以及各索的边界条件,得到系统复频率方程,最后采用数值方法求解方程,故属于半解析-半数值方法。复模态方法在2000年首先被用于推导斜拉索-阻尼器系统的特征频率方程[55],进一步在2005年被推广应用于索网系统分析[1-2]。利用能量等效原则将非线性辅助索等效为线性辅助索(等效刚度)[48-49],复模态方法同样可用于非线性索网系统研究。目前复模态分析方法成为索网系统研究中最常用方法之一。但是,复模态方法仍不能进行受迫振动分析,不能精确分析系统的非线性动力行为。

复模态分析方法建模的流程是:首先,建立单索振动的偏微分方程;针对斜拉索自由振动,假定复振型函数,以消除时间变量,得到关于复振型函数的常微分方程;利用斜拉索在辅助索连接处的力平衡条件和位移连续条件(对于小垂度索还有索振动附加索力与其弹性变形的关系),得到关于各索多段复振型函数中常系数的矩阵方程;所有系数构成的向量存在非平凡解,则要求矩阵方程中系数矩阵的行列式等于0;进而对行列式展开、化简,得到多项式形式方程,即为系统特征频率方程;最后,采用数值方法求解。复模态分析方法主要用于求解系统的频率、阻尼和振型,但不能求解系统在外荷载下的响应。

2) 数值方法

数值方法的思路是将连续的斜拉索离散化,然后在离散系统上建立拉索在减振控制和外力作用下的平衡方程,最后求解系统的动力特性或响应。拉索-阻尼系统研究中常用的数值方法包括有限单元法、集中质量法、有限差分法和伽辽金(Galerkin)方法。这些方法也被扩展应用于分析索网系统。在索网研究的早期,主要采用有限单元方法[2]、集中质量方法[48]、有限差分方法。近年来,由于参数优化分析的效率要求,基于Galerkin方法逐渐流行,该方法利用裸索的模态坐标结合准静力修正,构建索振动响应分解的基函数,实现少的模态叠加,达到较高的计算精度[53]。

随着计算机技术的发展,数值方法在拉索阻尼器系统分析中的应用越来越多,在面向实际工程的更复杂的索网系统研究和设计中也更具优势。基于Galerkin方法和子结构模态综合的斜拉索-辅助索-阻尼器系统建模流程为:首先,建立单索振动方程;然后,基于单索的解析振型以及针对索上阻尼器、辅助索连接点构建准静力修正模态,构建索网中各索动力响应的近似表达式;将该近似表达式代入各索振动方程,得到各索的质量、刚度和阻尼矩阵,然后利用辅助索、阻尼器连接处的连续条件及受力平衡,得到索网系统整体模型;将索网系统矩阵方程转换成状态空间形式;对状态矩阵进行特征值分析,得到系统复频率、振型以及阻尼等动力特性。另外,利用推导的状态空间模型,给定各索的外荷载,可以分析索网系统的振动响应。

3) 分析案例

为了展示上述动力分析方法在斜拉索-辅助索-阻尼器系统分析和设计中的应用,选择苏通长江公路大桥一个索面中最长的8根拉索为研究对象,采用上述数值方法进行动力分析。考虑最多采用3根辅助索,辅助索可与桥面相连或者不相连,系统的模型如图5-11所示。图中,$k_{j,i}$ ($j=1,\cdots,8; i=1,2,3$)表示辅助索对应各节段的刚度,c_j ($j=1,\cdots,8$)表示安装在拉索j上阻尼器的黏滞阻尼系数。斜拉索的参数见表5-2,表中索端偏移是指各拉索左端点与拉索1左端点的水平距离。

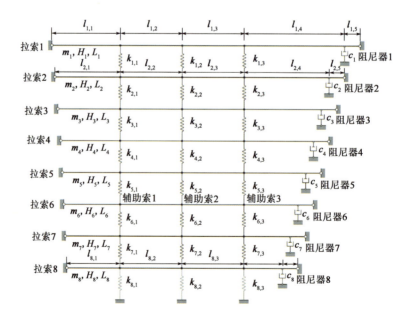

图5-11 苏通长江公路大桥最长8根拉索-辅助索-阻尼器系统模型

苏通长江公路大桥一个索面中最长 8 根拉索的参数　　　表 5-2

索号 j	索长 L_j （m）	索力 H_j （kN）	单位长度质量 m_j （kg）	索端偏移 （m）
1	576.77	6285.00	100.82	—
2	561.26	6500.00	100.82	0.50
3	545.54	6240.00	91.33	1.23
4	530.03	5950.00	91.33	1.81
5	514.57	5699.00	91.33	2.40
6	499.13	5531.00	91.33	3.02
7	483.77	5372.50	77.65	3.61
8	468.20	5129.00	77.65	4.47

分析和设计中主要考虑辅助索的刚度参数、阻尼器的阻尼系数、辅助索的布设位置以及辅助索的锚固形式（是否接地），重点讨论辅助索的数目及锚固形式对系统参数优化的影响。

（1）优化方法。

采用多目标遗传算法（MOGA）优化斜拉索分布式辅助索及阻尼器系统的动力特性，尤其是阻尼。系统参数的优化流程如图 5-12 所示，包含如下步骤：

①将实际斜拉桥中的斜拉索转化为一组相互平行的拉索。将系统模型简化为一个带有辅助索和阻尼器的正交索网。

②建立系统的动力分析模型。建立模型时可采用复模态方法、有限元方法、基于 Galerkin 的数值方法和动刚度法等。通过求解系统特征方程或对数值模型进行特征值分析，得到系统的模态阻尼和频率。考虑到建模的通用性和高效性，此处采用数值建模方法[53]。

③采用 MOGA 对辅助索和阻尼器的参数进行优化。首先，以索网系统的模态阻尼和频率为优化参数构建目标函数。根据实际情况，确定斜拉索参数及辅助索和阻尼器参数的取值范围。采用 NSGA-Ⅱ 算法求解具有给定参数范围和约束条件的目标优化问题，得到辅助索和阻尼器的优化参数。最后，在这些最优解中选出一个最理想解。NSGA-Ⅱ 算法将需要优化的参数考虑为个体基因，许多个体组成了种群，目标函数决定演化的方向。

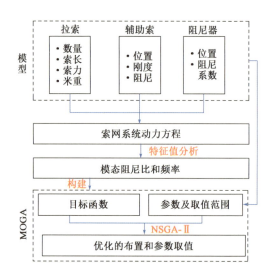

图 5-12　基于 MOGA 的斜拉索-辅助索阻尼器系统参数优化流程

(2)斜拉索-辅助索-索端阻尼器系统优化设计结果。

考虑两种辅助索的锚固形式,即不接地和接地的两种情况。假定,每根辅助索有相同的刚度,即 $k_{j,1}=k_{j,2}=k_{j,3}=k(j=1,\cdots,8)$,阻尼器具有相同的相对安装位置,即固定 $l_{j,5}/L_j(j=1,\cdots,8)$。优化设计目标定为索网系统的前十阶模态阻尼比不小于 0.005,即 $\zeta_{obj}=0.005$,同时尽可能提高系统的基频。上述 MOGA 优化问题可表示为:

$$\begin{cases} \min G_1=|\zeta_{\min}-\zeta_{obj}| \\ 1/L_1 \leqslant \chi_j \leqslant 454/L_1 \quad (j=1,2,3) \\ 1 \leqslant \chi_4 \leqslant 200, 0.001 \leqslant \chi_5 \leqslant 0.03 \\ 1 \leqslant \chi_j \leqslant 20 \quad (j=6,7,\cdots,13) \\ \chi_1+\chi_2+\chi_3 \leqslant 454/L_1 \end{cases} \quad (5-1)$$

其中,$\zeta_{\min}=\min(\zeta_1,\cdots,\zeta_{10})$。变量 χ_1、χ_2 和 χ_3 对应 3 根辅助索的安装位置,即 $l_{1,1}/L_1$、$l_{1,2}/L_1$ 和 $l_{1,3}/L_1$;χ_4 对应辅助索的刚度参数 $\bar{k}=kL_1/H_1$;χ_5 对应于阻尼器的安装位置 $l_{j,5}/L_1$;$\chi_6 \sim \chi_{13}$ 分别对应于阻尼器的阻尼参数,即 $\bar{c}=c_j/\sqrt{m_1 H_1}(j=1,\cdots,8)$。参数取值范围参考已有经验确定。不等式约束限制了辅助索的安装位置,即辅助索连接 8 根拉索且位于阻尼器的左侧。上述 MOGA 优化问题针对的是具有 3 根辅助索的斜拉索-辅助索-索端阻尼器系统,当辅助索数目减少时,该问题中的自变量数也相应减少。

① 不接地体系。

首先考虑辅助索不接地的情况,即 $k_{8,1} = k_{8,2} = k_{8,3} = 0$。分别安装 1 根、2 根和 3 根辅助索,得到的优化结果如表 5-3 所示,对应的模态阻尼比和基频见表 5-4。由表 5-4 可知,所有目标阶模态的阻尼比都满足设计要求,即 $\zeta_n \geq \zeta_{obj} = 0.005$,辅助索数量的变化对系统基频的影响很小。例如,当安装 1 根不接地辅助索时,系统基频最高为 0.246Hz;当安装 2 根辅助索时,基频最高为 0.245Hz;安装 3 根不接地辅助索的系统基频最高为 0.247Hz。表 5-3 中各系统优化参数的第一组结果用于后续研究,图 5-13 绘出了系统前十阶模态的振型。仅安装 1 根辅助索时[图 5-13a)],1 阶为整体振动模态,该模态振动能量可以通过近锚固端阻尼器来耗散,因此 1 阶模态阻尼比较大;2~7 阶和 10 阶模态为局部振动模态,即只有部分索段发生明显振动,且振动能量聚集于阻尼器连接的索段,因而对应模态阻尼也较高。8 阶和 9 阶模态对应是系统从整体模态向局部模态转变的过渡模态,对于这两个模态,由于辅助索左侧索段的振动能量不能由右侧索端阻尼器直接耗散的,因此模态阻尼比相对较小。比较图 5-13a)和图 5-13b)可以看出,2 根辅助索系统和 1 根辅助索系统在所展示的每个模态中的振型和频率都很接近。同时,相应模态的阻尼比也很接近。相比之下,安装 3 根辅助索的系统的振动特性发生了显著变化。该情况下,系统的 1、2、6 阶为整体振动模态,所有拉索均发生同相位的振动;3 阶模态也为整体模态,但该模态上、下部拉索发生了反相位振动;4、5、7 阶模态为局部模态,这些模态中的振动能量也聚集于直接安装阻尼器的索段。因此,这些模态的阻尼均比较大。另外,系统的 8、9、10 阶模态为过渡模态,当系统振动能量并不聚集在阻尼器相连的索段时,系统阻尼比较小。综合来看,图 5-13 中所示的 3 种情况下,系统的 1 阶振动模态中各索均为同相位振动,因此增加辅助索的数量不会明显增加系统的基频,然而,辅助索明显提高了其他高阶模态的频率,见图 5-13 标出的各阶模态频率。

② 接地体系。

为了进一步提高系统的频率,考虑辅助索接地的情况,对应实际工程中辅助索与桥面或桥塔相连的设计。利用图 5-12 所示的流程,得到满足设计要求的参数优化结果,见表 5-5,对应系统各阶获得的模态阻尼比和基频见表 5-6。

与未安装辅助索的拉索相比,安装辅助索后系统模态频率显著提升。并且与不接地辅助索系统相比,系统基频也显著提高,但其他阶模态频率并非都得到提升,如安装 3 根辅助索时的接地与不接地系统。此外,接地系统的基频随着辅助索数量的增加而明显增大。表 5-5 中每种系统的第一组优化参数对应的系统基频最大,因此优先选择该组参数并用于后续振型的分析。图 5-14 分别给出了安装 1 根辅助索、2 根辅助索和 3 根辅助索时系统的实模态振型。与不接地系统相比,接地系统的低阶模态振动包含更多的局部模态。多数模态中,振动能量聚集于最右侧索段,因此相应的模态阻尼比较大。

表 5-3 不接地系统的辅助索和阻尼器参数优化结果

数量	编号	$l_{1,1}$ (m)	$l_{1,2}$ (m)	$l_{1,3}$ (m)	k ($\times 10^3$ kN/m)	$l_{j,5}/L_j$	c_1 (kN·s/m)	c_2 (kN·s/m)	c_3 (kN·s/m)	c_4 (kN·s/m)	c_5 (kN·s/m)	c_6 (kN·s/m)	c_7 (kN·s/m)	c_8 (kN·s/m)
1	1	228.36	—	—	1.56	0.029	476.94	439.39	405.21	374.17	333.11	483.81	420.46	380.55
	2	225.27	—	—	1.31	0.028	352.31	355.31	361.60	301.11	277.83	363.97	347.22	265.41
	3	214.32	—	—	0.81	0.023	450.10	397.88	304.52	463.92	344.83	378.89	318.74	261.60
	4	195.31	—	—	0.86	0.026	303.23	254.57	90.89	297.79	311.19	94.86	264.38	329.35
	5	189.36	—	—	0.67	0.019	431.64	202.83	138.46	435.99	429.06	299.46	76.29	200.34
2	1	223.74	11.62	—	0.70	0.024	495.02	432.82	453.04	486.27	484.83	391.27	500.20	491.42
	2	222.90	11.62	—	0.70	0.024	495.02	432.82	453.04	486.27	484.83	391.27	500.20	451.90
	3	223.99	11.56	—	0.71	0.024	475.26	470.97	448.10	458.19	405.81	376.45	457.24	462.63
	4	224.21	10.50	—	0.70	0.024	470.49	422.76	465.96	482.61	418.38	360.66	473.30	447.06
	5	224.19	10.52	—	0.68	0.023	428.29	417.15	460.38	461.44	368.41	357.27	462.35	453.58
	6	221.69	7.23	—	0.65	0.022	342.78	405.12	472.02	433.81	353.79	399.22	386.41	340.24
	7	221.67	7.20	—	0.65	0.022	323.19	404.96	472.02	389.17	322.97	411.83	389.44	339.13
3	1	122.84	123.21	125.74	0.82	0.026	126.19	249.52	235.28	336.14	267.70	407.58	381.33	349.46
	2	117.34	122.13	134.54	0.81	0.026	189.50	210.40	189.07	304.90	49.76	319.72	363.29	283.05
	3	115.63	128.25	91.13	0.77	0.026	64.12	91.75	201.62	121.00	66.16	281.27	317.09	196.96
	4	35.50	37.77	165.52	1.42	0.025	92.30	86.32	204.76	186.52	284.88	292.12	284.20	220.60
	5	11.73	39.53	2.00	0.15	0.029	66.11	60.41	74.91	25.16	47.89	414.61	152.34	46.54

表 5-4 不接地系统优化模态阻尼比和基频

辅助索数量	编号	ζ_1	ζ_2	ζ_3	ζ_4	ζ_5	ζ_6	ζ_7	ζ_8	ζ_9	ζ_{10}	f_1(Hz)
1	1	0.013	0.015	0.016	0.016	0.017	0.017	0.012	0.005	0.005	0.012	0.246
1	2	0.014	0.018	0.018	0.018	0.020	0.020	0.016	0.007	0.017	0.005	0.245
1	3	0.012	0.014	0.015	0.017	0.014	0.016	0.015	0.007	0.017	0.005	0.243
1	4	0.012	0.017	0.019	0.016	0.018	0.018	0.018	0.018	0.010	0.005	0.242
1	5	0.009	0.012	0.013	0.012	0.013	0.013	0.013	0.013	0.008	0.005	0.241
2	1	0.011	0.013	0.015	0.014	0.013	0.013	0.012	0.005	0.005	0.009	0.245
2	2	0.011	0.013	0.015	0.014	0.014	0.014	0.012	0.005	0.006	0.010	0.245
2	3	0.012	0.014	0.014	0.014	0.014	0.015	0.012	0.005	0.005	0.010	0.245
2	4	0.012	0.014	0.015	0.014	0.014	0.015	0.013	0.005	0.005	0.010	0.245
2	5	0.012	0.015	0.015	0.014	0.015	0.016	0.013	0.005	0.005	0.010	0.244
2	6	0.011	0.016	0.015	0.014	0.015	0.016	0.013	0.006	0.014	0.005	0.244
2	7	0.012	0.016	0.015	0.014	0.015	0.016	0.013	0.006	0.014	0.005	0.244
3	1	0.013	0.014	0.005	0.023	0.023	0.006	0.019	0.008	0.016	0.013	0.247
3	2	0.012	0.014	0.005	0.020	0.025	0.007	0.016	0.013	0.021	0.006	0.246
3	3	0.011	0.017	0.019	0.023	0.016	0.025	0.033	0.027	0.013	0.005	0.244
3	4	0.011	0.017	0.017	0.022	0.023	0.019	0.016	0.015	0.021	0.005	0.243
3	5	0.007	0.007	0.006	0.008	0.005	0.012	0.010	0.012	0.012	0.012	0.225

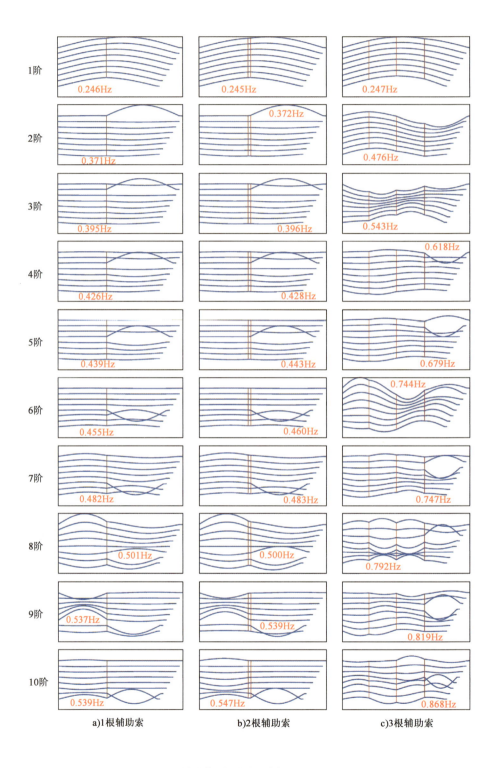

图 5-13　辅助索不接地的系统参数优化后的振型

表 5-5 接地系统的辅助索和阻尼器参数优化结果

辅助索数量	编号	$l_{1,1}$ (m)	$l_{1,2}$ (m)	$l_{1,3}$ (m)	k (10^3 kN/m)	$l_{j,5}/L_j$	c_1 (kN·s/m)	c_2 (kN·s/m)	c_3 (kN·s/m)	c_4 (kN·s/m)	c_5 (kN·s/m)	c_6 (kN·s/m)	c_7 (kN·s/m)	c_8 (kN·s/m)
1	1	229.81	—	—	1.96	0.023	359.01	333.93	406.59	465.73	250.89	328.70	288.40	227.50
1	2	229.81	—	—	1.96	0.023	359.01	333.93	406.59	465.73	248.42	328.70	288.40	227.50
1	3	229.80	—	—	1.85	0.022	387.93	340.31	398.47	470.01	276.23	345.15	287.80	243.68
1	4	229.67	—	—	1.76	0.022	388.94	374.88	360.05	479.96	312.80	352.30	311.28	245.39
1	5	229.61	—	—	1.72	0.022	387.30	407.14	366.15	479.50	304.74	350.77	321.79	243.09
1	6	227.79	—	—	1.68	0.017	255.10	315.58	275.23	455.37	284.96	273.28	271.51	377.22
1	7	228.08	—	—	1.65	0.016	236.42	304.52	314.04	429.59	283.67	253.58	247.39	386.48
2	1	158.48	144.17	—	1.92	0.022	239.50	161.00	306.98	133.02	221.47	205.31	349.44	295.23
2	2	158.45	144.11	—	1.92	0.022	237.34	158.53	305.59	133.02	221.24	205.31	347.74	294.85
2	3	157.21	145.29	—	1.89	0.022	250.24	187.85	246.99	202.23	285.80	330.73	336.19	222.43
2	4	157.20	145.29	—	1.89	0.022	252.20	187.85	247.77	198.74	289.99	331.45	336.04	222.88
3	1	128.56	115.58	100.61	1.50	0.025	172.98	136.33	148.95	283.83	63.45	337.05	268.90	95.98
3	2	128.80	114.75	101.41	1.49	0.025	144.61	147.79	157.71	283.71	78.93	334.67	251.38	93.65
3	3	127.51	112.54	106.45	1.43	0.025	138.21	127.57	139.29	277.86	93.86	328.59	235.11	91.96
3	4	127.16	108.02	108.74	1.35	0.025	118.72	91.13	171.36	251.64	133.60	327.73	238.22	109.25
3	5	125.39	99.43	116.01	1.30	0.026	140.68	147.31	60.69	352.36	102.99	327.52	231.14	84.57
3	6	153.28	38.39	134.17	0.97	0.026	128.40	87.64	204.00	211.39	96.41	308.78	252.20	112.69

表 5-6 接地系统优化模态阻尼比和基频

辅助索数量	编号	ζ_1	ζ_2	ζ_3	ζ_4	ζ_5	ζ_6	ζ_7	ζ_8	ζ_9	ζ_{10}	f_1(Hz)
1	1	0.013	0.017	0.016	0.015	0.017	0.017	0.008	0.013	0.005	0.019	0.312
	2	0.013	0.017	0.016	0.015	0.017	0.017	0.008	0.013	0.005	0.019	0.312
	3	0.012	0.016	0.016	0.015	0.016	0.017	0.007	0.013	0.005	0.018	0.310
	4	0.012	0.016	0.015	0.016	0.016	0.016	0.007	0.012	0.005	0.018	0.307
	5	0.012	0.015	0.015	0.015	0.016	0.016	0.007	0.012	0.005	0.018	0.306
	6	0.010	0.014	0.014	0.014	0.014	0.015	0.007	0.013	0.005	0.010	0.302
	7	0.009	0.013	0.013	0.014	0.014	0.015	0.007	0.013	0.005	0.010	0.301
2	1	0.012	0.021	0.020	0.016	0.024	0.024	0.025	0.005	0.010	0.009	0.367
	2	0.012	0.021	0.020	0.016	0.024	0.024	0.025	0.005	0.010	0.009	0.367
	3	0.012	0.020	0.020	0.018	0.023	0.021	0.019	0.005	0.010	0.009	0.366
	4	0.012	0.020	0.020	0.018	0.023	0.021	0.019	0.005	0.010	0.009	0.366
3	1	0.011	0.016	0.030	0.029	0.030	0.030	0.014	0.014	0.005	0.005	0.393
	2	0.011	0.017	0.030	0.029	0.030	0.031	0.015	0.014	0.005	0.005	0.392
	3	0.011	0.017	0.031	0.030	0.031	0.030	0.017	0.011	0.010	0.005	0.387
	4	0.011	0.017	0.029	0.027	0.029	0.028	0.018	0.017	0.005	0.007	0.379
	5	0.011	0.018	0.028	0.028	0.025	0.028	0.016	0.017	0.005	0.007	0.373
	6	0.012	0.021	0.024	0.022	0.028	0.031	0.023	0.008	0.005	0.009	0.343

图5-14 辅助索接地系统参数优化后的振型

图 5-15 给出了安装不同数量辅助索的系统频率和阻尼比随模态阶数变化的情况。可见，系统频率随着辅助索数量的增加而显著增大。当辅助索不接地时，系统的基频略有增大，但其他高阶模态频率的增大更为显著。一般而言，辅助索连接延伸到地面有助于提高系统的频率。对于安装 3 根辅助索的系统，除基频外，接地与不接地系统的各阶模态频率均非常接近。图 5-15b) 给出了不同系统的阻尼比与模态阶数的关系。可以看到，不同情况下，前十阶模态阻尼比有很大的不同，且各系统高阶模态阻尼比相对较小。

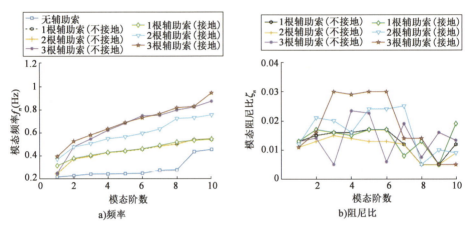

图 5-15 不同配置的系统动力特性对比

由图 5-15 可知，该案例中无论辅助索是否接地，系统目标阶模态都可以满足阻尼设计要求。接地对基频提升作用明显，对其他阶影响不明显。实际工程中，温度和车辆等活载引起的主梁跨中竖向变形可能导致接地辅助索受到极大的轴力，带来辅助索及其与斜拉索连接的损坏和疲劳问题。因此，大跨径斜拉桥辅助索不宜在靠近跨中位置与主梁相连。

上述分析表明，通过辅助索和阻尼器的参数和位置优化，能够使得索网系统的多阶模态阻尼同步增大并提高频率。优化后的辅助索布置可以使得低阶局部振动模态的能量聚集在与阻尼器直接相连的索段，因此使得局部振动模态具有较高的模态阻尼比，显示了该方法的有效性。本小节采用的优化方法同样适用于其他类型的索网系统的设计和优化[9,54]。

5.4.3 试验研究与应用

1) 模型试验

相比于斜拉索-阻尼器系统试验，斜拉索-辅助索系统和斜拉索-辅助索-阻尼器系统的试验研究相对较少，主要是因为此类试验要求较大的试验场地，现有试验研究主要采用缩尺模型进行测试。日本学者[14]最早开展了双拉索-索间连接的缩尺模型试验。试验拉索采用钢丝绳模拟，并采用质量块增大钢丝绳的分布质量，如图 5-16 所示。两根模型索分别长 2.0m

和 1.4m,均水平张拉。辅助索采用了两种不同刚度的钢丝绳模拟。通过自由衰减测试,研究了刚性和柔性辅助索对于系统阻尼的影响,并简单探讨了辅助索张力对系统频率和阻尼的影响。试验结果表明,刚性辅助索有助于增大系统频率,而采用柔性辅助索更有助于增大系统阻尼。

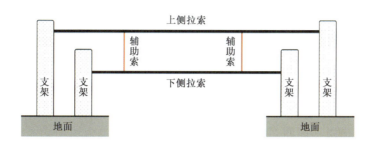

图 5-16 Yamaguchi 等试验布置[13]

图 5-17 所示为一个由 3 根拉索和 1 根辅助索组成的缩尺索网模型[3],3 根主索倾斜张拉,长度分别为 9.7m、8.9m 和 8.0m,采用钢丝绳上附加质量块模拟。辅助索与地面相连,采用钢绞线和橡胶块模拟。试验研究了辅助索的张拉方式、张拉力、刚度等参数对系统频率和阻尼的影响。索网结构模态频率的试验结果与理论分析基本一致,模态阻尼的试验结果与理论分析趋势相同。试验同样发现,采用柔性辅助索更有利于系统阻尼的提升,然而辅助索对系统阻尼的增大效果总体是十分有限的。因此,基于该索网模型,进一步开展了在不同位置安装阻尼器后的系统阻尼测试[8],验证了索网中安装阻尼装置对于提升系统多模态阻尼的可行性。

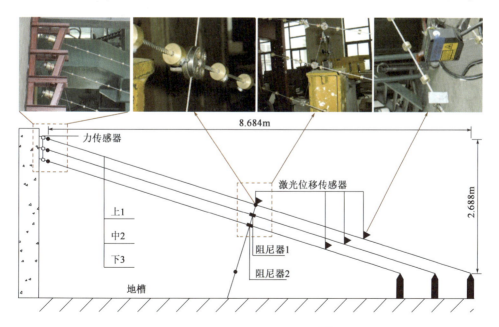

图 5-17 缩尺索网模型及其示意图[3]

现也有基于缩尺模型试验的斜拉索-辅助索-阻尼器混合减振系统研究。例如,Zhou 等[56]试验研究了由双斜拉索、一根不接地辅助索及下侧索近端点安装的黏滞阻尼器构成的索网系统。该模型中,主索仍然由钢丝绳和质量块组成,拉索长均为3.2m,倾斜张拉。试验分析了辅助索安装位置对于系统频率和阻尼的影响,以及阻尼器阻尼系数大小对于系统阻尼的影响。试验测得的系统阻尼和频率与理论结果接近。与未安装辅助索和阻尼器的单索相比,混合索网系统振动时,两索同相位振动的模态阻尼比更大,两索反相位振动的模态频率更高。类似的缩尺模型也用于研究形状记忆合金辅助索[57-58]。如图5-18所示,试验模型由两根拉索和一根形状记忆合金辅助索组成,拉索倾斜张拉、长度均为15m,主索由钢丝绳和质量块组成。辅助索采用形状记忆合金丝,连接两根拉索并锚固于地面。试验结果表明,形状记忆合金辅助索可显著增大系统频率,且在一定程度上可以增大系统阻尼,但效果不明显。

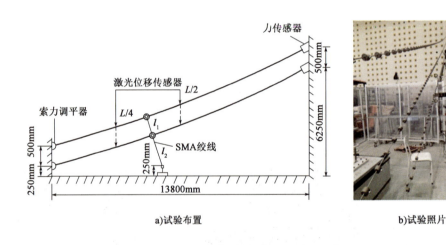

图5-18 缩尺模型试验[57-58]

近期,研究者建立了图5-19所示的由4根拉索组成的试验模型[59]。主索为单根钢绞线,长度均为3.37m,水平张拉。辅助索采用刚性杆和钢绞线(柔性辅助索)。试验分别测试了安装两种辅助索时系统的频率,验证了理论模型分析的准确性,讨论了拉索抗弯刚度对于系统频率的影响。与通常的自由振动试验不同,也有研究在风洞测试了辅助索对于拉索涡振的控制效果,采用了图5-20所示的模型,包含3根分别长6.2m、4.3m和3.2m的斜拉索,每根索模型采用钢丝绳为主芯,外层包裹透明塑料管模拟索的外形[60]。试验结果表明,在斜拉索与辅助索交接处设置黏弹性阻尼器可增大拉索的刚度和阻尼,从而显著减小斜拉索的涡激振动幅值。表5-7总结了斜拉索-辅助索系统的缩尺试验研究情况。

 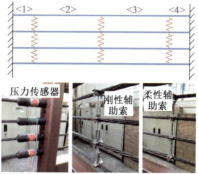

图 5-19 4 根拉索组成的试验模型[59]

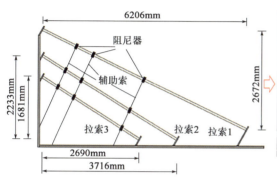 

a) 试验方案　　　　　　　　　　　　b) 风洞试验照片

图 5-20 3 根斜拉索组成的试验模型

斜拉索-辅助索系统的缩尺试验研究　　　　　　　　　　　　　　表 5-7

研究文献	模型概况	研究内容	主要结论
Yamaguchi 等[14]	2 根索和 2 根辅助索;索采用钢丝绳+质量块模拟;索长为 2.0m 和 1.4m;辅助索采用不同刚度的钢绞线模拟	辅助索刚度对系统阻尼的影响;简单探讨了辅助索张力对系统频率和阻尼的影响	刚性辅助索有助于增大系统频率,采用柔性辅助索更有助于增大系统阻尼
周亚刚[3]	3 根拉索和 1 根辅助索;索采用钢丝绳+质量块模拟;索长分别为 9.7m、8.9m 和 8.0m;辅助索采用钢绞线和橡胶绳模拟	研究辅助索的张拉方式、张拉力、刚度等参数对系统频率和阻尼的影响	采用柔性辅助索更有利于系统阻尼的增大,辅助索对系统阻尼的增大效果总体是十分有限的
何永龙[8]	与周亚刚[3]的试验模型相同	索网中安装阻尼器装置对于提升系统多模态阻尼的可行性	索网中阻尼器装置可以明显增大系统阻尼;阻尼器存在优化的阻尼参数及安装位置
Zhou 等[56]	2 根拉索、1 根辅助索和 1 个索端模型阻尼器;索采用钢丝绳+质量块模拟;索长均为 3.2m;辅助索采用钢丝绳	分析辅助索安装位置对于系统频率和阻尼的影响,以及器阻尼系数大小对于系统阻尼的影响	与未安装辅助索和阻尼器的单索相比,混合索网系统振动时,两索同相位振动的模态阻尼比更大,两索反相位振动的模态频率更高

续上表

研究文献	模型概况	研究内容	主要结论
周海俊等[57-58]	2根索和1根辅助索;索采用钢丝绳+质量块模拟;索长均为15m;辅助索采用形状记忆合金丝	研究形状记忆合金辅助索用于拉索减振的可行性	形状记忆合金辅助索显著增大系统频率,在一定程度上可以增大系统阻尼,但效果不明显
Chen等[59]	4根拉索和两根辅助索;索采用钢绞线模拟;拉索长度均为3.37m;辅助索采用钢杆和钢绞线模拟	主要用于验证理论计算结果	验证理论分析的准确性,刚性辅助索更有助于增大系统频率
Liu等[60]	3根拉索附加1~3根辅助索;索模型采用钢丝绳为主芯,外层包裹3层橡塑保温管并使用热塑管包裹;索长6.2m、4.3m和3.2m;辅助索采用钢丝绳	验证安装黏弹性阻尼器的阻尼型辅助索对斜拉索涡激振动的减振效果	斜拉索与辅助索交接处设置黏弹性阻尼器可通过增加拉索的刚度和阻尼来显著降低斜拉索的涡激振动

2) 实索试验

近期,研究者在缆索厂搭建了足尺多索系统测试平台[6,61]。首先,设计并加工了2个拉索支架,用于锚固3根试验拉索以及2根固定索,3根试验拉索的参数见表5-8。同时设计用于调节拉索长度的钳固支撑和用于安装索端阻尼器、辅助索以及传感器的支架。测试时,索一个锚固端安装索力传感器,另一端采用千斤顶张拉。实索试验主要装置及布置情况如图5-21所示。

足尺斜拉索-辅助索-阻尼器试验拉索参数   表5-8

编号 j	索长 $L_j(m)$	单位长度质量 $m_j(kg)$	直径 $D_j(m)$	初始索力 $H_j^0(kN)$
1	41.35	9.3	0.055	179.2
2	37.44	9.3	0.055	171.5
3	33.34	9.3	0.055	170.9

基于此试验平台,开展了系列斜拉索-辅助索-阻尼器体系试验,包括纯索网、纯辅助索体系以及辅助索-阻尼器混合体系试验;研究了辅助索位于不同位置时系统的频率和阻尼特性,实测的频率和理论分析吻合得较好,实测阻尼与理论值的差别相对较大。试验验证了辅助索预张力可导致系统一些模态频率降低的现象。斜拉索-辅助索-索端阻尼器系统试验表明,索端阻尼器对于系统整体振动模态及以连接阻尼器的索段振动为主的局部振动模态有较好的阻尼效果;相反,对于以其他索段振动为主的局部振动模态阻尼贡献不足。部分试验结果如图5-22所示,详细的试验结果以及与理论分析的对比参见文献[60-61]。

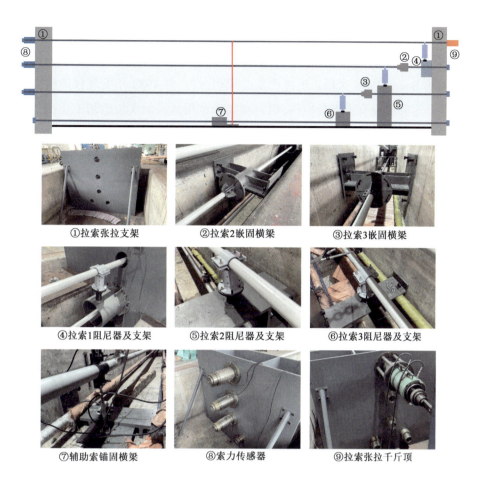

图 5-21 狄方殿等[6,9]开展的斜拉索-辅助索-阻尼器试验布置

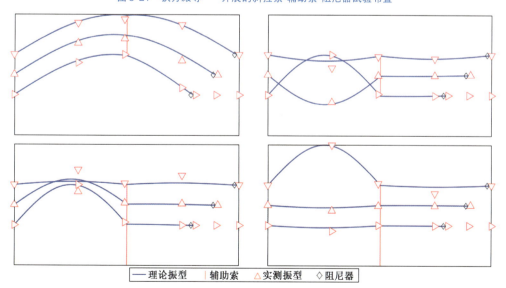

图 5-22 狄方殿等[6]斜拉索-辅助索-阻尼器试验部分振型结果

3) 实桥监测

如前文所述,目前采用辅助索进行减振的方法得到了一些应用。例如,美国佛罗里达州杰克逊维尔的 Dames Point 大桥出现过严重的风雨激振,在 1989 年安装辅助索之后成功解决了该问题。尽管已经有了部分应用,但对辅助索减振效果的实桥监测工作仍然较少。休斯敦的弗雷德·哈特曼大桥是一个典型的应用和监测案例。1997—2005 年间,在将辅助索应用于弗雷德·哈特曼大桥的过程中,研究者对该桥拉索进行了长期的振动监测,监测数据表明,辅助索对多种类型的斜拉索振动均有抑制效果。同时,监测结果也揭示了辅助索作为斜拉索减振策略的一些局限性,即辅助索无法控制拉索振型驻点接近其安装位置的特殊振动模态,原因在于这些振动模态中的能量不能有效地重新分配到相邻拉索的其他振动模态中。此外,辅助索本质上仅在平面内工作,其对拉索面外振动的调控有限。监测数据也显示辅助索对斜拉索面外振动控制不足。最后,监测也发现辅助索无法抑制桥面振动诱导的斜拉索在平面外方向上的振动。新增索端阻尼器后,15 个月的监测数据显示,斜拉索只出现了数量有限的中等振幅振动事件,但是斜拉索的面外振动情况依然存在。

5.4.4 需进一步研究的问题

对于斜拉索-辅助索-阻尼器系统,还有很多值得继续研究的内容,本小节列出了以下几点:

(1) 分析辅助索及阻尼器非线性对于系统振动特性的影响。考虑实际辅助索和阻尼器可能存在非线性特征,例如辅助索存在松弛的可能、阻尼器性能具有幅频依赖性等特点。

(2) 分析斜拉索-辅助索-阻尼器系统风荷载作用下的受迫振动响应。根据桥址风环境确定拉索系统所承受的不利风荷载,为确定阻尼器及辅助索的行程和预张力等设计参数提供依据。

(3) 考虑斜拉索空间分布的斜拉索-辅助索-阻尼器系统动力分析。在实际斜拉桥以及异形斜拉梁或拉索支撑构筑物中,拉索不满足同一平面布置的假设,因此对空间布置的斜拉索采用辅助索和阻尼器协同措施减振也是后续研究方向之一。

(4) 研究辅助索和阻尼器协同减振措施对于斜拉索面外振动的控制效果。辅助索措施的不足之处在于,对斜拉索的面外振动控制效果差,分析辅助索和阻尼器协同减振措施对于拉索面外振动控制效果具有意义。

(5) 设计并制造适用于实际工程的辅助索装置是实现工程应用的前提。

(6) 基于实际工程进行辅助索和阻尼器减振措施的优化设计,并进行实桥拉索的长期振动监测。采用本书介绍的方法进行实际工程拉索减振设计,进行实桥的辅助索和阻尼器安装。通过长期拉索振动监测检验设计方法及组合减振措施的实际效果是必要的后续工作。

本章参考文献

[1] CARACOGLIA L,JONES N P. In-plane dynamic behavior of cable networks. Part 1:formulation and basic solutions[J]. Journal of Sound and Vibration,2005,279(3-5):969-991.

[2] CARACOGLIA L,JONES N P. In-plane dynamic behavior of cable networks. Part 2:prototype prediction and validation[J]. Journal of Sound and Vibration,2005,279(3-5):993-1014.

[3] 周亚刚.斜拉索-辅助索系统动力特性和减振研究[D].上海:同济大学,2007.

[4] CARACOGLIA L,ZUO D. Effectiveness of cable networks of various configurations in suppressing stay-cable vibration[J]. Engineering Structures,2009,31(12):2851-2864.

[5] BOSCH H R,PARK S W. Effectiveness of external dampers and crossties in mitigation of stay cable vibrations[C]. Proceedings of the 6th International Symposium on Cable Dynamics. AIM (Electrical Engineers Association of the Montefiore Institute),Liège,Belgium,2005: 115-122.

[6] DI F D,SUN L,CHEN L,et al. Frequency and damping of hybrid cable networks with crossties and external dampers:Full-scale experiments[J]. Mechanical Systems and Signal Processing,2023(197):110397.

[7] CARACOGLIA L,JONES N P. Passive hybrid technique for the vibration mitigation of systems of interconnected stays[J]. Journal of Sound and Vibration,2007,307(3-5):849-864.

[8] 何永龙.斜拉索-辅助索动力性能分析及减振试验研究[D].上海:同济大学,2010.

[9] 狄方殿.斜拉索分布式减振体系理论分析与试验研究[D].上海:同济大学,2022.

[10] VIRLOGEUX M. Recent evolution of cable-stayed bridges[J]. Engineering Structures, 1999,21(8):737-755.

[11] EHSAN F,SCANLAN R H. Damping stay cables with ties[C]. Proceedings of the 5th US-Japan Bridge Workshop,Tsukuba,Japan,1989:203-217.

[12] YAMAGUCHI H,JAYAWARDENA L. Analytical estimation of structural damping in cable structures[J]. Journal of Wind Engineering and Industrial Aerodynamics,1992,43(1-3): 1961-1972.

[13] YAMAGUCHI H, NAGAHAWATTA H D. Damping effects of cable cross ties in cable-stayed bridges[J]. Journal of Wind Engineering and Industrial Aerodynamics,1995(54): 35-43.

[14] YAMAGUCHI H,ALAUDDIN M,POOVARODOM N. Dynamic characteristics and vibration

control of a cable system with substructural interactions[J]. Engineering Structures,2001, 23(10):1348-1358.

[15] YAMAGUCHI H,ALAUDDIN M. Control of cable vibrations using secondary cable with special reference to nonlinearity and interaction[J]. Engineering Structures,2003,25(6): 801-816.

[16] 魏建东,杨佑发. 辅助索制振效果的有限元分析[J]. 中国公路学报,2000,13(4):66-69.

[17] 黄继民. 大跨度斜拉桥辅助索减振研究[D]. 上海:同济大学,2001.

[18] VIRLOGEUX M. State-of-the-art in cable vibrations of cable-stayed bridges[J]. Bridge Structures,2005,1(3):133-168.

[19] SUN L,SHI C,ZHOU H,et al. Vibration mitigation of long stay cable using dampers and cross-ties[C]. Proceedings of the 6th International Symposium on Cable Dynamics. AIM (Electrical Engineers Association of the Montefiore Institute), Liège, Belgium, 2005: 443-450.

[20] SUN L,HUANG H,HE Y,et al. Simulations on cross-ties for vibration control of long span cable-stayed bridges[C]. Proceedings of the International Conference on Computing in Civil and Building Engineering. 2010:535.

[21] NAKAMURA A,KASUGA A,ARAI H. The effects of mechanical dampers on stay cables with high-damping rubber[J]. Construction and Building Materials,1998,12(2-3): 115-123.

[22] SUN L,HONG D,CHEN L. Cables interconnected with tuned inerter damper for vibration mitigation[J]. Engineering Structures,2017(151):57-67.

[23] ZHOU P,LIU M,XIAO H,et al. Feasibility of using a negative stiffness damper to two interconnected stay cables for damping enhancement[J]. International Journal of Structural Stability and Dynamics,2019,19(6):1950058.

[24] JING H,HE X,ZOU Y,et al. In-plane modal frequencies and mode shapes of two stay cables interconnected by uniformly distributed cross-ties[J]. Journal of Sound and Vibration, 2018(417):38-55.

[25] ZHOU H,SUN L,XING F. Free vibration of taut cable with a damper and a spring[J]. Structural Control and Health Monitoring,2014,21(6):996-1014.

[26] AHMAD J,CHENG S. Effect of cross-link stiffness on the in-plane free vibration behaviour of a two-cable network[J]. Engineering Structures,2013(52):570-580.

[27] AHMAD J,CHENG S. Impact of key system parameters on the in-plane dynamic response of

a cable network[J]. Journal of Structural Engineering,2014,140(3):4013079.

[28] AHMAD J,CHENG S. Analytical study on in-plane free vibration of a cable network with straight alignment rigid cross-ties[J]. Journal of Vibration and Control,2015,21(7):1299-1320.

[29] AHMAD J,CHENG S,GHRIB F. An analytical approach to evaluate damping property of orthogonal cable networks[J]. Engineering Structures,2014(75):225-236.

[30] AHMAD J,CHENG S,GHRIB F. Effect of the number of cross-tie lines on the in-plane stiffness and modal behavior classification of orthogonal cable networks with multiple lines of transverse flexible cross-ties[J]. Journal of Engineering Mechanics,2016,142(4):4015106.

[31] AHMAD J,CHENG S,GHRIB F. Impact of cross-tie design on the in-plane stiffness and local mode formation of cable networks on cable-stayed bridges[J]. Journal of Sound and Vibration,2016(363):141-155.

[32] AHMAD J,CHENG S,GHRIB F. Combined effect of external damper and cross-tie on the modal response of hybrid two-cable networks[J]. Journal of Sound and Vibration,2018(417):132-148.

[33] AHMAD J,CHENG S,GHRIB F. Generalized approach for the formulation of analytical model of hybrid cable networks[J]. Journal of Engineering Mechanics,2018,144(6):4018035.

[34] ZHOU H,ZHOU X,YAO G,et al. Free vibration of two taut cables interconnected by a damper[J]. Structural Control and Health Monitoring,2019,26(10):2423.

[35] ZHOU H J,WU Y H,LI L X,et al. Free vibrations of a two-cable network inter-supported by cross-links extended to ground[J]. Smart Structures and Systems,2019,23(6):653-667.

[36] ZHOU H,YANG X,SUN L,et al. Free vibrations of a two-cable network with near-support dampers and a cross-link[J]. Structural Control and Health Monitoring,2015,22(9):1173-1192.

[37] ZHOU H,SUN L,XING F. Free vibration of taut cable with a damper and a spring[J]. Structural Control and Health Monitoring,2014,21(6):996-1014.

[38] LI X,CHENG Z,WANG Z,et al. Free vibration of a taut cable with a parallel-connected viscous mass damper and a grounded cross-tie[J]. Journal of Low Frequency Noise,Vibration and Active Control,2022,41(3):982-995.

[39] SUN L,HONG D,CHEN L. In-plane free vibrations of shallow cables with cross-ties[J].

Structural Control and Health Monitoring,2019,26(10):2421.

[40] DI F,SUN L,CHEN L. In-plane dynamic behaviors of two-cable networks with a pretensioned cross-tie[J]. Structural Control and Health Monitoring,2021,28(7):2755.

[41] DI F,CHEN L,SUN L. Free vibrations of hybrid cable networks with external dampers and pretensioned cross-ties[J]. Mechanical Systems and Signal Processing,2021(156):107627.

[42] YOUNESPOUR A,CHENG S. In-plane modal responses of two-cable networks considering cable bending stiffness effect[J]. Engineering Structures,2021(230):111691.

[43] YOUNESPOUR A,CHENG S. Combined effect of cable sag and bending stiffness on in-plane modal behavior of two horizontal shallow cables connected by an elastic cross-tie[J]. Engineering Structures,2022(266):114617.

[44] YOUNESPOUR A,CHENG S. In-plane modal behavior of a single shallow flexible cable with an intermediate transverse elastic support[J]. Journal of Sound and Vibration,2022(534):117093.

[45] ZHANG L,YANG S,CHEN F,et al. Parametric dynamic analysis of a double-hanger system via rigid cross-ties in suspension bridges[J]. Structures,2022(37):849-857.

[46] GIACCU G F,BARBIELLINI B,CARACOGLIA L. Parametric study on the nonlinear dynamics of a three-stay cable network under stochastic free vibration[J]. Journal of Engineering Mechanics,2015,141(6):4014166.

[47] GIACCU G F,BARBIELLINI B,CARACOGLIA L. Stochastic unilateral free vibration of an in-plane cable network[J]. Journal of Sound and Vibration,2015(340):95-111.

[48] GIACCU G F,CARACOGLIA L. Effects of modeling nonlinearity in cross-ties on the dynamics of simplified in-plane cable networks[J]. Structural Control and Health Monitoring,2012,19(3):348-369.

[49] GIACCU G F,CARACOGLIA L. Generalized power-law stiffness model for nonlinear dynamics of in-plane cable networks[J]. Journal of Sound and Vibration,2013,332(8):1961-1981.

[50] GIACCU G F,CARACOGLIA L,BARBIELLINI B. Modeling "unilateral" response in the cross-ties of a cable network:Deterministic vibration[J]. Journal of Sound and Vibration,2014,333(19):4427-4443.

[51] CARACOGLIA L,GIACCU G F,BARBIELLINI B. Estimating the standard deviation of eigenvalue distributions for the nonlinear free-vibration stochastic dynamics of cable networks[J]. Meccanica,2017(52):197-211.

[52] GIACCU G F, CARACOGLIA L, BARBIELLIMI B. Higher-order moments of eigenvalue and eigenvector distributions for the nonlinear stochastic dynamics of cable networks[J]. Procedia Engineering, 2017(199):637-642.

[53] CHEN L, XU Y, SUN L. A component mode synthesis method for reduced-order modeling of cable networks in cable-stayed bridges[J]. Journal of Sound and Vibration, 2021(491):115769.

[54] DI F, SUN L, CHEN L. Optimization of hybrid cable networks with dampers and cross-ties for vibration control via multi-objective genetic algorithm[J]. Mechanical Systems and Signal Processing, 2022(166):108454.

[55] KRENK S. Vibrations of a taut cable with an external damper[J]. Journal of Applied Mechanics, 2000, 67(4):772-776.

[56] ZHOU H J, YANG X, SUN L, et al. Free vibrations of a two-cable network with near-support dampers and a cross-link[J]. Structural Control and Health Monitoring, 2015, 22(9):1173-1192.

[57] 周现宝. 形状记忆合金辅助索-拉索系统动力特性研究[D]. 深圳:深圳大学, 2019.

[58] YANG X, ZHOU H J, YANG X, et al. Shape memory alloy strands as cross-ties: Fatigue behavior and model-cable net tests[J]. Engineering Structures, 2021(245):112828.

[59] CHEN W, ZHANG Z, ZHEN X, et al. Effect of bending stiffness on the in-plane free vibration characteristics of a cable network[J]. Journal of Mechanical Science and Technology, 2020(34):4439-4463.

[60] LIU M, YANG W, CHEN W, et al. Experimental investigation on vortex-induced vibration mitigation of stay cables in long-span bridges equipped with damped crossties[J]. Journal of Aerospace Engineering, 2019, 32(5):4019072.

[61] CHEN L, QIN L, DI F, et al. Full-scale experimental study on dynamic behaviors of a three-cable network with a pretensioned cross-tie[J]. Engineering Structures, 2023(281):115731.

第 6 章
斜拉索减振效果测试

6.1 概　　述

实际工程中,在拉索阻尼器参数设计和实施安装阶段,都需要开展试验,检测阻尼器的性能以及其对斜拉索的减振效果。试验主要分3类,即阻尼器单体性能试验、阻尼器单体疲劳试验和阻尼器实索减振效果测试。阻尼器单体性能试验主要是通过测试其在强迫位移作用下的出力,绘制力-位移、力-速度关系曲线,分析其阻尼、刚度以及非线性特性,依据其特性和测试参数值,采用理论模型估计其减振效果,与设计要求进行对比[1-2]。阻尼器单体疲劳试验则是为了检验阻尼器单体以及连接部件的耐久性[3]。阻尼器实索减振效果测试是指在工厂或者实桥上将阻尼器安装到拉索上,测试其对拉索的减振效果,分析安装阻尼器前后斜拉索的阻尼值[4],并将其与设计值以及理论预测值进行对比,作为全桥推广应用或者施工验收的依据。此外,随着桥梁健康监测系统的普及,一些重要桥梁工程常在部分拉索上安装加速度传感器来进行长期的斜拉索振动监测。表6-1总结了斜拉索阻尼器减振效果测试所涉及的试验类型、试验仪器以及目的。

斜拉索阻尼器减振效果测试　　表6-1

试验类型	主要仪器	目的	适用阶段
阻尼器单体性能试验	液压伺服机等	评价阻尼器单体的性能,提取阻尼器关键参数	设计阶段,专项检测中抽检
阻尼器单体疲劳试验	液压伺服机等	检验阻尼器单体以及连接等构件的耐久性	设计阶段
阻尼器减振效果测试	传感器、采集设备、激振器等	验证实索减振效果、减振系统施工验收	设计阶段、施工完成,以及专项检测
斜拉索振动监测	加速度传感器等	监测长期减振效果	使用阶段

本章主要介绍阻尼器单体性能试验和阻尼器实索减振效果测试。其中,阻尼器单体测试包括阻尼器单体的性能测试和疲劳测试,阻尼器实索减振效果测试包括拉索-阻尼器系统测试和实桥监测。尽管本章主要介绍阻尼器和斜拉索-阻尼器系统的测试方法,但采用的设备、仪器及方法同样可以为辅助索、减振锤等装置及其减振效果的测试提供参考。

6.2 阻尼器单体性能测试

6.2.1 阻尼器单体性能试验

一般采用图 6-1 所示的伺服试验机对斜拉索阻尼器进行单体性能测试。图 6-1 中,试验机的上端为固定支架,能够上下移动以适应阻尼器的长度,固定端安装了测力传感器,可以采集阻尼器的出力数据;试验机下端为作动头,可以根据输入的位移信号作动。试验机内置的位移传感器能够测量作动头的位移,即阻尼器单体的变形。对于大部分斜拉索阻尼器,伺服试验机的最大出力达到 100kN 可满足试验需求,同时,试验机加载的频率范围需要覆盖 0～20Hz,试验机位移和出力的采样频率需要达到 100Hz 以上,对于高频加载的工况,应适当提高数据采样频率。

图 6-1 用于阻尼器性能和疲劳试验的伺服试验机

在试验之前,将阻尼器的两端分别与试验机的固定端和作动端连接,一般有螺纹连接和夹具连接两种,需要根据试验机的连接形式进行适配。对于有铰接部件的阻尼器,为了更准确地测试阻尼器单体的性能,应将实桥阻尼器的铰接部件与阻尼器单体组装好后一起进行测试。试验时,输入正弦位移信号,需要设定正弦信号的频率(或周期)和幅值,然后开启加载并持续至少 10 个周期,记录试验过程中阻尼器单体的位移和出力。在试验中,应实时观测阻尼器的出力表现,特别对于黏性剪切阻尼器,建议增大测试的周期数,直到出力的幅值达到稳定后停止该工况的试验。

由于阻尼器实际的力学性能通常具有频率、振幅依赖性,因此需要测试不同频率和幅值情况下的力-位移曲线[4]。对于温度敏感型阻尼器,还需要在不同温度下开展不同频率和幅值的动力加载试验,以全面获取阻尼器单体的性能信息。频率和幅值的加载范围需要根据目标拉索的振动频率以及阻尼器的行程进行设置。

以表6-2所示的目标斜拉索为例,该索的基频为0.28Hz,高阶模态频率为$0.28n$Hz(n为阶数)。针对3Hz以下风雨激振模态振动控制,阻尼器单体性能试验的加载频率可以选择0.28Hz、0.56Hz、1.13Hz和3.10Hz,分别对应索的1、2、4和11阶振动。加载的幅值依据拉索的各阶振动的允许振幅以及阻尼器的安装位置来确定,此处测试了0.5mm、1mm、2mm、5mm、10mm和20mm的情况,考虑拉索高阶振动幅值相对较小,加载频率大时最大测试幅值可以减小。该阻尼器性能测试的加载工况见表6-3,表中每个黑色方框对应一个特定的工况条件。例如,左上角的黑色方框所代表的工况参数为:加载幅值0.5mm,加载频率0.28Hz。

目标斜拉索参数　　　　表6-2

索长L（m）	单位长度质量m（kg）	张力T（kN）	截面面积A（mm^2）	倾角θ（°）	截面直径D（mm）	基频（Hz）
454.1	77.7	5099.0	9275	27	139	0.28

阻尼器加载工况　　　　表6-3

频率	幅值					
	0.5mm	1mm	2mm	5mm	10mm	20mm
0.28Hz	■	■	■	■	■	■
0.56Hz	■	■	■	■	■	■
1.13Hz	■	■	■	■	■	■
3.10Hz	■	■	■	■	■	■

试验结束后,可以得到不同测试温度下,给定加载频率和幅值工况下的一组时间序列、位移和出力时程数据。这些数据可用于分析不同工况下阻尼器单体的力学行为,进一步研究阻尼器性能对频率和振幅的依赖性、阻尼器的非线性特征以及受温度的影响等。此处,主要介绍工程设计中常用的阻尼器参数提取方法以及应用。

对针对目标拉索参数所设计的阻尼器进行了24个工况的试验,获得了24组时间、位移和出力的数据。为了便于工程设计和验证,对于黏滞阻尼器、黏性剪切阻尼器和磁流变阻尼器,均可采用如下的黏弹性阻尼器模型拟合力-位移关系,提取阻尼器的刚度和阻尼系数。阻尼器的出力$F_d(t)$表示为:

$$F_d(t) = k_d u(t) + c_d \dot{u}(t) \tag{6-1}$$

式中:$u(t)$——阻尼器加载位移信号,m;
　　　$\dot{u}(t)$——阻尼器变形的速度,m/s;
　　　k_d——估计的阻尼器刚度系数,N/m;

c_d——估计的阻尼器阻尼系数，N·s/m。

上述拟合公式需要用到加载下阻尼器变形的速度$\dot{u}(t)$，该变量一般在试验中不会直接测量，但是可以根据记录的$u(t)$采用差分或者其他方法获取。对于不同加载工况，采用上式估计的刚度、阻尼系数可能存在较大差异，即阻尼器单体的力学行为表现出对频率和幅值依赖性。图6-2所示为阻尼器在加载2mm幅值时对应4种加载频率的力-位移和力-速度曲线。

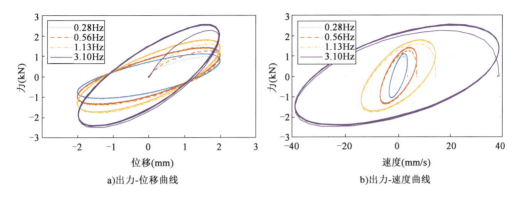

a)出力-位移曲线　　　b)出力-速度曲线

图6-2　某阻尼器单体性能试验结果

采用式(6-1)拟合出如图6-2所示的曲线，估计得到4个加载频率下阻尼器单体的刚度和阻尼系数，即图6-3中的"＊"点。可见，加载的幅值不变，阻尼器单体的刚度系数随频率增大而增大，阻尼系数随着频率增大而减小。进一步，可以采用曲线拟合测试的数据点，得到刚度系数k_d与阻尼系数c_d随着频率f变化的近似关系为：$k_d = 648.4(2\pi f)^{0.4141}$ kN/m，$c_d = 85.98(2\pi f)^{-0.7132}$ kN·s/m，如图6-3中的实线所示。

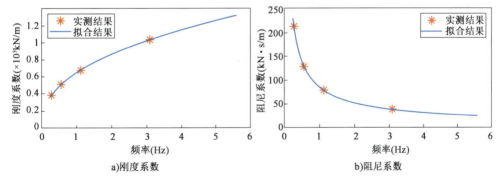

a)刚度系数　　　b)阻尼系数

图6-3　阻尼器参数实测值与拟合结果

在获取了阻尼器的刚度和阻尼系数等关键性能参数后，可采用第4章给出的公式和方法来估计该阻尼器对目标拉索的多阶模态阻尼效果。首先，根据表6-4所示的拉索参数得到斜拉索的模态频率。对于阻尼器单体性能测试中未能被覆盖的频率，可以利用上述刚度和阻尼系数的拟合式，推算对应索各阶振动模态频率时阻尼器刚度和阻尼系数值，然后代入阻尼计算公式，即可得到拉索各阶模态的阻尼比。表6-4列出了阻尼器安装在目标拉索总长(454.1m,表6-2)2.36%位置时实桥测试获得的各阶振动模态下的附加阻尼值,以及拉索未安装阻尼器时的阻尼值。通过比较安装阻尼器前后拉索阻尼值的差异可以得出阻尼器的实际附加阻尼效果。可以看到,拉索附加阻尼的理论估计值与实测值比较吻合,具体的实索阻尼测试方法将在本书 6.3 节作详细介绍。

拉索多模态阻尼理论估计与现场试验结果的对比　　　　表6-4

模态阶数	未安装阻尼器		安装阻尼器			理论估计
	频率(Hz)	阻尼比(%)	频率(Hz)	阻尼比(%)	附加阻尼比(%)	附加阻尼比(%)
2	—	—	0.537	1.500	—	0.447
3	0.815	0.087	0.830	0.521	0.434	0.416
4	1.082	0.037	1.123	0.498	0.461	0.395
5	1.350	0.052	1.392	0.456	0.404	0.378
6	1.654	0.061	1.660	0.464	0.403	0.365
7	1.913	0.044	1.929	0.432	0.388	0.354
8	2.185	0.034	2.197	0.401	0.367	0.346
9	2.458	0.038	2.466	0.423	0.384	0.339
10	2.731	0.043	2.734	0.362	0.319	0.333
11	3.005	0.058	3.027	0.400	0.342	0.329
12	3.278	0.074	3.320	0.470	0.396	0.326
15	4.094	0.058	4.199	0.427	0.370	0.324
20	5.457	0.072	5.566	0.464	0.392	0.341

6.2.2 阻尼器单体疲劳试验

在桥梁运营期间,拉索阻尼器除了由于拉索振动引起往复变形外,在车辆等活荷载作用下,也承受大幅低频荷载,因此需要开展疲劳试验,测试其疲劳性能。疲劳试验仍可以采用图 6-1 所示的伺服试验机,但是需要进行长时间的加载。疲劳试验的相关要求与要点如下:

(1)采用正弦波加载,加载位移 $u = u_0 \sin(2\pi ft)$;

(2)加载频率 f 依据目标拉索主要振动频率进行确定,一般不小于1Hz,加载幅值 u_0 可以取为 5mm;

(3)进行不少于 200 万次完整位移循环运动;

(4) 对阻尼器温度进行监测,可以采取降温和散热措施,超出阻尼器适用环境温度范围,则暂停试验。

以下介绍某黏滞阻尼器疲劳试验的案例。图6-4显示,该黏滞阻尼器安装在疲劳试验机上。试验加载频率为4Hz,位移幅值为1mm,一共进行了400万次的位移循环加载[3]。图6-5a)绘制了10万次、200万次、400万次加载循环后阻尼器的力-位移滞回曲线。可见,该阻尼器的阻尼力-位移曲线饱满光滑,并且在多次加载后曲线重合度较高,表明其性能稳定、耐久性较好。图6-5b)给出了整个疲劳试验过程中,阻尼器温度和试验室室内温度,以及二者之差。可见,在试验的开始阶段阻尼器温度逐渐上升,然后稳定在47℃左右,最终达到了耗能和散热的平衡。

图6-4 黏滞阻尼器疲劳试验[3]

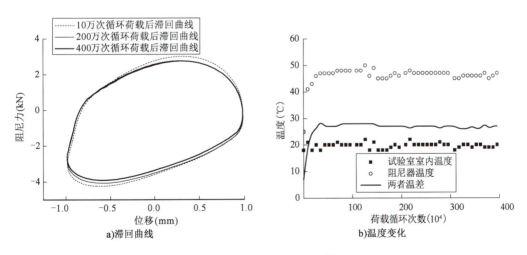

a) 滞回曲线　　b) 温度变化

图6-5 阻尼器疲劳试验结果[3]

在疲劳性能试验中,除了直接对比力-位移曲线、力-速度曲线之外,还可以提取不同加载次数时阻尼器的关键性能参数进行对比。此外,为了全面反映阻尼器系统的疲劳性能,宜将实桥的连接部件与阻尼器组装好,安装在试验机上一同开展疲劳性能测试。

6.3 斜拉索阻尼测试

完成阻尼器的单体性能试验后,在产品交付验收前,需要在工厂或实桥上开展实索-阻尼器系统减振试验,获取拉索实际的附加阻尼值,进行综合评定和验收。本节介绍斜拉索阻尼的测试方法,以及常用的传感器设备、激振设备和数据处理方法。

6.3.1 自由衰减测试方法

斜拉索阻尼测试中最常用的方法是自由衰减测试。测试的步骤一般如下[4]:①在索上安装传感器,完成采集系统的调试,开始采集数据;②环境激振下采集拉索的振动数据,分析获得准确的拉索振动频率;③根据拉索的振动频率,确定激振位置和频率,开始单阶激振,当索振动达到一定幅值时停止激励,让振动自由衰减;④现场保存索振动数据,后续分析获得拉索各阶振动频率和阻尼。

1) 测试仪器与设备

目前主要采用加速度传感器和位移传感器来获取拉索的振动信息。在早期的测试工作中常使用有线加速度传感器,如图6-6a)所示。由于测试的拉索很长,有线加速度传感器的采集传输线也相应变长,因而布设有线加速度传感器相当耗时,且大量传输数据线不方便运输。近期开始逐渐采用无线加速度传感器,如图6-6b)所示。早期的加速度传感器多为单向振动采集,因而需要在斜拉索面内和面外振动方向分别安装一个加速度传感器,现在的无线加速度传感器可同时测量3个方向的振动,一个位置只需安装一个。加速度传感器的量程通常要达到±5g,采样频率不小于100Hz。在工厂内,加速度传感器可沿着整个索长分设,典型布设点有1/2点、1/4点、1/6点和阻尼器安装点等。在实桥上,通常采用登高车将加速度传感器安装在距离桥面10m高的索上,由于主要关注索的低阶振动,如果能尽可能提高加速度传感器的安装位置,将能够提升拉索阻尼测试的信噪比,进而提高拉索阻尼估算精度。

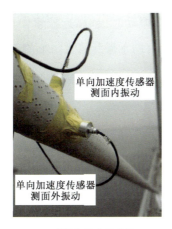

a)有线加速度传感器　　　　　　b)无线加速度传感器

图 6-6　实际桥梁斜拉索测试时采用的加速度传感器

除了使用加速度传感器外,实索和实桥试验中也使用位移传感器来测量拉索的振动。早期常使用拉线式位移传感器,现如今多采用激光式位移传感器。图 6-7 所展示的微型激光位移传感器,采用了光学三角测量的测量原理,部分通过扩散反射从目标物体出射的光线在定位检测组件上产生一个光点,这个光点会随目标物体的位移而发生变化。通过测量光点的波动,可以测量目标物体的距离,从而获取振动位移数据。在工厂试验时,位移传感器可以进行多点布设,布设点与加速度传感器相似,在跨中布设的位移传感器的量程需要达到100mm以上。实桥试验时,由于位移传感器的安装需要支架,一般仅在阻尼器位置附近安装位移传感器,用于测量阻尼器的变形,此时位移传感器的量程应该达到50mm。加之考虑阻尼器会随整个桥梁变形而变形(详细见第7章),位移数据的测量的采样频率也应达到100Hz以上。

a)激光式位移传感器　　　　　　b)现场安装

图 6-7　实桥采用位移传感器测试阻尼器处拉索振动位移

在实桥的拉索试验中,可采用微波雷达等新型非接触远程测量设备来获取拉索更高点位的振动幅值,如图6-8所示。由于当拉索低阶振动时,越靠近拉索中点其位移响应就越大,所以微波雷达获取到拉索的高点振动信息将有助于提升拉索阻尼测试的信噪比,进而提高拉索阻尼估算的精度。

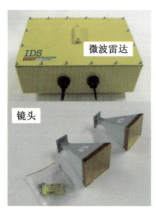

a)微波雷达装置及配件　　　　b)微波雷达架设使用
　　　　　　　　　　　　　　　（苏通长江公路大桥）

图6-8　采用微波雷达测量拉索位移用于阻尼计算

在斜拉索-阻尼器系统减振试验中,可采用力传感器(图6-9)直接采集阻尼器在工作时的出力,从而评价阻尼器系统的性能。其一般用于工厂的试验中,实桥试验时使用较少。

a)力传感器　　　　　　　　　b)力传感器安装

图6-9　索-阻尼器试验中阻尼力的测量

所有传感器采集的信号需要通过有线或者无线传输的方式接入便携式计算机或者服务器以便显示查看和存储。数据采集系统包括采集软件及采集设备。对于各种传感器,一般有特定的接口以及配套的软件。采用微波雷达进行索振动测试时,还需配置专门的软件接收和解析来自微波雷达的振动信号,并对其进行预处理和分析,提取和存储拉索的振动位移,用于后续的展示和分析。

2) 激振方法和设备

斜拉索激振方法主要包括 4 种,即环境激振、人工激振、索激振器激振及主梁激振,以下分别介绍。

(1) 环境激振。

环境激振法是指在模型索、足尺索振动试验中,不采用特定的激振源,测量索在环境激振下的振动,然后进行频谱分析,获得索振动的模态频率。获得的频率通常与采用设计索力和索参数计算得到的频率接近,实测频率为后续的单阶模态激振提供依据。

随着结构健康监测技术的发展,许多大跨径桥梁的拉索上安装了加速度传感器,采集环境激振下索的振动加速度数据,同样可以通过模态分析等算法从环境激振中提取出斜拉索的模态阻尼。例如,2002 年,Ko 等[5]基于洞庭湖大桥的 A11 号索开展了自然环境激振数据分析,采用单阶频响函数峰值拟合方法,获取了索前 40 阶模态的阻尼。研究发现,索自身的阻尼约为 0.1%,前 5 阶模态的阻尼随模态阶数的增加而减小,而后阻尼随着模态阶数升高略有提升。同时还发现,拉索的阻尼随着振幅的增大略有降低。在安装磁流变阻尼器后[6],他们还采用了自由衰减测试方法,获取了不同输入电压情况下拉索前 20 阶模态的阻尼,并详细分析了拉索阻尼随着振幅增加的变化情况。

(2) 人工激振。

斜拉索激振还可采用人工激振的方式。在实桥试验中,通常采用起重机等方式将细钢丝绳绕在索上并拖至一定高度,然后在桥面上使用人力以固定的节拍反复拉拽钢丝绳,从而使拉索出现某一阶次的振动。这种人工激振方法已经在许多大桥上得到应用。根据作者的工作经验,可以通过这种方法获得 547m 拉索在 0.5~2.7Hz 振动模态范围的阻尼,但前提是需要将钢丝绳调节到与目标振动模态对应的激振部位[4]。图 6-10、图 6-11 展示了实桥应用钢丝绳的人工激振。

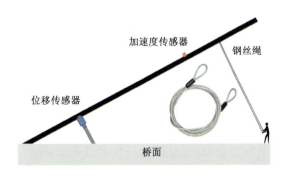

图 6-10 实桥人工激振方案

图 6-11　实桥照片（苏通长江公路大桥）

在人工激振过程中，施加激振力的位置对激振效果至关重要。在工厂试验时，试验人员可以根据目标激振的阶次选择在拉索的 1/2 点、1/4 点或 1/6 点激振，如图 6-12 所示。而在实桥上由于登高条件的限制使得人工激振的点通常靠近索梁端的锚固点。为了提升激振效果，工程师们采取了一些创新措施。例如，2010 年，在西班牙 Alamillo 大桥[7]上采用了起重机上的人工激振方式，如图 6-13 所示。这种方式使得激振力更加靠近索的中部，从而提升了对于索低阶振动的激励效果。

图 6-12　缆索厂人工直接激振　　　图 6-13　起重机上人工激振（西班牙 Alamillo 大桥）[7]

(3) 索激振器激振。

在斜拉索的阻尼测试中，使用激振器进行激振是常见的方法之一。图 6-14 所示为一种斜拉索专用激振器，采用惯性力激振，它直接安装在斜拉索上，通过线性电机驱动可移动部分，产生惯性力对索进行激振。在昂船洲大桥和苏通长江公路大桥等桥梁上，也使用了斜拉索专用激振器获取索的多模态振动阻尼[4]。该设备激振频率范围为 0～20Hz，可移动部件不附重时为 13kg，安装上所有的附重（不锈钢板）后为 49.6kg，最大出力为 500N。试验开始时,试验人员利用车载起重机将激振器安装在斜拉索上尽可能高的位置。在试验过程中,试验人员通过控制箱和信号发生器,对目标索振动模态进行激振。试验现场使用的激振器控制箱和信号发生器见图6-15。

a)索专用激振器及控制箱

b)利用车载吊车安装激振器

c)激振器在昂船洲大桥上应用

d)激振器在苏通大桥上使用

图6-14 斜拉索专用激振器及应用

a)激振器控制箱

b)信号发生器

图6-15 试验现场使用的激振器控制箱和信号发生器

另外,也有研究人员开发了其他类型的索激振器,如图6-16所示。其中,图6-16b)所示的激振器通过电机驱动,使连杆和附加质量在拉索面内进行周期性旋转。连杆和附加质量的惯性力会周期性地施加在垂直于索方向的平面内,产生激振力[8]。在试验中,使用这种激振器可以成功激起11.8m拉索的前两阶模态振动。

a)激振器

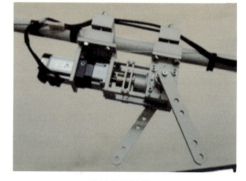
b)旋转式惯性激振器[8]

图6-16 其他类型的斜拉索激振器

除了上述直接将激振器固定在拉索上进行激励的方法之外,在实桥试验中还有一种采用偏心轮与钢丝绳连接的拉索激振方法,如图6-17所示。通过电机激振一段时间后,采用脱钩装置松开钢丝绳,让斜拉索自由振动。相比于在索上安装激振器的方法,这种方法的安装操作更加方便。然而,由于钢丝绳只能传递拉力而不能传递推力,很难实现正弦形式的激振力,故可能导致同时激发多个模态的振动。此外,大跨径桥梁整体刚度较小,在受到车辆等荷载作用时,索与主梁之间的间距可能会发生变化,从而影响激振效果。这种方法也在大跨径桥梁上得到应用[6,9]。

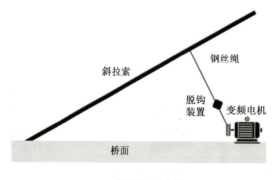
a)实桥激振示意图

b)缆索厂试验中的应用

图6-17 采用钢丝绳结合偏心轮的拉索激振方法

(4)主梁激振。

在实际工程中,还有通过激励主梁来间接激发拉索振动的方法。例如,西班牙Alamillo大桥采用了设置障碍物的方式[7],利用重型货车经过障碍物时产生的跳车效应来激励桥梁主梁的振动,如图6-18所示。主梁的振动间接引起了拉索的振动。近年来,学者进一步提出了基于连续跳车的主梁激振方法[10]。但应注意到,采用这种间接激励的方法难以控制激励拉索的目标模态,因此需要进行进一步研究。同时,由于大跨径主梁的质量较大,激振主梁本身仍然是一个具有挑战性的问题。

图6-18 基于跳车的桥梁主梁激振间接激励拉索振动(西班牙 Alamillo 大桥)[7]

6.3.2 斜拉索振动数据分析与阻尼提取

1)自由衰减信号处理方法

实际激振获取的斜拉索的振动信号往往以目标模态振动为主,但同时包含多个其他模态振动的成分。因此,需要首先进行滤波,提取单阶模态振动信号,以估计该阶模态阻尼比。

以下是总体的数据分析步骤:

(1)截取自由衰减段时程信号;
(2)频谱分析获取目标阶模态准确频率;
(3)采用带通滤波器等方式滤波;
(4)拾取单频信号衰减段的包络线;
(5)采用指数函数进行拟合获取阻尼。

基于自由衰减信号提取阻尼的步骤如图6-19所示,进行曲线拟合时采用如下函数形式:

$$\tilde{v}(t) = A_0 \exp(-\tilde{\zeta}\tilde{\omega}t) \tag{6-2}$$

式中:A_0——幅值系数,m;

$\tilde{\zeta}$——估算的阻尼值;

$\tilde{\omega}$——频谱中读取的目标模态的频率值,rad/s。

估算的模态阻尼比$\tilde{\zeta}$与对数衰减率δ间满足如下的关系式:

$$\tilde{\delta} = 2\pi\tilde{\zeta} \tag{6-3}$$

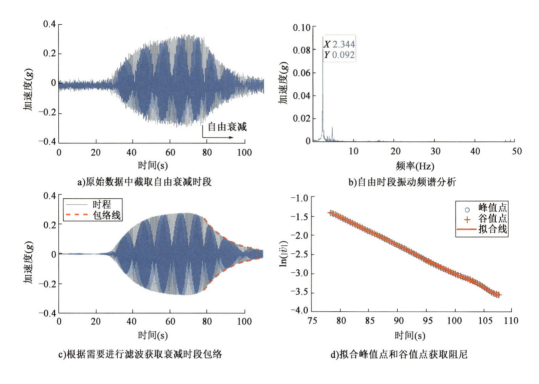

图 6-19 基于自由衰减信号提取阻尼的步骤[1]

在实际分析中,对于自由衰减信号的包络线,也可以进行分段拟合。即将整个自由衰减过程分成多个数据段,每个数据段都拟合一个局部的阻尼值,这样可以得到阻尼随着振幅变化的曲线,诠释阻尼随着斜拉索振幅改变的变化规律。

除了采用上述拟合方法之外,可以直接拾取峰/谷值点进行计算,对于图 6-20 中展示的按对数衰减的时程曲线,在其上连续的取峰值点,由下式可以得到对数衰减率:

$$\tilde{\delta}_j = \frac{1}{N}\ln\left(\frac{A_j}{A_{j+N}}\right) \tag{6-4}$$

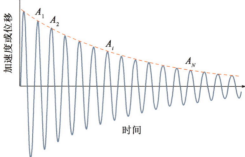

图 6-20 直接采用峰值点计算对数衰减率

式中：N——两个峰值点间隔的周期数目；

A_j——第j个峰值点的振幅。

实际试验测试获取的信号并非理想的自由衰减曲线，一次试验的时程曲线可能不会完全按照对数衰减规律变化。在分析和展示时，可通过取对数坐标，将曲线的指数衰减部分转换为直线，然后在曲线段上找到线性度较好的区段，并用该区段对应的时称曲线拟合对数衰减率。

2）模态识别方法

对于采用多个传感器分布在拉索不同位置进行振动观测的情况，可以采用经典的模态识别算法进行阻尼分析，例如特征系统实现算法[11]、随机子空间算法[12]。从试验以及监测数据中提取阻尼的方法目前仍然是一个重要的研究课题，例如近期学者提出的基于贝叶斯的方法[13]。

6.4 斜拉索振动的长期监测

随着桥梁结构监测技术的发展，斜拉索振动监测已经成为桥梁健康监测系统一个重要的组成部分。一般监测斜拉索在靠近梁端锚固点附近的面内、面外振动加速度。基于加速度监测可以获得拉索即时和长期的振动状态，判断阻尼器实际减振效果，检验特殊状况（如台风天气等）下阻尼器的控制效果，及时发现减振装置的异常情况。另外，对于拉索高阶涡振，其振动频率较高，难以采用自由衰减方式获得拉索涡振模态的阻尼比，因此监测也成为必需的验证手段。图6-21所示为典型斜拉索振动监测采用的加速度传感器布设形式，此案例中加速度传感器布设在距离桥面10m高度的位置。除了斜拉索自身振动的监测，桥梁健康监测系统一般会在主梁、主塔上设置振动监测点，对桥梁风环境、降雨、车辆等信息进行监测，这些信息能为斜拉索的振动机理研究、振动类型研判及减振效果评价提供更全面的数据支撑。

图6-21 监测斜拉索振动的加速度传感器布置

图 6-22 给出了苏通长江公路大桥某根斜拉索安装黏性剪切阻尼器后在夏季和冬季的振动监测数据分析结果,具体对比了 2019 年 8—9 月和 2020 年 1—2 月索面内和面外振动加速度日均方根值。由图 6-22 可知,除了斜拉索出现较大幅度的高阶涡振的时段,冬季和夏季索振动加速度均方根值无明显差别,这间接反映了黏性剪切阻尼器在冬夏两季对斜拉索的减振效果无明显差别。此外,斜拉索在冬季出现高频涡振的频次以及振幅均相对减小。

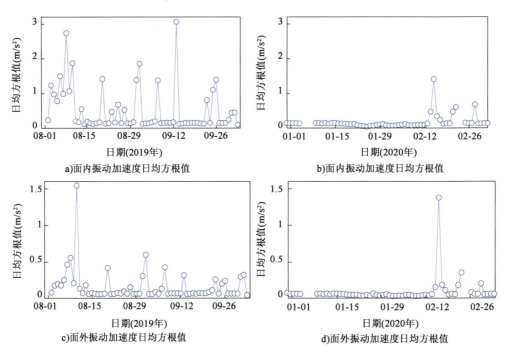

图 6-22 斜拉索典型振动监测数据分析结果

6.5 斜拉索阻尼测试

6.5.1 斜拉索固有阻尼

斜拉索的固有阻尼是减振设计的关键参数。然而索固有阻尼与其类型、锚固形式、振动频率等相关,尚无确定的取值方法。根据美国联邦公路局的报告[14],裸索的固有阻尼(阻尼比)可能在 0.05%~1% 之间,实际运营桥梁中的桥梁拉索,阻尼比在 0.1%~0.5% 之间。国际和国内规范对索固有阻尼也有不同规定。

(1)法国预应力委员会(CIP)规范规定[15],平行钢绞线索的对数衰减率为 0.9%~

1.2%,平行钢丝和平行钢绞线加上柔性护套的对数衰减率为 0.6%~1.8%;采用砂浆填充的平行钢丝和平行钢绞线对数衰减率为 0.05%~0.1%,多层钢绞线索对数衰减率为 0.3%~0.6%。

(2)国际结构混凝土协会(FIB)规范考虑[16],单根具有防护的受拉构件对数衰减率为 0.5%~1%,平行钢丝对数衰减率为 0.1%~0.5%,灌砂浆索对数衰减率为 0.05%~0.5%。

(3)美国后张预应力协会(PTI)规范[17]指出,索自身阻尼比在 0.05%~0.3%之间。

(4)我国的《公路桥梁抗风设计规范》(JTG/T 3360-01—2018)[18]推荐索自身阻尼比取 0.1%。

本章前文介绍的阻尼测试方法可以用于获取斜拉索的固有阻尼。现有研究中已有大量斜拉索固有阻尼的测试结果。图 6-23 绘制了多座桥梁拉索测试获取的固有阻尼值[16-19]与振动频率的关系曲线。可见,斜拉索固有阻尼均在 0.4%以下,且随着频率的增加,固有阻尼有明显减小的趋势。拟合这些数据,可以得到如下的关系表达式(如图 6-23 中的虚线所示)[20]:

$$\zeta = \frac{0.003517}{f + 3.524} \tag{6-5}$$

式中:ζ——索的模态阻尼比;

f——索模态频率,Hz。

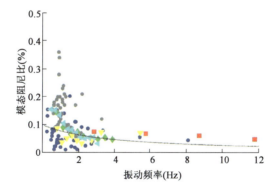

图 6-23 文献调研获取的斜拉索固有阻尼-振动频率关系图

由于高频高阶模态激振困难,索高阶模态振动阻尼的数据较少,需要在未来继续获取积累数据。

6.5.2 斜拉索阻尼器系统测试

本小节以昂船洲大桥斜拉索阻尼器设计阶段开展的斜拉索-阻尼器试验为例,介绍实索-阻尼器试验以及阻尼估算方法。试验采用一根长 228.555m 的拉索,具体参数如表 6-5 所示,

表中 δ_{max} 为理想黏滞阻尼器安装在 l_1 位置时,索单阶模态振动能获得的最大阻尼比对应的对数衰减率。

昂船洲大桥斜拉索阻尼器系统测试采用的索参数 表6-5

$L(m)$	$T(kN)$	$m(kg/m)$	$D(mm)$	$f(Hz)$	$l_1(mm)$	$l_1/L(\%)$	δ_{max}
228.555	5200	60.474	127 ($\phi 7 \times 187$)	0.642	7.696	3.39	0.0106
				1.283	5.840	2.57	0.0801
				1.925	3.400	1.50	0.0470

试验设备包括力传感器、电阻式位移传感器、激光式位移传感器以及数据采集系统等。采用人工激振方式获得拉索的前三阶振动时程,各自分别在 $L/2$、$L/4$、$L/6$ 处竖向激励。当拉索的振幅达到一定程度时释放,测量拉索在自由衰减过程中的位移和加速度。测量 $L/2$、$L/4$、$L/6$ 以及阻尼器安装位置处的竖向和(或)侧向加速度、位移,并测量阻尼器的阻尼力。此外,在拉索振动时测量了阻尼器支架的变形,以分析阻尼器的支架刚度及其影响。试验总体布置如图6-24所示,测试工况见表6-6。试验采用油阻尼器(图6-25),阻尼器安装位置有3处,分别为 $l_1=7.696m$(位置A),$l_1=5.840m$(位置B)和 $l_1=3.40m$(位置C)。图6-26所示为试验现场的拉线式位移传感器安装和数据采集系统的照片。

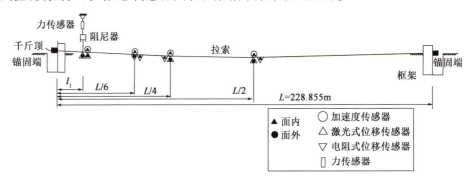

图6-24 昂船洲斜拉索阻尼器减振试验总体布置图

昂船洲大桥斜拉索阻尼器系统测试工况 表6-6

工况	说明
NoD	无阻尼器
SDA	在位置A安装单个阻尼器
SDB	在位置B安装单个阻尼器
SDC	在位置C安装单个阻尼器
SDC-support	在位置C安装单个阻尼器(测量阻尼器支架变形)

完成了表6-6所示的工况试验后,采用了6.3.2节所述的方法,计算了阻尼器在斜拉索不同振幅下的附加阻尼值。图6-27a)所示为安装阻尼器前拉索1阶振动时跨中的位移时程,对应图6-27b)为位移时程的频谱。采用图6-20所示的方法获取索1阶模态振动对数衰减率随振

幅的变化曲线,可见对数衰减率在 0.0008 附近,且随着振幅减小有减小的趋势[图 6-27c)]。采用类似的方法,分析 2 阶振动、3 阶振动时拉索在四分点、六分点的位移时程,可以得到索在 2 阶、3 阶振动时的对数衰减率(图 6-28),得到的索固有阻尼与振幅之间的关系与 1 阶的情况类似。

a)试验油阻尼器

b)阻尼器的安装

图 6-25　斜拉索阻尼器减振试验采用的油阻尼器及其安装

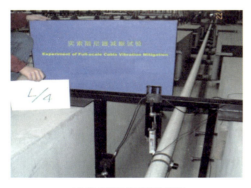
a)拉线式位移传感器的安装

b)数据采集系统

图 6-26　斜拉索阻尼器减振试验中传感器的安装和数据采集系统

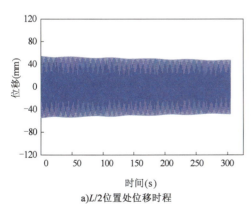
a)$L/2$ 位置处位移时程

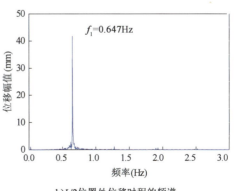
b)$L/2$ 位置处位移时程的频谱

图　6-27

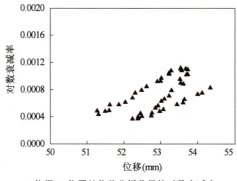

c)依据L/2位置处位移分析获得的对数衰减率

图6-27 斜拉索1阶振动信号及固有阻尼提取结果

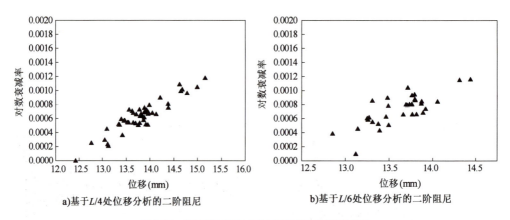

a)基于L/4处位移分析的二阶阻尼　　　　　b)基于L/6处位移分析的二阶阻尼

图6-28 斜拉索2阶和3阶振动固有阻尼测试结果

安装阻尼器后,增加了对阻尼器出力以及阻尼器支架变形的观测。以阻尼器安装在B位置时1阶振动测试为例(图6-29):首先得到L/2处的位移时程,然后进行频谱分析,获取阻尼随着斜拉索跨中位移幅值的变化规律,同时可以绘制图6-29d)所示的阻尼器力-位移曲线,观测阻尼器的工作性能。由图6-29c)可见,在斜拉索振幅不超过10mm时,附加阻尼随着振幅增大有所改善;当拉索振幅超过10mm,附加阻尼比较稳定,对应的对数衰减率在0.07附近。

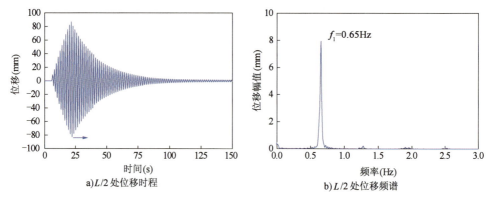

a)L/2处位移时程　　　　　　　　b)L/2处位移频谱

图 6-29

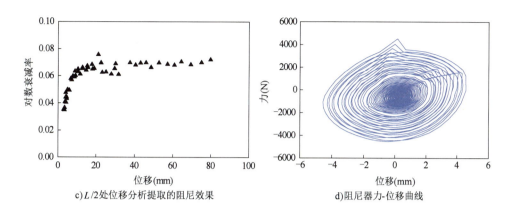

c) $L/2$ 处位移分析提取的阻尼效果

d) 阻尼器力-位移曲线

图 6-29 斜拉索在 B 位置安装阻尼器后 1 阶振动测试结果

在斜拉索 2 阶、3 阶振动测试中,采用类似的分析方法,得到的阻尼效果亦类似,分别采用测量的位于索 $L/4$ 和 $L/6$ 处的索位移进行阻尼分析,如图 6-30、图 6-31 所示。这两阶振动幅值达到一定数值后,附加阻尼对应的对数衰减率分别稳定在 0.05 和 0.04 附近。可见,随着模态阶数升高,阻尼器的阻尼效果有所降低,这是由于该阻尼器的系数主要针对 1 阶振动进行优化,而对于 2 阶、3 阶振动阻尼系数则大于对应阶次的最优阻尼系数。图 6-32 展示了在 3 阶振动中测量的阻尼器支架位移,可见该位移总体较小,表明阻尼器支架具有足够的刚度。由于支架具有足够的刚度,因此 1 阶振动稳定后获取斜拉索的对数衰减率为 0.07,比较接近理论最大值 0.08。阻尼器安装在 A 和 C 位置时的测试数据分析方法类似,限于篇幅,此处不再详细介绍。

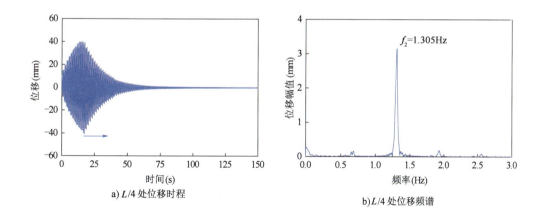

a) $L/4$ 处位移时程

b) $L/4$ 处位移频谱

图 6-30

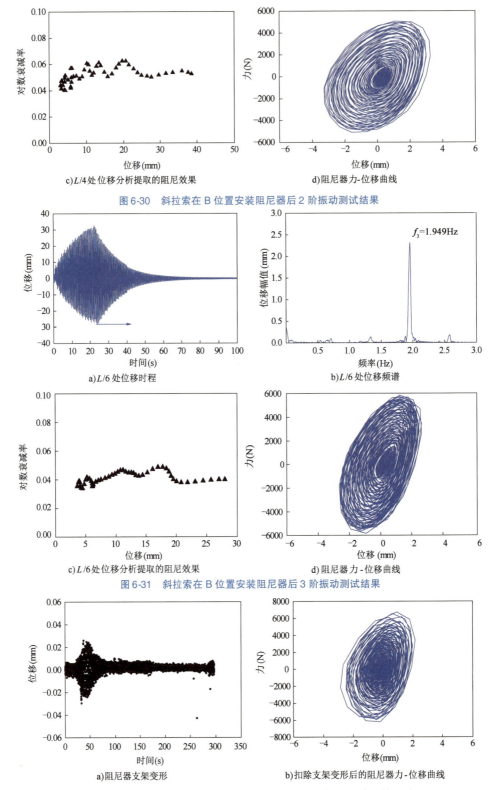

c) $L/4$ 处位移分析提取的阻尼效果

d) 阻尼器力-位移曲线

图 6-30 斜拉索在 B 位置安装阻尼器后 2 阶振动测试结果

a) $L/6$ 处位移时程

b) $L/6$ 处位移频谱

c) $L/6$ 处位移分析提取的阻尼效果

d) 阻尼器力-位移曲线

图 6-31 斜拉索在 B 位置安装阻尼器后 3 阶振动测试结果

a) 阻尼器支架变形

b) 扣除支架变形后的阻尼器力-位移曲线

图 6-32 斜拉索在 B 位置安装阻尼器后 3 阶振动测试时支架变形的观测

本章参考文献

[1] 周海俊.斜拉索振动控制理论与试验研究[D].上海:同济大学,2009.

[2] 周海俊,孙利民,周亚刚.应用油阻尼器的斜拉索实索减振试验研究[J].公路交通科技,2008,25(6):55-59.

[3] 梁栋,孙利民,黄洪葳,等.大跨度斜拉桥拉索减振阻尼器的试验研究[J].土木工程学报,2009,42(8):91-97.

[4] CHEN L,SUN L,XU Y,et al. A comparative study of multimode cable vibration control using viscous and viscoelastic dampers through field tests on the Sutong bridge[J]. Engineering Structures,2020(224):111226.

[5] KO J M,ZHENG G,CHEN Z Q,et al. Field vibration tests of bridge stay cables incorporated with magnetorheological (MR) dampers[C]. In:Smart Structures and Materials 2002:Smart Systems for Bridges,Structures,and Highways. Bellingham,WA:International Society for Optics and Photonics,2002(4696):30-40.

[6] CHEN Z Q,WANG X Y,KO J M,et al. MR damping system for mitigating wind-rain induced vibration on Dongting Lake cable-stayed bridge[J]. Wind and Structures,2004,7(5):293-304.

[7] CASAS J R,APARICIO A C. Rain-wind-induced cable vibrations in the Alamillo cable-stayed bridge (Sevilla,Spain). assessment and remedial action. Structure and Infrastructure Engineering,2010,6(5):549-556.

[8] KYE S,JUNG H J,JUNG H Y. Experimental investigation on a cable structure equipped with an electrodynamic damper and its monitoring strategy through energy harvesting[J]. Sensors,2019,19(11):2631.

[9] WANG Y,CHEN Z,YANG C,et al. A novel eddy current damper system for multi-mode high-order vibration control of ultra-long stay cables[J]. Engineering Structures,2022(262):114319.

[10] 华旭刚,周洋,杨坤,等.基于连续跳车激振的大跨度桥梁阻尼识别研究[J].铁道科学与工程学报,2017,14(8):1664-1673.

[11] CHEN L,QIN L,DI F,et al. Full-scale experimental study on dynamic behaviors of a three-cable network with a pretensioned cross-tie[J]. Engineering Structures,2023(281):115731.

[12] 周海俊,刘俊辉,杨夏,等.基于监测数据的斜拉索模态参数变异性分析[J].湖南大学学报(自然科学版),2022,49(5):55-63.

[13] 封周权,张吉仁,王亚飞,等.环境激励下斜拉索阻尼识别的贝叶斯方法研究[J].中国公路学报,2023,36(7):114-124.

[14] KUMARASENA S,JONES N P,IRWIN P,et al. Wind-induced Vibration of Stay Cables[R]. Technical Report Technical Report FHWA-HRT-05-083. McLean,VA:Federal Highway Administration,2005.

[15] Setra Cable Stays. Recommendations of French Interministerial Commission on Prestressing[S]. Bagneux Cedex,France:Recommendation,Center des Techniques des Ouvraes d'Art,2022.

[16] MUTSUYOSHI H,CABALLERO A,BRAND W,et al. Acceptance of cable systems using prestressing steels. Recommendation[M]. Germany:The International Federation for Structural Concrete(FIB),2019.

[17] PTI DC-45. Cable-Stayed Bridge Committer. DC45.1-18:Recommendations for Stay Cable Design,Testing,and Installation[S]. Farmington Hills:Post-Tensioning Institute,2018.

[18] 中华人民共和国交通运输部.公路桥梁抗风设计规范 JTG/T 3360-01—2018[S]. 北京:人民交通出版社股份有限公司,2018.

第 7 章

苏通长江公路大桥斜拉索减振系统设计与升级

7.1 苏通长江公路大桥概况

7.1.1 桥梁概况

苏通长江公路大桥位于江苏省东部南通市和苏州市（常熟）之间，是国家重点干线公路 G15 跨越长江的重要通道，也是江苏省公路主骨架的重要组成部分。苏通长江公路大桥全长 32.4km，主跨跨径为 1088m[1-2]，于 2008 年 5 月底建成通车，是当时世界上跨径最大的斜拉桥（实景照片见图 7-1）。

图 7-1　苏通长江公路大桥实景照片

苏通长江公路大桥斜拉索为空间双索面扇形结构，图 7-2 为桥梁的立面图。大桥斜拉索采用 1770MPa 平行钢丝斜拉索。每个塔两侧各布置 34 对斜拉索，最大索长为 577m，质量接近 59t。全桥 272 根拉索分为 PES7-139、PES7-151、PES7-187、PES7-199、PES7-223、PES7-241、PES7-283 和 PES7-313 八种规格，各规格索和对应编号详见表 7-1，斜拉索编号见图 7-3。为确保斜拉索在其设计寿命内免受腐蚀，采用多层防腐结构，包括双层高密度聚乙烯护套、高强度聚酯纤维带、聚氟乙烯和镀锌高强度钢丝。在主要荷载组合的情况下，斜拉索容许拉应力为极限强度的 40%，安全系数大于 2.5，并要求应力幅小于 200MPa。设计中允许任何一根斜拉索突然失效或正常替换。

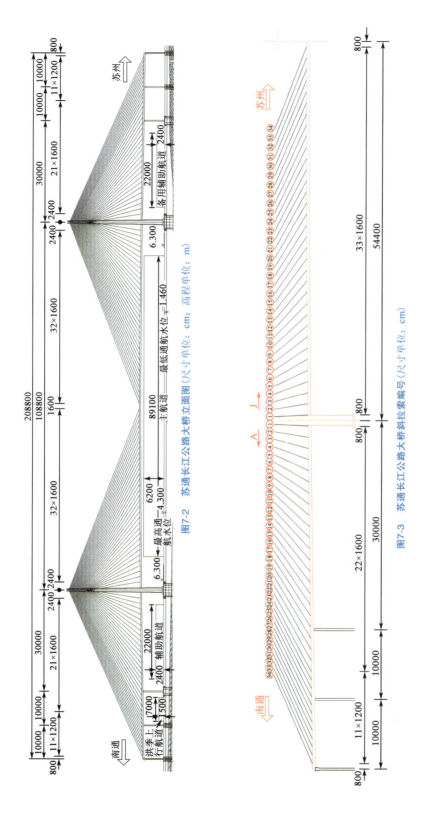

图7-2 苏通长江公路大桥立面图（尺寸单位：cm；高程单位：m）

图7-3 苏通长江公路大桥斜拉索编号（尺寸单位：cm）

苏通长江公路大桥斜拉索规格汇总表　　　　　表 7-1

规格	直径（mm）	单位长度质量（kg）	斜拉索编号 岸侧（A）	斜拉索编号 江侧（J）
PES7-139	112	44.90	A4～A7	J3～J7
PES7-151	116	48.50	A3、A8、A9	J1、J2、J8、J9
PES7-187	127	60.80	A1、A2、A10～A14	J10、J11～J14
PES7-199	130	64.50	A15、A16	J15、J17～J19
PES7-223	139	72.60	A17～A24	J16、J20～J24
PES7-241	142	77.65	A25～A30	J25、J26～J27
PES7-283	152	91.33	A31、A32、A33	J28～J32
PES7-313	161	100.82	A34	J33、J34

全桥 272 根拉索的长度、单位长度质量和索力等参数见表 7-2。

斜拉索参数　　　　　表 7-2

编号	索规格	截面面积（mm²）	单位长度质量（kg）	索长度（m）	倾角（°）	索力（kN）
A1	PES7-187	7197	60.80	153.51	82.8	3477.5
A2	PES7-187	7197	60.80	155.30	79.2	3165.0
A3	PES7-151	5812	48.50	158.61	74.6	2902.5
A4	PES7-139	5350	44.90	164.74	70.0	2799.0
A5	PES7-139	5350	44.90	171.65	65.4	2809.5
A6	PES7-139	5350	44.90	181.47	61.2	2741.5
A7	PES7-139	5350	44.90	192.17	57.4	2856.0
A8	PES7-151	5812	48.50	203.48	54.0	2998.0
A9	PES7-151	5812	48.50	215.49	51.0	3021.2
A10	PES7-187	7197	60.80	227.93	48.1	3502.0
A11	PES7-187	7197	60.80	240.76	45.6	3626.0
A12	PES7-187	7197	60.80	253.95	43.4	3716.5
A13	PES7-187	7197	60.80	267.43	41.4	3803.5
A14	PES7-187	7197	60.80	281.26	39.5	3959.0
A15	PES7-199	7658	64.50	295.24	37.8	4042.5
A16	PES7-199	7658	64.50	309.44	36.3	4169.5
A17	PES7-223	8582	72.60	323.81	34.7	4266.0
A18	PES7-223	8582	72.60	338.34	33.6	4388.5
A19	PES7-223	8582	72.60	353.02	32.2	4490.0
A20	PES7-223	8582	72.60	367.81	31.1	4550.5
A21	PES7-223	8582	72.60	382.72	30.1	4660.5
A22	PES7-223	8582	72.60	397.73	29.2	4667.0
A23	PES7-223	8582	72.60	412.82	28.3	4684.0
A24	PES7-223	8582	72.60	424.49	27.7	4680.0
A25	PES7-241	9275	77.65	435.07	27.1	4779.5

续上表

编号	索规格	截面面积（mm^2）	单位长度质量（kg）	索长度（m）	倾角（°）	索力（kN）
A26	PES7-241	9275	77.65	446.68	26.8	4842.0
A27	PES7-241	9275	77.65	458.41	26.3	4978.0
A28	PES7-241	9275	77.65	470.26	25.7	5046.5
A29	PES7-241	9275	77.65	481.96	25.3	5289.0
A30	PES7-241	9275	77.65	493.72	24.9	5376.0
A31	PES7-283	10891	91.33	505.68	24.3	6034.0
A32	PES7-283	10891	91.33	517.44	24.0	6231.0
A33	PES7-283	10891	91.33	529.22	23.8	6277.0
A34	PES7-313	12045	100.82	541.14	23.4	6860.0
J1	PES7-151	5812	48.50	153.27	82.8	3299.0
J2	PES7-151	5812	48.50	154.60	79.2	3088.0
J3	PES7-139	5350	44.90	157.47	74.5	2803.0
J4	PES7-139	5350	44.90	163.20	69.8	2687.0
J5	PES7-139	5350	44.90	169.77	65.1	2656.5
J6	PES7-139	5350	44.90	179.26	60.8	2695.5
J7	PES7-139	5350	44.90	189.67	57.0	2713.0
J8	PES7-151	5812	48.50	200.73	57.3	2902.0
J9	PES7-151	5812	48.50	212.51	50.3	3005.5
J10	PES7-187	7197	60.80	224.76	47.3	3247.5
J11	PES7-187	7197	60.80	237.42	44.8	3312.5
J12	PES7-187	7197	60.80	250.45	42.5	3516.0
J13	PES7-187	7197	60.80	263.81	40.5	3728.5
J14	PES7-187	7197	60.80	277.51	38.6	3878.5
J15	PES7-199	7658	64.50	291.39	36.8	4002.5
J16	PES7-223	8582	72.60	305.48	35.1	4126.5
J17	PES7-199	7658	64.50	319.77	33.8	4161.5
J18	PES7-199	7658	64.50	334.22	32.6	4182.5
J19	PES7-199	7658	64.50	348.83	31.3	4198.0
J20	PES7-223	8582	72.60	363.56	30.0	4312.5
J21	PES7-223	8582	72.60	378.41	29.1	4302.5
J22	PES7-223	8582	72.60	393.36	28.1	4340.0
J23	PES7-223	8582	72.60	408.41	27.2	4476.5
J24	PES7-223	8582	72.6	423.56	26.3	4729.5
J25	PES7-241	9275	77.65	437.68	25.5	4989.0
J26	PES7-241	9275	77.65	452.91	24.8	5099.0
J27	PES7-241	9275	77.65	468.20	24.1	5129.0
J28	PES7-283	10891	77.65	483.77	23.2	5372.5
J29	PES7-283	10891	91.33	499.13	22.6	5531.0
J30	PES7-283	10891	91.33	514.57	22.1	5699.0

续上表

编号	索规格	截面面积（mm²）	单位长度质量（kg）	索长度（m）	倾角（°）	索力（kN）
J31	PES7-283	10891	91.33	530.03	21.6	5950.0
J32	PES7-283	10891	91.33	545.54	21.1	6240.0
J33	PES7-313	12045	100.82	561.26	20.5	6500.0
J34	PES7-313	12045	100.82	576.77	20.2	6285.0

7.1.2 斜拉索减振设计与升级概况

苏通长江公路大桥作为世界上第一座千米级斜拉桥，自建设期开始就非常重视斜拉索的减振设计，包括拉索气动外形的风洞试验、阻尼器的性能测试、实桥拉索减振测试以及拉索长期振动监测等。苏通长江公路大桥斜拉索减振系统设计与升级是一个成功的案例，可为其他大跨径斜拉桥拉索减振设计提供有益的经验。表7-3简要列出了与拉索的阻尼器减振相关的研究和实测工作，后续章节将对这些工作进行具体的介绍。

围绕苏通长江公路大桥斜拉索阻尼器减振开展的相关工作　　表7-3

时间	研究和试验工作	目的和主要结论
建设期,2004年左右	1. 精细化阻尼器设计理论； 2. 国内外阻尼器单体性能和足尺拉索试验； 3. 辅助索减振效果分析与试验研究	1. 建立了考虑阻尼器刚度和支撑柔度的设计方法； 2. 通过10余种阻尼器试验，确定阻尼器设计效率系数为50%，为阻尼器选型提供依据； 3. 完成辅助索预案设计
施工期,2008年	全桥阻尼器安装后的效果验收	1. 实桥测试实施的阻尼器的阻尼效果达到设计要求； 2. 发现并开始关注索的高阶涡振问题
运营期,2019年	1. 原阻尼器实桥测试； 2. 国产阻尼器性能和实桥测试	1. 原阻尼器存在性能退化以及连接件磨损； 2. 国产黏滞阻尼器和黏性剪切阻尼器基本满足风雨激振控制要求的附加阻尼比
运营期,2019年	涡振处置方案研究： 1. 国产内置橡胶阻尼器的性能和实桥效果测试； 2. 多多罗大桥使用的橡胶阻尼器的实桥安装、测试和监测	1. 国产内置阻尼器耗能性能较差，安装方式难以适应各索导管口的情况； 2. 对三根长索进行试验性安装，显著抑制了高阶振动，并且对外置阻尼器低阶减振效果负面影响可控； 3. 对一根短索进行试验性安装，日常涡振减振效果明显
运营期,2019年	黏性剪切阻尼器低温试验	1. 低温下阻尼器性能有所变化，总体上能满足减振需求； 2. 对已经安装的黏性剪切阻尼器进行长期监测，未发现索在冬、夏季节的振动有明显差别
减振系统升级,2019—2020年	1. 外置阻尼器更换； 2. 内置阻尼器的更换和增设	完成全桥更换阻尼器的验收
运营期,2019年至今	部分拉索的长期振动监测	监测结果表明，升级后的减振系统工作正常，高阶涡振抑制效果良好

注：电涡流阻尼器减振相关工作将由湖南大学团队另行总结。

7.2 拉索减振系统初始设计

7.2.1 气动措施设计

在设计阶段,苏通长江公路大桥针对拉索抗风性能设计开展了风洞试验研究,综合比选螺旋线和斜拉索表面凹坑两种气动措施方案,最终考虑采用了阻力系数较小的斜拉索表面凹坑方案[2],以减弱风雨激振等。表7-4列出了斜拉索表面凹坑的技术参数。

苏通长江公路大桥斜拉索表面凹坑技术参数一览表　　　表7-4

规格	直径(mm)	尺寸(mm×mm)	覆盖率(%)
PES7-139	112	椭圆 4.9×3.2	4.00
PES7-151	116	椭圆 5.0×3.2	4.08
PES7-187	127	椭圆 5.3×3.2	4.18
PES7-199	130	椭圆 5.3×3.2	4.10
PES7-223	139	椭圆 5.4×3.2	4.98
PES7-241	142	椭圆 5.4×3.2	4.87
PES7-283	152	椭圆 6.1×3.2	5.10
PES7-313	161	椭圆 6.5×3.2	5.18

7.2.2 斜拉索阻尼器设计

1)设计要求

为了抑制斜拉索的风雨激振等振动,依据斜拉索减振的专题研究成果,决定在斜拉索上安装阻尼器,其中外置阻尼器主要用于抑制风雨激振。具体减振设计要求如下:

(1)抑制前5阶振动,安装阻尼器后实际的系统附加阻尼(对数衰减率)应大于0.03[3]。

(2)阻尼器的效率按50%考虑,即理论系统阻尼(对数衰减率)应大于0.06。

(3)阻尼器布设在斜拉索竖直平面内。既有实桥观测数据显示,斜拉索风雨激振中水平振动与垂直振动之比在 20%～30% 之间;参考荷兰埃拉特(Eiland Bridge)[4]和克罗地亚的 Dubrovnik Bridge[5]的经验,仅在面内安装阻尼器。

同时,从满足斜拉索的二次抗弯强度、疲劳强度和使用者的视觉安全 3 个方面考虑,在苏通长江公路大桥原设计阶段对拉索振动的允许幅值进行了严格的控制,限制在索长度的 1/1700 以内。阻尼器的性能及安装要求如下:

①阻尼器行程应满足 1 阶和 2 阶振型最大幅值为索长 1/1700 时的要求[3],必要时应考虑限位措施,以保护阻尼器不受破坏。

②阻尼器应具有稳定的阻尼特性,并易于调节,以适应不同振动模态的最优阻尼要求。

③阻尼器本身及其连接件应具有足够的强度,要求能承受 50kN 的拉压荷载作用。

④阻尼器的连接支架应有足够的刚度,以保证阻尼器正常工作,在最大阻尼反力的作用下,支架变形不得超过 0.5mm。

⑤阻尼器的连接部位应具有较高的加工精度,连接件之间配合紧密,不得松动,以免影响减振效果。连接方式的设计要易于调节定位、施工和更换。

2) 阻尼器安装高度和类型

采用理想的张紧弦-黏滞阻尼器模型,分析阻尼器的安装高度。计算时考虑前五阶模态的对数衰减率均应大于 0.06,依据第 4 章的计算公式,可以得到如下方程:

$$\frac{\eta\pi a/L}{1+(\eta\pi a/L)^2} = \frac{5\eta\pi a/L}{1+(5\eta\pi a/L)^2} \tag{7-1}$$

式中:a——阻尼器安装位置与索梁端之间的距离;

L——拉索总长度。

可以得到此时阻尼器的量纲一阻尼系数(η)为:

$$\eta\pi a/L = \sqrt{1/5} \tag{7-2}$$

对应前五阶的最小阻尼为:

$$\zeta_{\min} = \frac{\sqrt{1/5}}{1+1/5} \cdot \frac{a}{L} = 0.3727\frac{a}{L} = \frac{0.06}{2\pi} \tag{7-3}$$

可以得到最小的相对安装距离:

$$\frac{a}{L} = 0.0256$$

根据每根索的索长和倾角,可以确定该索阻尼器安装的最小高度。注意,苏通长江公路大桥所有斜拉索的锚固点位于桥面以下约 1.3m 处。据此,可以得到阻尼器安装点距离桥面的最小高度,如图 7-4 所示。由图 7-4 可见,全桥采用被动黏滞阻尼器时,长索阻尼器的安装高度超过 4m。如前文所述,阻尼器安装高度增加,影响桥梁整体美观,同时带来安装、维护和检测的不便。因此,考虑长索采用半主动控制技术,即阻尼器的黏滞系数能够依据振动的

模态调节至对应模态的最优阻尼系数[6]。这样,阻尼器的最小安装高度为:

$$\begin{cases} \zeta_{\min} = 0.5\dfrac{a}{L} = \dfrac{0.06}{2\pi} \\ \dfrac{a}{L} = 0.0191 \end{cases} \quad (7\text{-}4)$$

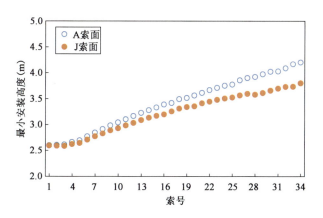

图 7-4 采用黏滞阻尼器时各索阻尼器的最小安装高度

图 7-5 给出了当各索面 1~28 号索仍采用被动黏滞阻尼器时阻尼器、29~34 号索采用半主动控制阻尼器的最小安装高度。可见,采用半主动控制以后阻尼器的安装高度大幅降低,34 号索阻尼器要求安装高度降低至 3m 以下。

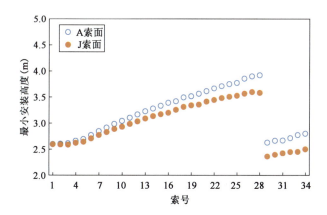

图 7-5 各索面 1~28 号索采用被动黏滞阻尼器、29~34 号索采用半主动控制阻尼器时各阻尼器的最小安装高度

在实际安装中,最终选择了 10~34 号拉索的阻尼器安装高度均为 3.5m,安装高度一致能够使整体景观效果更加整齐美观。注意到,即使安装高度为 3m,安装半主动控制阻尼器的 29~34 号索也能够满足附加阻尼的要求。依据拉索在梁端的锚固形式和桥面的纵向和横向坡度以及拉索的几何线形,将计算得到的阻尼器安装位置及其相对位置列入表 7-5。

斜拉索阻尼器设计安装位置 表7-5

编号	索长度(m)	安装位置(m)	相对位置(%)	编号	索长度(m)	安装位置(m)	相对位置(%)
A10	227.93	6.368	2.79	J10	224.76	6.439	2.86
A11	240.76	6.619	2.75	J11	237.42	6.706	2.82
A12	253.95	6.874	2.71	J12	250.45	6.979	2.79
A13	267.43	7.131	2.67	J13	263.81	7.255	2.75
A14	281.26	7.387	2.63	J14	277.51	7.530	2.71
A15	295.24	7.646	2.59	J15	291.39	7.809	2.68
A16	309.44	7.903	2.55	J16	305.48	8.086	2.65
A17	323.81	8.158	2.52	J17	319.77	8.363	2.62
A18	338.34	8.411	2.49	J18	334.22	8.638	2.58
A19	353.02	8.662	2.45	J19	348.83	8.910	2.55
A20	367.81	8.91	2.42	J20	363.56	9.180	2.53
A21	382.72	9.155	2.39	J21	378.41	9.447	2.50
A22	397.73	9.396	2.36	J22	393.36	9.710	2.47
A23	412.82	9.627	2.33	J23	408.41	9.969	2.44
A24	424.49	9.788	2.31	J24	423.56	10.223	2.41
A25	435.07	9.92	2.28	J25	437.68	10.461	2.39
A26	446.68	10.05	2.25	J26	452.91	10.689	2.36
A27	458.41	10.223	2.23	J27	468.2	10.909	2.33
A28	470.26	10.346	2.20	J28	483.77	11.175	2.31
A29	481.96	10.507	2.18	J29	499.13	11.380	2.28
A30	493.72	10.615	2.15	J30	514.57	11.629	2.26
A31	505.68	10.771	2.13	J31	530.03	11.873	2.24
A32	517.44	10.918	2.11	J32	545.54	12.056	2.21
A33	529.22	11.008	2.08	J33	561.26	12.292	2.19
A34	541.14	11.147	2.06	J34	576.77	12.516	2.17

对于安装被动黏滞阻尼器的拉索,综合考虑索的固有阻尼(考虑对应的对数衰减率为0.002),基本能满足设计要求。对于1~9号索,由于索长小于220m,考虑预留外置阻尼器安装高度为3m,初期仅设计安装内置阻尼器。苏通长江公路大桥斜拉索阻尼器布置方案见表7-6。

苏通长江公路大桥斜拉索阻尼器布置方案　　　　表7-6

索号	实施方案描述	阻尼器距桥面安装高度（m）	理论最小对数衰减率	实际阻尼（50%工作效率）（%）	索的实际阻尼（自身对数衰减率0.002）（%）
1~9	暂不安装外置阻尼器,预留阻尼器支架设置需要的预埋件;套管口设置常规内置橡胶减振器	3	0.602	3.01	3.21
10~18	安装外置被动阻尼器	3.5	0.606	3.03	3.23
19~28	安装外置被动阻尼器	3.5	0.550	2.75	2.95
29~34	安装外置式半主动阻尼器	3.5	0.704	3.52	3.72

3) 阻尼器的行程和最大阻尼力

确定了阻尼器的安装位置后,便可以确定阻尼器的行程及最大阻尼力。在计算阻尼器最大阻尼力及行程前,需要确定斜拉索的振幅。根据国际结构混凝土协会FIB30的规定,对于1阶和2阶振动,最大阻尼力和振幅应按照索长的1/1700计算。对于3阶、4阶和5阶振动,由于没有相应的规定,因此按照能量相同的原则计算振幅。而2阶振动振幅比1阶振动更不利,因此假设它们的动能与2阶振动振幅为索长的1/1700时的能量相同,并由此计算3阶、4阶和5阶振动的振幅。拉索前5阶振动的最大振幅如下:

$$\begin{cases} A_{max}(n=1) = L/1700 \\ A_{max}(n=2) = L/1700 \\ A_{max}(n=3) = 2A_{max}(n=2)/3 \\ A_{max}(n=4) = 2A_{max}(n=2)/4 \\ A_{max}(n=5) = 2A_{max}(n=2)/5 \end{cases} \quad (7-5)$$

式中:A_{max}——拉索各阶振动允许的最大振幅,m;

n——模态阶数;

L——拉索总长,m。

将安装有阻尼器的拉索振动振型简化考虑为正弦函数。此处,定义沿着索两端连线,以近阻尼器端为起点的坐标系 x,索上任意一点的最大振幅 $\tilde{v}(x)$ 按下式计算:

$$\tilde{v}(x) = A_{max}\sin\left(\frac{x\pi n}{L}\right) \quad (7-6)$$

对应索在阻尼器位置的最大位移幅值为 $[\tilde{v}(x=a)]$:

$$\tilde{v}(x=a) = A_{max}\sin\left(\frac{a\pi n}{L}\right) = \tilde{v}_d \quad (7-7)$$

注意,式(7-7)估计的阻尼器位移幅值偏大,因为安装阻尼器后,拉索的振型实际上不再是正弦函数,阻尼器位置的振幅与最大振幅之比随着阻尼器系数的增大而减小,因此采用

式(7-7)计算偏安全。考虑共振响应,第 n 阶振动时,索在阻尼器位置的振动函数为:

$$v(t,x=a) = \tilde{v}_\mathrm{d} \sin(\omega_n t) \tag{7-8}$$

对应索在阻尼器位置的速度表示为:

$$\dot{v}(t,x=a) = \omega_n \tilde{v}_\mathrm{d} \cos(\omega_n t) \tag{7-9}$$

速度的幅值为:

$$\omega_n \tilde{v}_\mathrm{d} \tag{7-10}$$

阻尼器的最大阻尼力为阻尼器系数与阻尼器位置速度振幅的乘积:

$$F_\mathrm{d} = c_\mathrm{d} \omega_n \tilde{v}_\mathrm{d} \tag{7-11}$$

根据上述阻尼器的安装位置可以计算得到阻尼器位置前 5 阶模态振动时的最大振幅,取这 5 阶中的最大值,如图 7-6 所示。可见,10~28 号索阻尼器位移最大幅值约为 40mm,29~34 号索阻尼器位移最大幅值小于 50mm。因此,外置阻尼器的设计行程定为 ±67mm,而且阻尼器内部设置了保险丝系统,最大允许行程达到 ±80mm。

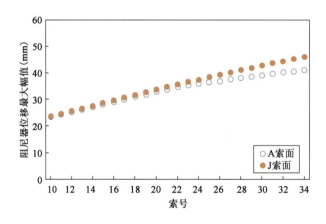

图 7-6　安装阻尼器各拉索在阻尼器位置的最大振幅

分别按照拉索各阶振动在阻尼器位置的最大幅值和阻尼器系数,计算得到各阶的最大阻尼力,取前 5 阶最大阻尼力绘制在图 7-7 中。可见,10~28 号索最大阻尼力小于 40kN,28~34 号索的最大阻尼力更小,这是由于半主动控制能够减小黏滞系数使高阶减振效果达到最优。

4) 阻尼器装置与减振系统

每个索面最长 6 根拉索(29~34 号索)的半主动控制采用磁流变(MR)阻尼器[4],10~28 号拉索采用常规的油阻尼器。1~9 号索在对应主梁位置设置了采用支架安装外置阻尼器的预埋件,暂不实施,在导管口安装内置橡胶减振器。全桥的内、外置阻尼器结合拉索表面凹坑的气动措施,形成了斜拉索的减振系统,如图 7-8 所示。同时,在斜拉索的塔端,采用了与短索梁端内置减振器类似的装置,主要起到防碰撞和辅助减振的作用。

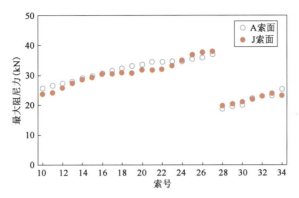

图 7-7　10～34 号拉索的最大阻尼力

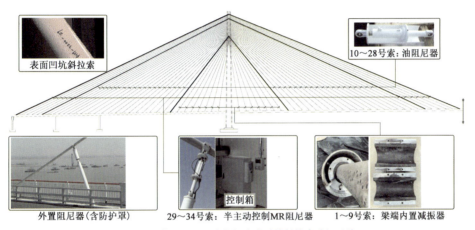

图 7-8　苏通长江公路大桥建成时的斜拉索减振系统

7.2.3　阻尼器减振效果与实桥测试

1) 实索试验

虽然斜拉索减振阻尼器种类和安装方式众多[7]，但在苏通长江公路大桥设计初期，全世界 800m 以上的斜拉桥拉索阻尼器减振效果的实测数据稀少。为了给苏通长江公路大桥阻尼器选型提供技术支撑，设计阶段测试了多种国内外索阻尼器。测试以苏通长江公路大桥 A9 号索为原型，在缆索厂制作了拉索样品，开展足尺拉索-阻尼器试验，表 7-7 列出了足尺试验用拉索参数。理论计算该索的基频为 0.658Hz。采用图 7-9 所示的试验方案，在江苏法尔胜新日制铁缆索有限公司和上海浦江缆索股份有限公司的张拉槽内开展两次试验[8]，试验索如图 7-10 所示。

足尺试验用拉索参数　　表 7-7

索号	索长(m)	拉索质量(t)	设计索力(kN)	拉索规格	索径(mm)	振动频率(Hz)			
						1 阶	2 阶	3 阶	4 阶
A9	215.58	10.61	3955.80	$\phi 7 \times 151$	113	0.658	1.316	1.974	2.632

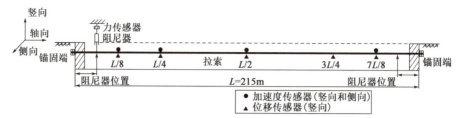

图 7-9　索足尺阻尼器试验方案

图 7-10　缆索厂张拉的试验索照片

如图 7-9 所示,试验中观测了拉索在二分点、四分点和八分点位置的振动加速度和位移,以及阻尼器的出力。试验测试了 5 种类型共 13 款阻尼器,涉及油阻尼器、MR 阻尼器、黏性剪切阻尼器、摩擦阻尼器和高阻尼橡胶阻尼器,具体阻尼器的编号和类型见表 7-8。图 7-11 为各阻尼器的安装照片。

试验阻尼器类型　　　　　　　　　　　　　　　　表 7-8

编号	阻尼器名称	类型	编号	阻尼器名称	类型
A	W-油阻尼器	油压	F2	L-MR 阻尼器	MR(电压 12V)
B	T-油阻尼器	油压	G	S-阻尼器	黏性剪切
C	F-IHD	油压	H	S-阻尼器	黏性剪切
D	F-IRD	油压	I	S-阻尼器	黏性剪切
E	F-EHD	油压	J	V-摩擦阻尼器	摩擦型
F1	L-MR 阻尼器	MR(电压 6V)	K	FA-橡胶阻尼器	高阻尼橡胶

a) 油阻尼器A　　　　　　　　　　b) 油阻尼器B

图　7-11

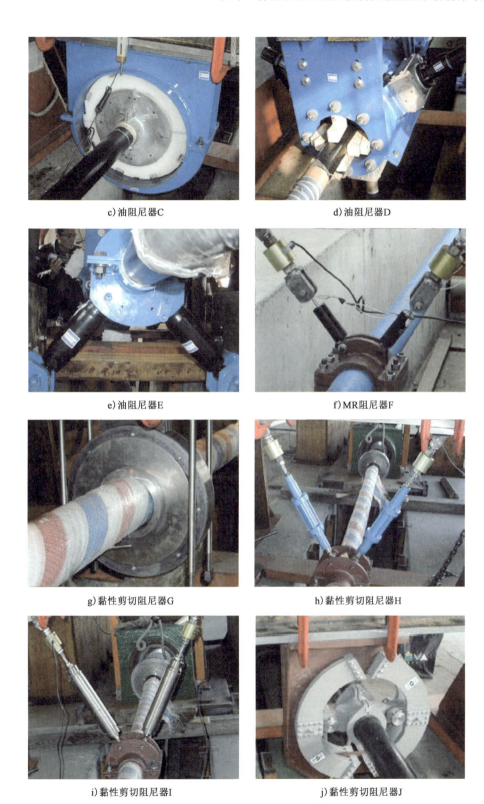

c）油阻尼器C　　　　　　　　d）油阻尼器D

e）油阻尼器E　　　　　　　　f）MR阻尼器F

g）黏性剪切阻尼器G　　　　　h）黏性剪切阻尼器H

i）黏性剪切阻尼器I　　　　　j）黏性剪切阻尼器J

图 7-11

k)高阻尼橡胶阻尼器K　　　　　　　　　l)激振器的弹性悬挂

图7-11　足尺试验各种阻尼器的安装照片和激振器安装照片

　　试验采用了人工激振和激振器激振方法,并设计了弹性悬挂,以保证激振器稳定。主要通过人工激振的方法获取索振动自由振动衰减时程,进而采用第6章介绍的方法计算阻尼。试验主要关注拉索1阶振动,激起拉索在跨中的振幅接近100mm,采用式(6-4)间隔10周期计算一次对数衰减率,并由式(6-3)计算得到阻尼比,可以得到拉索阻尼与索振动幅值之间的关系曲线,各工况中拉索跨中振幅在10mm以上时阻尼的范围列入表7-9。如表7-9所示,除阻尼器K外,其他几种阻尼器均有较好的减振效果。阻尼器J1/J2由于其构造原因或阻尼器本身的特性,其提供的阻尼与拉索振幅有较强的关联性,在小振幅振动时,阻尼效果较差。阻尼器安装位置为5.0m(2.32%L)时,实测拉索对数衰减率的均值基本在0.030以上;安装位置为3.0m(1.39%L)时,实测拉索对数衰减率均值最低为0.013。

安装阻尼器后的拉索1阶振动对数衰减率及阻尼器效率系数　　　　表7-9

阻尼器		1阶振动拉索对数衰减率		1阶振动阻尼器效率系数（试验值/设计值）	
编号	类型/安装位置	分布范围	均值	分布范围	均值
A	油阻尼器/5.0m	0.016～0.063	0.030	0.22～0.87	0.44
B	油阻尼器/5.0m	0.026～0.035	0.032	0.36～0.55	0.47
C	油阻尼器/3.0m	0.012～0.015	0.013	0.27～0.34	0.30
D	油阻尼器/4.2m	0.028～0.037	0.033	0.47～0.64	0.57
E	油阻尼器/5.4m	0.050～0.059	0.054	0.68～0.81	0.74
F1	MR阻尼器(电压6V)/5.0m	0.035～0.046	0.042	0.48～0.74	0.64
F2	MR阻尼器(电压12V)/5.0m	0.045～0.048	0.046	0.62～0.66	0.64
G	黏性剪切阻尼器/3.0m	0.013～0.024	0.016	0.30～0.55	0.37
H	黏性剪切阻尼器/5.0m	0.033～0.047	0.040	0.61～0.90	0.71
I	黏性剪切阻尼器/5.0m	0.008～0.032	0.020	0.20～0.43	0.31
J1	摩擦阻尼器/5.0m	0～0.072	0.043	0～1.00	0.60
J2	摩擦阻尼器/3.5m	0～0.051	0.037	0～1.00	0.73
K	高阻尼橡胶阻尼器/6.0m	0.003～0.004	0.004	—	—

因各种阻尼器的性能特点、参数及安装位置不同,不宜直接比较它们能提供的拉索阻尼的大小。因此,定义阻尼器提供的拉索阻尼的实测值和设计值之比为阻尼器的效率系数,这一系数能综合反映阻尼器的阻尼特性及其连接件的阻尼损失,是一个重要的设计参数。根据拉索1阶振动的对数衰减率计算阻尼器的1阶振动效率系数。对于高阶振动也可以采用同样的方法计算阻尼器的效率系数,具体可以参见相关文献研究[9-15]。由表7-9可见,本试验中阻尼器安装位置为5.0m时的效率系数在0.44~1.00范围内,阻尼器安装位置为3.0m时的效率系数不小于0.30。由于阻尼器J1/J2能提供的最大阻尼比和理论值非常接近,但是在小振幅时不工作,即阻尼比为0,所以其效率系数表示为0~1.00。图7-12直观对比了各种阻尼器的性能。注意到,拉索抑制风雨激振所需要的最小对数衰减率在0.030左右。

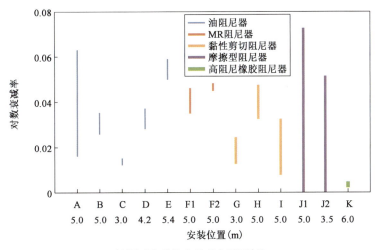

a) 试验获取的拉索1阶模态阻尼效果

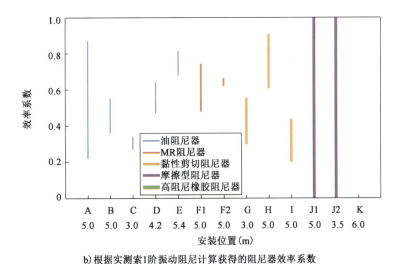

b) 根据实测索1阶振动阻尼计算获得的阻尼器效率系数

图7-12 拉索阻尼器测试结果[8]

本次试验还开展了两处安装阻尼器的组合试验,试验工况如表 7-10 所示。试验测试了两个阻尼器在拉索两端和同端安装两种组合方式。作为对比,将阻尼器在对应位置单独安装时的阻尼效果也列入表 7-10。定义阻尼器组合效率系数为同时安装两处阻尼器时拉索的阻尼与分别单独安装一处阻尼器时拉索阻尼的和之比。在拉索两端安装阻尼器时,组合效率系数接近 1.00,即阻尼效果基本为单独安装一处阻尼器时阻尼效果的叠加;而在拉索的同一端两处安装阻尼器时,其组合效率系数仍在 0.50 左右,即约是两处阻尼器单独安装的平均值。

拉索-阻尼器多阶阻尼效果以及组合效率系数　　　　表 7-10

阻尼器/安装位置方案	拉索对数衰减率			阻尼器组合效率系数		
	1 阶	2 阶	3 阶	1 阶	2 阶	3 阶
阻尼器 C/3.0m	0.0140	0.0114	0.0098	—	—	—
阻尼器 D/4.2m	0.0270	0.0340	0.0302	—	—	—
阻尼器 E/5.4m	0.0566	0.0476	0.0380	—	—	—
两端:阻尼器 C/3.0m + 阻尼器 D/4.2m	0.0409	0.0419	0.0391	1.00	0.93	0.98
同端:阻尼器 C/3.0m + 阻尼器 E/5.4m	0.0383	0.0309	0.0257	0.54	0.52	0.53

试验结果表明,未安装阻尼器时拉索的对数衰减率在 0.0050(1 阶)~0.0012(3 阶)的范围内。测试的阻尼器多数具有良好的减振效果,试验中的阻尼器安装位置距锚固端 5.0m 时拉索对数衰减率在 0.030 以上。阻尼器提供的拉索附加阻尼的优化设计值和实际值之间有差异,即效率系数不恒等于 1.00。影响阻尼器效率系数的因素除阻尼器本身的特性之外,还有连接件的精度、支架刚度、拉索边界条件和施工安装质量等。只有把握了各阻尼器的实际效率系数,才能合理地设计出满足要求的减振方案。去除明显存在设计不合理或连接件有问题的工况,试验表明,阻尼器安装位置 5.0m 时的效率系数分布在 0.50 左右,安装位置 3.0m 的效率系数在 0.30 左右。

除了依据阻尼效果选择阻尼器外,还应该考虑其他因素。例如,油阻尼器(磁流变阻尼器也类似)使用历史长、制作工艺成熟、性能稳定,用于拉索减振具有良好的效果。其主要缺点是漏油等耐久性问题不易解决,另外如阻尼器中存在空隙,则对拉索小振幅振动不敏感。黏性剪切阻尼器构造简单,体积小,不易漏油,阻尼器效果良好,但其在国内使用历史短,无定型产品,还需要一定的研发过程。摩擦型阻尼器受温度变化影响小,且阻尼特性易于调节,但其工作原理决定了只有在摩擦片开始滑动后阻尼器才有效,因此对小振幅范围的振动不起作用。高阻尼橡胶阻尼器构造简单,耐久性好,便于维护管理,但相对于其他阻尼器,减振效果较差,尤其是本次试验测试的国产内置橡胶阻尼器,几乎无阻尼耗能效果。阻尼器应在工作振幅范围内具有比较稳定的阻尼特性,尤其是在 ±1mm 左右的小振幅下阻尼器特性要得到保障。因为拉索的风致振动是能量逐渐积累的过程,所以如果能在拉索起振阶段迅速地耗散掉振动能量,就可以避免拉索大幅振动的发生。阻尼器的阻尼特性应易于调节,以适应于不同振型的最优阻尼要求。另外,试验中同一位置安装抑制索面内外振动的两个阻尼器间的夹角是60°,激励拉索面内竖向振动后,在拉索自由衰减的过程中,出现了较大振幅的面外振动,所以建议阻尼器夹角采用90°,使得对面内和面外振动都具有较好的抑制效果。

阻尼器连接部位应具有较高的加工精度,连接件之间配合紧密,不得松动,以避免影响减振效果。同时连接方式的设计要考虑易于调节定位、安装和更换。分别安装在拉索两端的阻尼器效果可以线性叠加;从低阶减振的角度来看,同端不同位置安装两处或两处以上阻尼器(如在一端内、外置式同时使用)几乎无提升效果,这与第4章4.3.5小节的分析结论吻合。

2)实桥试验

为验证斜拉索阻尼器减振效果,于2008年进行了安装阻尼器后的斜拉索实桥试验。试验选取了苏通长江公路大桥安装MR阻尼器索中的3根代表性拉索进行试验测试,分别为南通岸侧上游的A29号索、A34号索以及南通江侧上游的J34号索。同时,选取了安装油阻尼器的两根代表性拉索进行试验,分别为南通岸侧上游的A26号索和A10号索。试验中主要采集索振动加速度时程数据,计算模态阻尼比,对阻尼器减振效果进行评价。5根测试拉索的位置如图7-13所示。

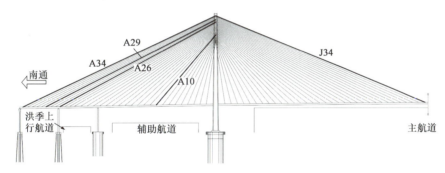

图7-13 试验选取拉索位置示意图

(1)MR阻尼器减振效果测试。

根据表7-2中斜拉索参数可以计算得到A29、A34和J34号索的理论基频分别为0.270Hz、0.231Hz和0.213Hz。试验过程中,分别分析每根索在无阻尼器和有阻尼器时的前3阶自由衰减时程,用于计算斜拉索阻尼器的阻尼效果。试验工况如表7-11所示。测量项目包括拉索面内、面外加速度时程以及主梁在索锚固点附近的加速度时程等。在试验中,使用了3个加速度传感器来测量拉索加速度时程,它们等距离安装在拉索上。除了索加速度传感器,还使用了激光式位移传感器、数据采集系统、照相机、录像机和交流电源稳压器等。传感器的具体安装情况如图7-14~图7-16所示。表7-12列出了各传感器的参数,表7-13列出了各传感器的用途。

MR阻尼器减振效果测试工况 表7-11

工况编号	拉索编号	振动阶数	阻尼器	工况编号	拉索编号	振动阶数	阻尼器
A29-ND-1	A29	1阶	无	A29-1	A29	1阶	有
A29-ND-2	A29	2阶	无	A29-2	A29	2阶	有

续上表

工况编号	拉索编号	振动阶数	阻尼器	工况编号	拉索编号	振动阶数	阻尼器
A29-ND-3	A29	3阶	无	A29-3	A29	3阶	有
A34-ND-1	A34	1阶	无	A34-1	A34	1阶	有
A34-ND-2	A34	2阶	无	A34-2	A34	2阶	有
A34-ND-3	A34	3阶	无	A34-3	A34	3阶	有
J34-ND-1	J34	1阶	无	J34-2	J34	2阶	有
J34-ND-2	J34	2阶	无	J34-3	J34	3阶	有
J34-ND-3	J34	3阶	无	—	—	—	—

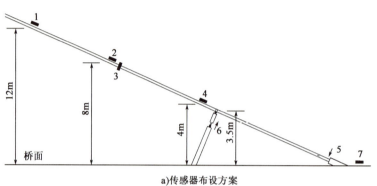

图 7-14 斜拉索阻尼测试试验的传感器布置
1、2、4-拉索面内加速度传感器;3-拉索面外加速度传感器;5、6-位移传感器;7-桥面加速度传感器

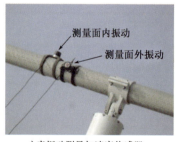 

a) 索振动测量加速度传感器　　　b) 桥面振动测量加速度传感器

图 7-15 现场加速度传感器安装照片

a) 测量索导管口位移　　　b) 测量阻尼器位移

图 7-16 现场激光式位移传感器安装照片

试验所用仪器型号　　　　　　　　　　　　　　　　　　　表7-12

仪器名称	量程	精度	型号	数量
加速度传感器	±2.0g	1μg	压电式	4
力平衡加速度传感器	±2.0g	—	GT02	1
激光式位移传感器	±10mm	1μm	神视 ANSR1250	2
数据采集系统	8通道	线性误差<0.5%F.S.	DHDAS-5920	1
照相机	—	500万像素	CASIO	1
录像机	—	200万像素	SONY	1
交流电源稳压器	—	—	—	1

试验仪器用途　　　　　　　　　　　　　　　　　　　　　表7-13

仪器名称	位置	数目	作用
加速度传感器	斜拉索面内	3个	测量斜拉索面内振动
	斜拉索面外	1个	测量斜拉索面外振动
	桥面板竖向	1个	测量桥面板竖向振动
激光式位移传感器	平行阻尼器中轴线	1个	测量阻尼器位移时程
	护管口	1个	测量护管口拉索位移时程
数据采集系统	待测斜拉索位置	1套	信号采集
220V交流电源	待测斜拉索位置	1个	提供电力

试验采用人工激振的方式使拉索发生目标频率的振动。首先,将软长绳绕过斜拉索并拉拽至一定高度(距离桥面约40m);然后,分别以通过环境激振得到的斜拉索第1、2、3阶自振频率拉动软长绳,经过一定的时间,斜拉索对应发生第1、2、3阶振动。当斜拉索的振幅达到一定值时,停止人工激振,让拉索自由振动。通过拉索上的加速度传感器,记录斜拉索的自由振动衰减曲线。图7-17所示为试验数据采集系统,图7-18所示为现场人工激振。

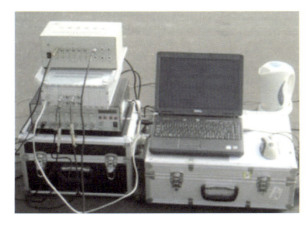

图7-17　试验数据采集系统

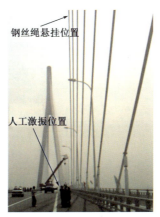

图7-18　现场人工激振

由试验得到拉索振动加速度的时程曲线后,进行频谱分析,可得到拉索的各阶振动频率,截取索振动时程并滤波,得到各阶振动的自由衰减时程曲线。然后采用第6章介绍的方法提取阻尼。

在安装阻尼器之前,已经对所选择的拉索进行了无阻尼器试验。安装 MR 阻尼器前后斜拉索的对数衰减率及效率系数见表7-14。可以看出,安装 MR 阻尼器后,拉索获得的对数衰减率均达到 0.03 以上,效率系数在 0.49~0.94 之间,与在设计阶段开展的索厂内阻尼器试验结果吻合。尽管少数工况实测阻尼仅有理论值的 49%,但整体上达到设计需求,阻尼器在抑制低阶振动时表现出良好的工作性能。

安装 MR 阻尼器前后斜拉索对数衰减率及效率系数 表7-14

拉索编号	阻尼器类型	模态阶数	对数衰减率			效率系数
			无阻尼器	理论值	实测值	
A29	MR 阻尼器	1 阶	0.0082	0.0891	0.0579	0.65
		2 阶	0.0037	0.0891	0.0685	0.77
		3 阶	0.0024	0.0891	0.0749	0.84
A34	MR 阻尼器	1 阶	0.0047	0.0711	0.0527	0.74
		2 阶	0.0028	0.0711	0.0350	0.49
		3 阶	0.0014	0.0711	0.0383	0.54
J34	MR 阻尼器	2 阶	0.0028	0.0645	0.0687	0.94
		3 阶	0.0014	0.0340	0.0687	0.49

(2)油阻尼器减振效果测试。

根据表7-2所列斜拉索参数,A10号索、A26号索的基频分别为0.534Hz和0.282Hz。根据实索的频率特性,选定每根索的前3阶振动进行测试,如表7-15所示。通过分别测量每根索前3阶在无阻尼器和有阻尼器时的自由衰减时程,评价斜拉索阻尼器的减振效果。测量项目同样包括拉索面内面外加速度时程和拉索锚固点附近桥面加速度等。

安装油阻尼器前后斜拉索对数衰减率及效率系数 表7-15

拉索编号	阻尼器类型	模态阶数	对数衰减率			效率系数
			无阻尼器	理论值	实测值	
A10	油阻尼器	1 阶	0.0052	0.0535	0.0713	0.75
		2 阶	0.0028	0.0451	0.0891	0.51
		3 阶	0.0014	0.0350	0.0822	0.43
A26	油阻尼器	1 阶	0.0097	0.0569	0.0555	0.98
		2 阶	0.0044	0.0711	0.0431	0.61
		3 阶	0.0029	0.0657	0.0350	0.53

测试时使用的试验仪器、试验装置布置和激振方法与前述 MR 阻尼器试验相同。在安装油阻尼器之前,于 2007 年 11 月 6—8 日对所选择的拉索进行了无阻尼器的试验;在阻尼器安装完毕后,于 2008 年 3 月 5—14 日对所选择的安装了油阻尼器的拉索进行了试验。表 7-15 为无阻尼器和有阻尼器试验结果汇总。

可以看出,对于安装油阻尼器的拉索,实测的对数衰减率均达到 0.03 以上,最小为 0.0350。效率系数在 0.51~0.98 之间。阻尼器性能和效果满足初始设计要求。实测阻尼器的效率系数基本与设计研发阶段开展的缆索厂内实索-足尺阻尼器结果基本吻合。

7.2.4 辅助索减振措施预案设计

正如第 5 章所述,早期斜拉桥设计中考虑采用辅助索来避免和抑制斜拉索的参数振动和线性内部共振。在苏通长江公路大桥设计初期,从参数共振和线性内部共振的角度分析了是否需要辅助索减振措施,提出了苏通长江公路大桥辅助索设计方案[16],并给出了具体的辅助索、连接件设计和施工方法。本措施仅为预案设计,作为技术储备,工程实际并未实施。

1) 辅助索措施必要性分析

斜拉桥的拉索在成桥阶段易于在风的直接或间接激励的作用下发生振动。为了减小拉索在运营阶段的振动,保证运营阶段的安全性和舒适性,首先需要分析苏通长江公路大桥在成桥状态的结构动力特性和拉索动力特性,研究拉索的线性内部共振和参数共振发生的可能性,进而提出针对成桥阶段的拉索参数振动的控制措施预案。

(1) 计算模型。

采用通用有限元软件对斜拉桥动力特性进行计算。全桥离散为上千个空间梁单元和两百多个杆单元,其中主梁、塔、塔横梁为三维梁单元,斜拉索为只承受拉力的三维索单元。在确定斜拉索成桥状态下的初始索力时,采用了刚性支撑连续梁法。主梁横隔板用集中质量单元将其质量和转动惯量加于主梁的相应位置,风嘴只考虑其质量和转动惯量,不考虑其参与受力;二期恒载和压重均布于主梁宽度方向,考虑其质量和转动惯量,风嘴、二期恒载、压重均采用集中质量单元模拟;承台采用实体单元模拟,桩基础采用三维空间梁单元模拟。在塔、梁交接处,梁的横桥向线位移、竖桥向线位移、绕纵轴的角位移、绕主梁竖轴的角位移均由主塔约束,放松主梁与塔之间纵向线位移的约束和主梁绕横轴的角位移约束。在主梁与边墩、辅助墩、过渡墩交接处,其横向线位移、竖向线位移、绕纵轴和竖轴的角位移进行主从约束,其他自由度不约束。最终得到的全桥计算模型如图 7-19 所示。

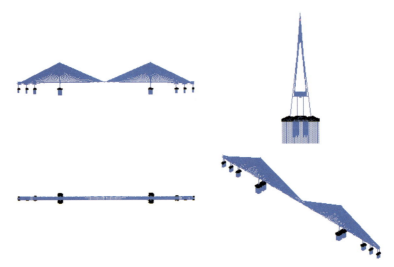

图 7-19　苏通长江公路大桥计算模型

(2) 全桥动力特性分析。

采用图 7-19 所示的模型进行模态分析,获得全桥前 30 阶主要振型及频率,见表 7-16。

苏通大桥前 30 阶模态振动频率及振型描述　　表 7-16

振型阶数	频率(Hz)	振型描述
1	0.064	主梁纵飘
2	0.101	主梁 1 阶对称侧弯
3	0.195	主梁 1 阶对称竖弯
4	0.212	主梁 1 阶反对称侧弯
5	0.227	主梁 1 阶反对称竖弯 + 桥塔承台顺桥向平移
6	0.243	主梁 1 阶反对称竖弯
7	0.245	主梁 1 阶反对称侧弯 + 桥塔承台横桥向平移
8	0.276	桥塔承台顺桥向平移
9	0.285	4 号桥塔承台扭转
10	0.292	主梁 1 阶反对称侧弯
11	0.330	5 号桥塔承台扭转
12	0.339	主梁 2 阶对称竖弯
13	0.381	主梁 2 阶对称侧弯
14	0.388	近塔辅助墩顺桥向弯曲
15	0.395	主梁 2 阶反对称竖弯
16	0.415	远塔辅助墩顺桥向弯曲
17	0.416	辅助墩、过渡墩横桥向弯曲
18	0.433	远塔辅助墩顺桥向弯曲
19	0.442	主梁 3 阶对称竖弯
20	0.466	桥墩横桥向弯曲
29	0.531	主梁 1 阶对称扭转
30	0.560	主梁 4 阶反对称竖弯

(3)斜拉索动力特性分析。

假设拉索两端固定,因结构对称考虑全桥 1/2 模型,边跨和中跨拉索各阶模态频率分别如图 7-20、图 7-21 所示。

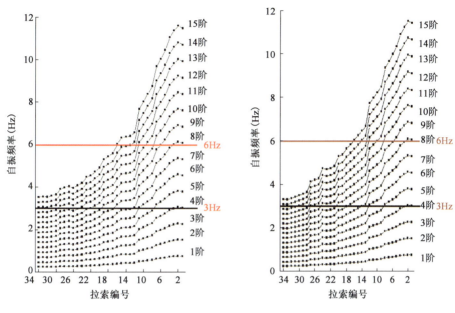

图 7-20　边跨拉索面内振动频率　　　　图 7-21　中跨拉索面内振动频率

(4)成桥阶段参数振动与线性内部共振分析。

引发参数振动的两个关键因素为频率和拉索变动轴力幅值[17-18],具体参见第 2 章。假定可能发生参数振动的拉索的自振频率分布在桥梁自振频率一半的 ±5% 范围内的拉索,主桥考虑前 30 阶振动模态。可能引起参数振动的桥梁振动模态和可能发生参数振动的拉索见表 7-17、图 7-22。可见,可能发生参数振动的拉索主要是长索。

可能引起参数振动的桥梁振动模态及可能发生参数振动的拉索编号　　表 7-17

桥梁动力特性			拉索动力特性		频率比
振动模态描述	振动模态阶数	频率 f_b(Hz)	索号	频率 f_c(Hz)	$f_b/2f_c$
主梁 3 阶对称竖弯	19	0.442	Z32	0.231	0.957
			Z33	0.219	1.009
			Z34	0.224	0.987
主梁 1 阶对称扭转	29	0.531	Z27	0.267	0.994
			Z28	0.264	1.005
			B28	0.274	0.969
			B29	0.270	0.983
			B30	0.259	1.025
			B31	0.256	1.037

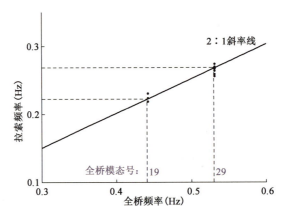

图 7-22　可能诱发参数振动的桥梁振动模态和对应拉索频率

考虑可能发生线性内部共振的拉索的自振频率分布在桥梁自振频率 ±5% 范围内。可能引起线性内部共振的桥梁振型和可能发生线性内部共振的拉索见表 7-18、图 7-23，可以看出，主要集中在 200m 以上的中长索和长索。

诱发线性内部共振的桥梁振动模态及可能发生内部共振的拉索编号　　表 7-18

桥梁动力特性			拉索动力特性		频率比
振动模态描述	振动模态阶数	频率 f_b(Hz)	索号	频率 f_c(Hz)	f_c/f_b
主梁1阶反对称侧弯	4	0.212	Z33	0.219	1.03
主梁1阶反对称竖弯+桥塔承台顺桥向平移	5	0.227	Z30	0.238	1.05
			Z31	0.235	1.03
			Z32	0.231	1.02
			Z33	0.219	0.96
			Z34	0.224	0.98
			B34	0.231	1.02
主梁2阶对称竖弯	12	0.339	Z20	0.353	1.04
			Z22	0.325	0.96
			B19	0.348	1.03
			B20	0.342	1.01
			B21	0.327	0.97
主梁2阶对称侧弯	13	0.381	Z17	0.376	0.99
			Z18	0.367	0.96
			B17	0.369	0.97
			B18	0.365	0.96
主梁2阶反对称竖弯	15	0.395	Z16	0.406	1.03
			Z17	0.376	0.95
			B15	0.414	1.05
			B16	0.404	1.02

续上表

桥梁动力特性			拉索动力特性		频率比
振型描述	振型阶数	频率f_b(Hz)	索号	频率f_c(Hz)	f_b/f_c
主梁3阶对称竖弯	19	0.442	Z14	0.454	1.03
			Z15	0.442	1.00
			B13	0.456	1.03
			B14	0.446	1.01
主梁1阶对称扭转	29	0.531	Z10	0.556	1.05
			Z11	0.535	1.01
			Z12	0.514	0.97
			B10	0.534	1.01
			B11	0.508	0.96

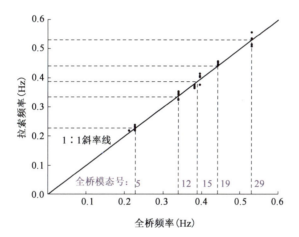

图7-23 可能诱发线性内部共振的桥梁振动模态及对应拉索频率

2) 辅助索措施分析

根据第5章的介绍可知,刚性辅助索的主要作用是提高索网面内振动的模态频率,而柔性辅助索措施则对提高索网的模态阻尼有较好的效果。考虑到柔性辅助索对材料的性能要求较高,当时尚无柔性辅助索的工程应用实例,主要对采用接近刚性的辅助索连接斜拉索进行了系统分析。

(1)辅助索道数的选择。

辅助索道数对索网频率的影响如图7-24所示,从图7-24可以看出,在采用4道辅助索后,索网的振动频率超出了全桥的前30阶模态频率,避免了斜拉索的参数振动和线性内部共振。

(2)辅助索截面面积的选择。

首先考虑每道辅助索选用4根7ϕ5的钢丝束,记其截面面积为A,然后将其截面面积增大4倍后,分析其对索网频率的影响。

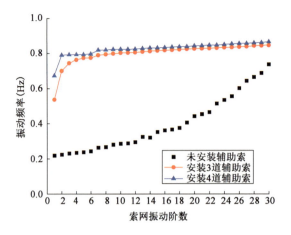

图 7-24　辅助索道数对索网频率的影响

辅助索截面面积对索网频率的影响如图 7-25 所示。从中可以看出,虽然增大辅助索的面积提高了索网结构的低阶模态频率,但是在 0.8Hz 附近的频段上,索网的模态非常密集,较易引起该频段的共振响应。因此,辅助索的面积不宜过大。

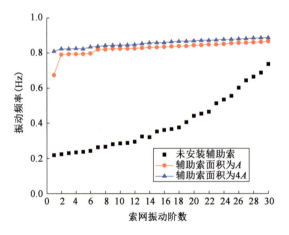

图 7-25　辅助索截面面积对索网频率的影响

(3)辅助索初张力的选择。

安装辅助索时,需确定适当的辅助索初始张拉力。如初始张拉力过大,将引起过大的主索附加张力和侧向位移,从而导致结构内力状态的过大改变。此外,辅助索初始张拉力过小时,根据以往工程实践经验,辅助索容易在振动过程中发生松弛再张紧的现象,进而导致冲击绷断。

假定索网为单模态振动,根据相应的模态振型,则可以确定不引起辅助索松弛的辅助索初始张拉力和索网最大振幅之间的关系;反之,利用这一关系,当给定索网允许振幅时,则可以推算出不发生辅助索松弛所要求的最小初始张拉力。

表 7-19 给出了辅助索初始张拉力与主索内力增量、位移增量以及索网最大振幅的关系,索网(辅助索初始张拉力 30kN)的前 10 阶振型见图 7-26(图中方块表示辅助索发生最大动应变的索段位置,圆圈表示索网最大振幅位置)。由图 7-26 判断,前 10 阶振型中,第 1、2、8 阶可能为最不利振型。由表 7-19 可知,当辅助索初始张拉力为 30kN 时,最外侧主索的索力增加 295kN(约为原索力的 4.4%),产生的横向位移为 1.243m,不导致辅助索松弛的索网最大振幅分别为:1 阶 3.3cm,2 阶 3.0cm,8 阶 3.8cm。如辅助索初始张拉力为 15kN 时,不导致辅助索松弛的索网最大振幅分别为:1 阶 1.9cm,2 阶 1.5cm,8 阶 1.9cm。根据上述分析,建议辅助索初始张拉力选用 30kN。

辅助索初始张拉力与索网最大振幅的关系　　表 7-19

辅助索初始张拉力(kN)	最外侧主索			索网最大振幅					
	内力增量(kN)	内力增幅(%)	位移增量(m)	第 1 阶		第 2 阶		第 8 阶	
				频率(Hz)	允许振幅(cm)	频率(Hz)	允许振幅(cm)	频率(Hz)	允许振幅(cm)
30	295	4.4	1.243	0.673	3.3	0.790	3.0	0.792	3.8
15	145	2.3	0.653	0.673	1.9	0.790	1.5	0.792	1.9

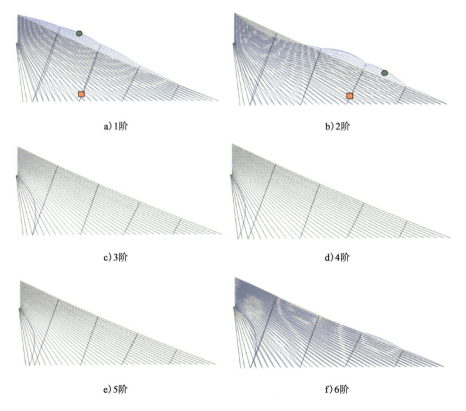

图 7-26

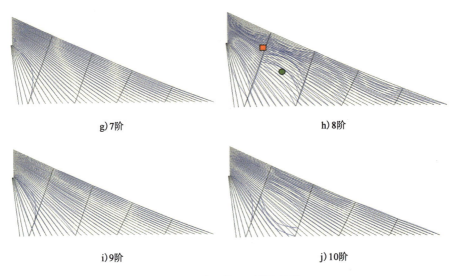

图 7-26　索网前 10 阶模态振型

（4）辅助索张拉方式的选择。

通过理论和模型试验分析发现,虽然多次张拉方式可在一定程度上提高索网结构模态频率,但是其提升效果较为有限;此外,多次张拉方式对于提高索网结构模态阻尼不利。因此,建议采用一次张拉方式,也可方便施工。

3）辅助索建议方案

根据上述分析,建议辅助索方案如图 7-27 所示,选用 4 道辅助索。建议每道辅助索选用 4 根 7ϕ5 的钢丝束,连接位置为最外侧主索的 5 等分点,辅助索方向与最外索垂直,另一端锚固于桥面,采用一次张拉方式,辅助索张拉力建议为 30kN,各辅助索索段初始张拉力相等。假定辅助索钢丝束的材料强度为 600MPa,由计算可知,在所考虑的辅助索初始张拉力和一般振动水平下辅助索的强度是可以满足要求的。辅助索的连接可按如下方法施工:首先将辅助索的一端锚固在最外侧主索的相应位置,然后在辅助索的另一端利用张拉设备将辅助索张拉至初始张拉力设计值后锚固于桥面,最后用索夹（图 7-28）将辅助索与其他相交主索联结。建议索夹设计考虑提高阻尼的措施,以增强辅助索提升阻尼减振的效果。

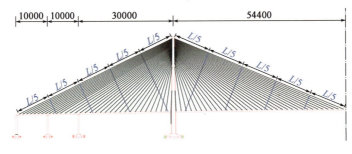

图 7-27　4 道辅助索方案示意图（尺寸单位:cm）

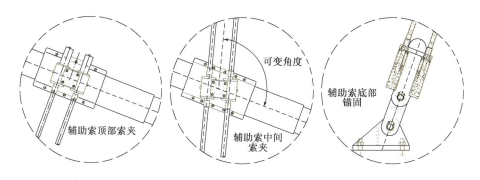

图 7-28 辅助索索夹示意图

当选用 4 道辅助索,辅助索初始张拉力为 30kN 时,索网的基频可提高到 0.673Hz。根据全桥的模态分析可知,这个频率已超出成桥状态的前 30 阶频率,可避免参数振动和线性内部共振的发生。

7.3 外置阻尼器更换升级

7.3.1 升级改造背景

至 2018 年,苏通长江公路大桥斜拉索阻尼器已经工作十年,历经多次台风的考验。2016—2018 年,开展了全桥斜拉索阻尼器外观检查、实桥测试和拆下阻尼器的性能测试工作,以了解其工作性能和减振效果。结果显示,部分阻尼器已经出现性能退化和连接件磨损的问题。其中,MR 阻尼器的漏油导致空程的情况明显[19],类似的情况在国内最早使用 MR 阻尼器的洞庭湖大桥上也有出现[20]。综合排查和评估,决定更换全部外置阻尼器。

综合考虑苏通长江公路大桥的美观性要求以及繁重交通通行的现状,斜拉索减振体系升级总体采用保守处置和实测验证的原则,具体如下:

(1)针对索原阻尼器出现的问题和索振动问题,采用成熟耐久产品,经试验室测试、实桥测试和实桥监测评估论证后全桥推广应用;

(2)替换方案利用原有支架等支撑系统,原有支架结构不变,保证连接件后续可更换,为下一步其他可能的阻尼器替代方案预留可能;

(3)为保护箱梁不受损伤和保证桥梁整体美观,替换和增设方案充分利用原有阻尼器支架和索导管支撑体系，尽量不增设支架，确实需要增设时，设计与其他索支架统一的支撑系统；

（4）针对索高阶涡激振动，结合现有斜拉索梁端导管，采用增设导管口阻尼器的方式进行控制。

7.3.2 设计目标提升

原有外置阻尼器主要设计目标是控制索的风雨激振，初始设计中考虑了斜拉索前5阶振动，实际监测发现仍偶尔出现了一定幅度的风雨激振[21]。根据其他桥梁斜拉索振动的观测，风雨激振主要出现在索频率为3Hz以下的振动模态，而苏通长江公路大桥多数长索3Hz以下的振动模态超过5阶。因此，在阻尼器更换升级中考虑斜拉索所有振动频率在3Hz以下的模态。同时，利用原有支架安装阻尼器，要求各模态达到的阻尼效果略有降低。参照美国后张预应力协会（PTI）对斜拉索设计、试验及安装的推荐规程[22]以及美国联邦公路管理局关于斜拉索振动的专题研究报告[23]，采用如下的风雨激振抑制目标：

$$S_c = \frac{m\delta}{2\pi\rho D^2} > 10 \tag{7-12}$$

虽然对于索表面采用有效气动措施的斜拉索可以放松到$S_c > 5$，但考虑到苏通长江公路大桥索表面进行了凹坑处理后仍然出现过风雨激振，此次设计仍然采用式（7-12）。根据苏通长江公路大桥不同规格索的直径和单位长度质量，取空气密度$\rho = 1.225\text{kg/m}^3$，计算得到控制苏通长江公路大桥索风雨激振需要的最小对数衰减率在0.02附近，具体见表7-20。此外，由于桥梁已经建成，可以直接实桥测试和长期监测减振效果，因此设计中不再考虑50%的折减系数。同时，对于斜拉索的前5阶振动，尽可能与初始设计保持一致，即对数衰减率达到0.03。

抑制苏通长江公路大桥索风雨激振的阻尼需求　　表7-20

规格	索号	直径（mm）	单位长度质量（kg）	最小对数衰减率
PES7-139	A4~A7、J3~J7	112	44.98	0.022
PES7-151	A3、A8、A9、J1、J2、J8、J9	116	49.18	0.021
PES7-187	A1、A2、A10~A14、J10~J14	127	60.80	0.020
PES7-199	A15、A16、J15、J17~J19	130	64.50	0.020
PES7-223	A17~A24、J16、J20~J24	139	72.60	0.020
PES7-241	A25~A30、J25~J27	142	77.70	0.020
PES7-283	A31~A33、J28~J32	152	91.30	0.020
PES7-313	A34、J33、J34	161	100.80	0.020

7.3.3 新阻尼器的单体性能测试

正如第4章所阐述,黏性剪切阻尼器和黏滞阻尼器是在国内外广泛用于斜拉索阻尼减振的装置。在该次阻尼器减振升级中,详细测试了它们对苏通长江公路大桥不同长度拉索的阻尼减振效果,并与其他类型的阻尼器进行了综合对比。由于篇幅限制,此处仅介绍这两种阻尼器的测试结果。

1) 黏性剪切阻尼器

采用的黏性剪切阻尼器设计方案如图7-29所示,主要包括盛放黏性介质的箱体、黏性介质和剪切插板3个主要部分。箱体固定在支架上,插板通过索夹与拉索固定。斜拉索与支架相对运动时,剪切插板使黏性体产生剪切变形,从而将振动能量传递给黏性体,利用高黏度流体的黏滞力来耗散斜拉索振动的能量,以抑制斜拉索的振动。通过调节剪切插板与黏性体的接触面积、黏性介质的黏滞特性,调节阻尼器的出力大小。为了防护黏性介质,设计了防尘罩。

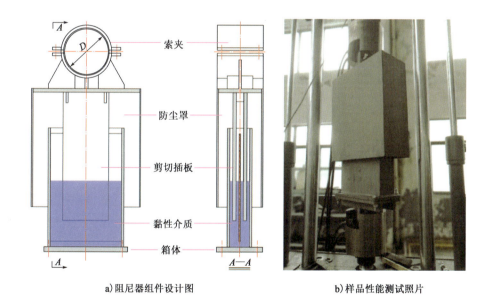

a) 阻尼器组件设计图　　b) 样品性能测试照片

图7-29　苏通长江公路大桥最长拉索采用的黏性剪切阻尼器设计方案

由于黏性剪切阻尼器上下部分之间通过黏性介质相连,在安装时上下部分分别与索和阻尼器支撑固接,不需要活动连接,无连接引起的阻尼器效率损失,同时长期疲劳性能有保证。为了保证插板准确定位,在防尘罩和箱体之间设计了导向轮。

在全面实施安装之前,制备了3个黏性剪切阻尼器样品,进行单体加载试验。考虑3个阻尼器分别针对300m、400m和500m长的拉索,故取J18索、J26索和J32索为代表进行设计和测试。3 根索的基频分别为 0.24Hz、0.28Hz 和 0.38Hz，取 3Hz 以下的几个代表性模态进行试验。在各频率下，取不同的振幅、采用对应的正弦函数进行位移加载，记录阻尼器的出力。实际阻尼器的特性均具有非线性，为了设计方便，考虑采用第 4 章的黏弹性模型拟合阻尼器的力-位移关系，每次测试中的位移和阻尼器出力可以直接读取，采用差分法从位移时程获取速度。采用测试中力稳定的 3 个周期的力、位移、速度时程，用最小二乘法估计得到的各组试验中的阻尼器等效刚度和阻尼系数，如图 7-30 所示。

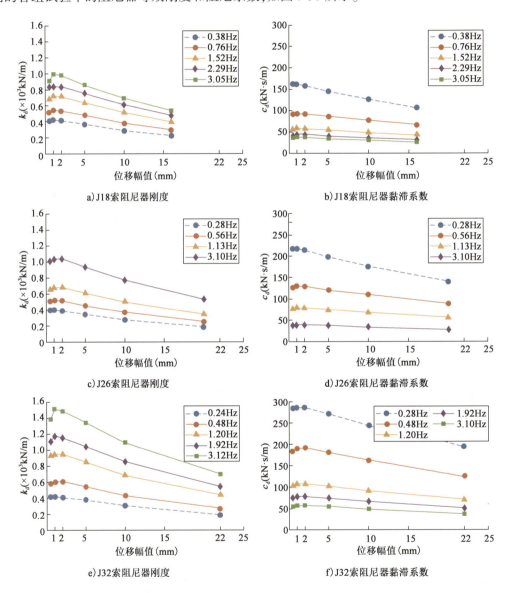

图 7-30 3 个黏性剪切阻尼器试单体性能测试结果

另外，黏性剪切阻尼器采用的高分子黏性介质的黏度对温度比较敏感。然而，温度对黏性剪切阻尼器单体性能的影响尚不明确。因此，在本次阻尼器升级工程中开展了低温情况下黏性剪切阻尼器单体性能试验。对J26索阻尼器进行试验,试验时将两个温度传感器放入阻尼器黏性介质中,如图7-31a)所示;阻尼器整体放入恒温冰箱降温1d,然后将阻尼器从恒温冰箱取出安装到加载试验机上,如图7-31b)所示;对黏性剪切阻尼器内部的温度进行持续的监测[图7-31c)],待温度升至预定温度后进行试验。试验获得阻尼器在-3.5℃和3℃两种温度下的阻尼器刚度和阻尼系数,如图7-32所示。

a)温度传感器布置　　　　b)阻尼器测试　　　　c)实时温度监测

图7-31　低温条件下黏性剪切阻尼器单体性能测试现场照片

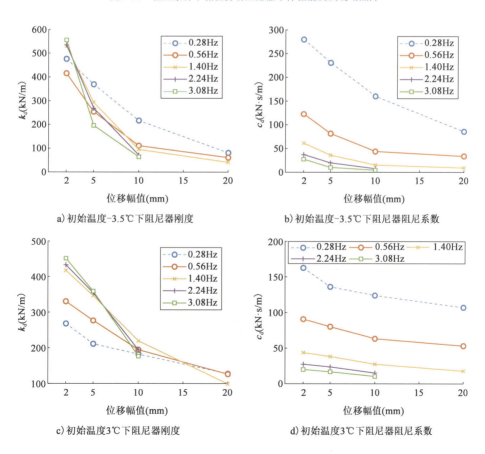

图7-32　低温条件下测试得到的阻尼器刚度和阻尼系数

对比图7-32和图7-30c)、图7-30d)可以发现,在低温试验中测得的阻尼器的刚度降低较多,阻尼器的黏性阻尼系数除0.28Hz工况外均有降低。黏性介质温度回升到3℃时,阻尼器的刚度进一步有所降低,阻尼器的黏性阻尼系数在0.28Hz工况下相比-3.5℃时有所降低,其他频率情况下黏性阻尼系数有所提高,但是均小于20℃条件下的测试结果。可见,低温情况下黏性剪切阻尼器的刚度和阻尼系数均有所降低,分析原因可能是由于黏性介质的硬度增大,插板与介质发生相对位移时,滑移面增大,此时耗能主要靠插板与固体状介质之间的摩擦而非黏性介质的剪切变形。虽然阻尼器的黏性系数变化较大,但是阻尼器刚度的降低能较大程度地提高阻尼器的减振性能。实桥监测数据分析发现,黏性剪切阻尼器在夏季和冬季的减振效果无明显差异,见本书6.4节。

2) 黏滞阻尼器

采用的黏滞阻尼器如图7-33所示,其主要包含腔体、活塞和硅油。腔体、活塞分别与支架和拉索相连,当活塞与缸筒之间发生相对运动时,活塞前后的压力差使流体阻尼材料从阻尼孔中通过,产生阻尼力,将结构振动的部分能量通过阻尼器中的流体阻尼材料耗散掉,减小结构振动。该类阻尼器加工精度要求高,连接件松动会影响减振效果,小间隙的存在也会影响斜拉索小幅振动时的耗能作用。另外,长期的往复运动可能导致密封橡胶圈的磨损,引起内部阻尼介质渗漏,然后阻尼器出现空程,影响阻尼器功能的发挥。因此,在阻尼器设计中需要对这些细节加强关注。

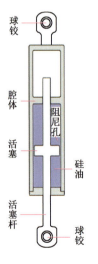

a)阻尼器组件设计图　　b)样品性能测试照片

图7-33　苏通长江公路大桥中长拉索采用的黏滞阻尼器

与黏性剪切阻尼器一样,制作了3个黏滞阻尼器样品并开展了单体性能测试。同样可以采用式(4-5)所示的力表达式拟合试验结果。结果显示,黏滞阻尼器的内刚度近乎为零,黏滞系数同样具有频率依赖性（图7-34），即黏滞系数随着频率增大而减小。注意，这种变化趋势有利于多阶模态阻尼的提升。

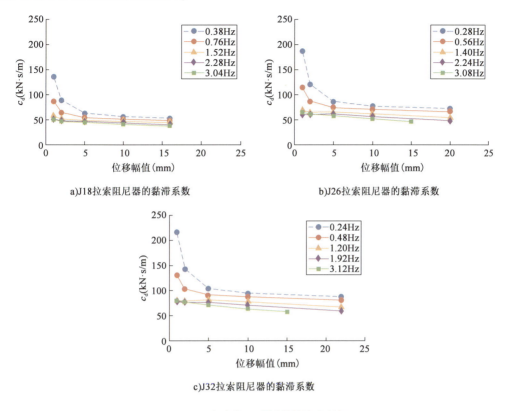

a)J18拉索阻尼器的黏滞系数　　b)J26拉索阻尼器的黏滞系数

c)J32拉索阻尼器的黏滞系数

图7-34　3个黏滞阻尼器单体性能试验结果

7.3.4　阻尼效果理论分析

依据上述黏性剪切阻尼器和黏滞阻尼器单体性能试验和参数识别结果，利用第4章的理论方法分析阻尼器安装到苏通长江公路大桥对应拉索的阻尼效果。

（1）J23索的基频为0.318Hz，因此设计考虑前10阶振动。J23索相比J26索长度和索力减小，其对应的最优阻尼系数比J26索小，因此在图7-29a)所示的黏性剪切阻尼器的基础上，将其插板面积减小10%（黏性剪切阻尼器的刚度和阻尼系数与插板面积近似成线性关系）。各频率下阻尼器的参数按图7-30c)和图7-30d)所示的试验测试值进行插值，验算时考虑阻尼器的位移幅值为10mm，验算结果见表7-21，可见索振动频率在3Hz以下的振动的对数衰减率能达到0.03的设计目标（取索固有阻尼对应的对数衰减率为0.003）。

J23 索附加黏性剪切阻尼器后索面内阻尼效果估算　　　　表 7-21

模态	频率（Hz）	阻尼系数（kN/m）	刚度系数（kN/m）	理论模态阻尼（%）	理论对数衰减率	索自身对数衰减率	总对数衰减率
1	0.318	144.9	261.4	0.48	0.030	0.003	0.033
2	0.608	93.2	345.0	0.53	0.033	0.003	0.036
3	0.913	70.7	410.6	0.51	0.032	0.003	0.035
4	1.216	58.2	464.3	0.49	0.031	0.003	0.034
5	1.520	50.0	510.9	0.48	0.030	0.003	0.033
6	1.824	44.1	552.4	0.47	0.029	0.003	0.032
7	2.128	39.7	590.2	0.46	0.029	0.003	0.032
8	2.432	36.3	624.9	0.45	0.028	0.003	0.031
9	2.736	33.5	657.3	0.44	0.028	0.003	0.031
10	3.040	31.2	687.6	0.44	0.028	0.003	0.031

（2）J17 索的参数与 J18 索接近，设计考虑直接采用图 7-34a）所示的黏滞阻尼器，采用 2 个黏滞阻尼器成 55°安装。J17 索基频为 0.397Hz，因此考虑其前 8 阶振动，各频率下的阻尼器系数按插值计算，考虑阻尼器的位置幅值为 10mm，验算结果见表 7-22，可见索振动频率在 3Hz 以下的振动的对数衰减率能达到设计目标。

J17 索附加黏滞阻尼器后索面内振动阻尼效果估算　　　　表 7-22

模态	频率（Hz）	面内振动阻尼系数（kN/m）	理论模态阻尼（%）	理论对数衰减率	折减后对数衰减率	索自身对数衰减率	总对数衰减率
1	0.397	88.3	0.96	0.060	0.030	0.003	0.033
2	0.794	80.7	1.27	0.080	0.040	0.003	0.043
3	1.191	76.4	1.29	0.081	0.040	0.003	0.043
4	1.588	73.4	1.21	0.076	0.038	0.003	0.041
5	1.986	70.7	1.12	0.070	0.035	0.003	0.038
6	2.383	68.1	1.03	0.065	0.032	0.003	0.035
7	2.780	66.0	0.95	0.060	0.030	0.003	0.033
8	3.177	64.6	0.88	0.055	0.028	0.003	0.031

7.3.5　实桥减振测试

1）阻尼效果测试

将制作的黏性剪切阻尼器和黏滞阻尼器对应安装在目标拉索上进行振动测试，采用的测试方法和仪器与上文中减振系统初始设计阶段的实桥试验相似。此次试验采用了惯性激振器结合人工激振的方式。表 7-23 给出了测试拉索的动力特性参数。试验现场布置如图 7-35 所示。加速度传感器安装在距离桥面约 13m 的位置处,用以记录拉索的振动加速度。位移传感器安装在阻尼器位置处,用于测试阻尼器的运动。在拉索距离桥面约 13m 的位置处安装拉索激振器,用于拉索的激振,同时安装了钢丝绳用于人工激振。传感器和激振器等采用登高车安装。

测试拉索动力特性参数　　　　　表 7-23

编号	垂度参数 λ^2	平面内模态频率(Hz)			阻尼器位置(%)
		1 阶	2 阶	3 阶	
SJ18U	0.7	0.39	0.76	1.14	2.60
SJ26U	1.5	0.30	0.56	0.85	2.36
SJ32U	1.9	0.36	0.48	0.72	2.21
NJ32U	1.9	0.36	0.48	0.72	2.21

a)黏性剪切阻尼器安装

b)黏滞阻尼器安装

c)加速度传感器安装

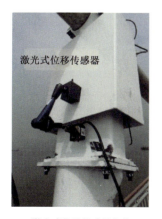

d)激光式位移传感器安装

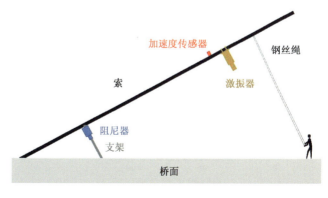

e)试验总体方案

图 7-35

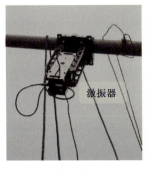
f) 激振器安装

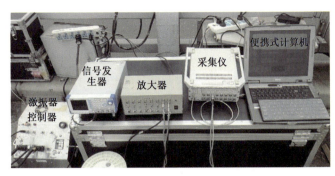
g) 激振器控制系统及采集系统

图 7-35　苏通长江公路大桥更换阻尼器实桥测试

为测试阻尼器对拉索的多阶模态的阻尼作用，试验中尽可能激起拉索多个模态的振动。如前文所述，通常关注拉索 3Hz 以内的风雨激振，因此试验中仅选择个别代表性的高阶振动进行测试。试验中对于频率大于 1Hz 的拉索模态进行激励时，拉索的目标阶模态振动仅使用激振器可以成功激振，对于频率小于 1Hz 的模态可以采用激振器配合人工激振的方式进行激振。但是在对拉索的 1、2 阶模态进行激励时，由于受到激振器安装高度和自身重量的限制，其不能激起目标阶振动，同时由于拉索的长度和垂度较大，人工激振也十分困难。在试验中，SJ32U 索激起的 2 阶模态振动的试验结果尚可以接受，其测试结果将作为参考。通常认为拉索的风雨激振通常发生在 1～3Hz，而苏通长江公路大桥长索的前两阶频率通常低于 1Hz。图 7-36 给出了试验激起的部分拉索模态的自由衰减振动原始观测数据。

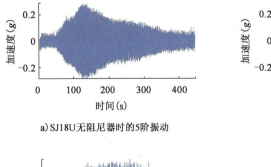
a) SJ18U 无阻尼器时的 5 阶振动

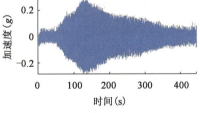
b) SJ26U 无阻尼器时的 10 阶振动

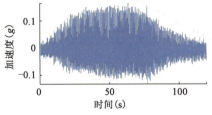
c) SJ18U 安装黏性剪切阻尼器后 4 阶振动

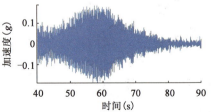
d) SJ26U 安装黏性剪切阻尼器后 15 阶振动

图 7-36

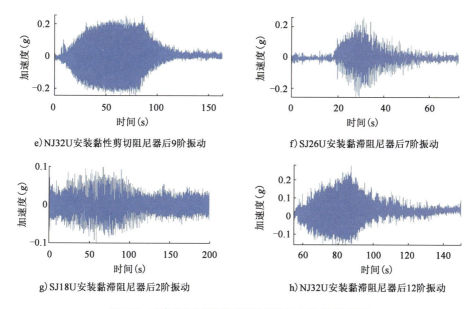

e) NJ32U安装黏性剪切阻尼器后9阶振动　　f) SJ26U安装黏滞阻尼器后7阶振动

g) SJ18U安装黏滞阻尼器后2阶振动　　h) NJ32U安装黏滞阻尼器后12阶振动

图 7-36　实索试验激振获取的部分模态自由衰减振动时程

如图 7-36 所示，实桥试验激励较为成功，对振动加速度信号进行滤波后，可以对自由衰减段进行指数函数拟合，获得频率和模态阻尼。对自由衰减段信号的包络线拟合的案例如图 7-37 所示。各种工况下得到的频率和阻尼比见表 7-24～表 7-27。为了进一步判断实测阻尼比是否满足设计需要，将测试获得的阻尼比绘制在图 7-38 上。由图 7-38 可见，测试的拉索 3Hz 以下模态的阻尼值基本满足风雨激振控制要求。具体的测试阻尼效果分析以及与理论分析的对比见文献[24-25]。总体而言，3Hz 以下的振动，两种阻尼器的减振效果相近；频率超过 3Hz 的模态，黏滞阻尼器的阻尼效果降低较快，而黏性剪切阻尼器的效果降低相对较小。

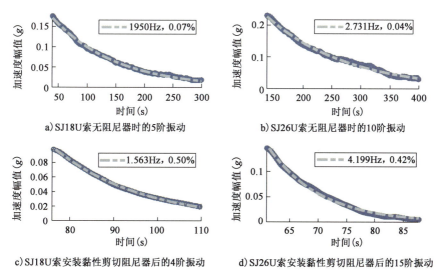

a) SJ18U索无阻尼器时的5阶振动　　b) SJ26U索无阻尼器时的10阶振动

c) SJ18U索安装黏性剪切阻尼器后的4阶振动　　d) SJ26U索安装黏性剪切阻尼器后的15阶振动

图 7-37

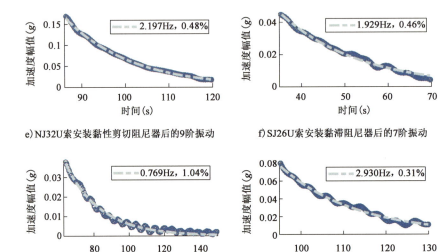

e) NJ32U索安装黏性剪切阻尼器后的9阶振动　　f) SJ26U索安装黏滞阻尼器后的7阶振动

g) SJ18U索安装黏滞阻尼器后的2阶振动　　h) NJ32U索安装黏滞阻尼器后的12阶振动

图 7-37　采用包络线拟合方法获取阻尼

SJ18U 索的测试结果　　　　　　　　表 7-24

模态	无阻尼器		黏性剪切阻尼器		黏滞阻尼器	
	频率(Hz)	阻尼比(%)	频率(Hz)	阻尼比(%)	频率(Hz)	阻尼比(%)
2	0.763	0.146	0.781	0.622	0.769	1.044
3	1.147	0.090	1.160	0.529	1.147	0.756
4	1.563	0.066	1.563	0.504	1.563	0.484
5	1.950	0.074	1.953	0.486	1.929	0.474
6	2.289	0.057	2.344	0.499	2.319	0.531
7	2.698	0.051	2.710	0.481	2.710	0.534
8	3.094	0.048	3.101	0.462	3.125	0.478
9	3.485	0.054	—	—	3.491	0.406
10	3.900	0.047	3.882	0.435	3.882	0.251
15	—	—	5.835	0.390	5.859	0.142

SJ26U 索的测试结果　　　　　　　　表 7-25

模态	无阻尼器		黏性剪切阻尼器		黏滞阻尼器	
	频率(Hz)	阻尼比(%)	频率(Hz)	阻尼比(%)	频率(Hz)	阻尼比(%)
2	—	—	0.537	1.500	0.549	1.565
3	0.815	0.087	0.830	0.521	0.830	0.084
4	1.082	0.037	1.123	0.498	1.099	0.716
5	1.350	0.052	1.392	0.456	1.392	0.456
6	1.654	0.061	1.660	0.464	1.660	0.571

续上表

模态	无阻尼器		黏性剪切阻尼器		黏滞阻尼器	
	频率(Hz)	阻尼比(%)	频率(Hz)	阻尼比(%)	频率(Hz)	阻尼比(%)
7	1.913	0.044	1.929	0.432	1.929	0.456
8	2.185	0.034	2.197	0.401	2.197	0.464
9	—	—	2.466	0.423	2.490	0.468
10	2.731	0.043	2.734	0.362	2.734	0.383
11	—	—	3.027	0.400	3.027	0.365
12	3.278	0.074	3.320	0.470	3.296	0.286
15	—	—	4.199	0.417	4.199	0.517
20	5.457	0.072	5.566	0.464	—	—

SJ32U 索的测试结果 表 7-26

模态	无阻尼器		黏性剪切阻尼器	
	频率(Hz)	阻尼比(%)	频率(Hz)	阻尼比(%)
2	0.473	0.154	0.476	0.954
3	0.708	0.152	0.708	0.512
4	0.940	0.134	0.952	0.645
5	1.178	0.105	1.208	0.612
6	1.407	0.084	1.428	0.458
7	1.642	0.082	1.685	0.393
8	1.880	0.071	1.929	0.387
9	2.112	0.055	2.148	0.385
10	2.353	0.051	2.393	0.405
11	2.588	0.053	2.637	0.397
12	2.844	0.055	2.881	0.456
13	3.082	0.032	3.101	0.306
14	—	—	3.345	0.356

NJ32U 索的测试结果 表 7-27

模态	黏性剪切阻尼器		黏滞阻尼器	
	频率(Hz)	阻尼比(%)	频率(Hz)	阻尼比(%)
2	0.488	0.719	0.488	1.061
3	0.732	0.621	0.732	0.784
4	0.989	0.604	1.001	0.887
5	1.221	0.540	1.221	0.573
6	1.465	0.458	1.465	0.588
7	1.709	0.500	1.733	0.477

续上表

模态	黏性剪切阻尼器		黏滞阻尼器	
	频率(Hz)	阻尼比(%)	频率(Hz)	阻尼比(%)
8	1.953	0.482	1.953	0.443
9	2.197	0.477	2.222	0.426
10	2.441	0.459	2.466	0.427
11	2.661	0.396	2.710	0.437
12	2.930	0.391	2.930	0.306
13	3.174	0.379	3.198	0.310
14	3.418	0.374	3.418	0.182

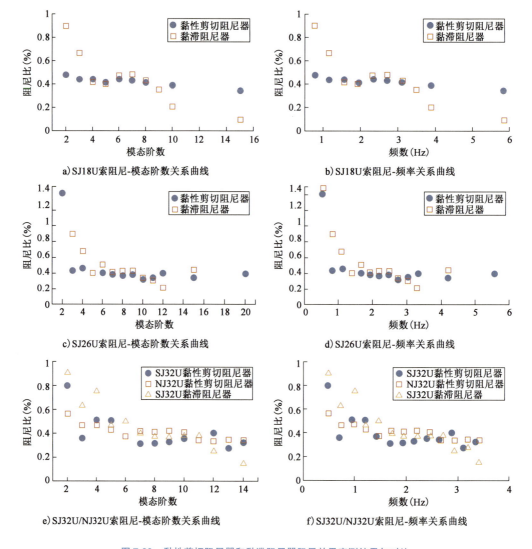

图 7-38 黏性剪切阻尼器和黏滞阻尼器阻尼效果实测结果与对比

2）阻尼器变形观测

上述试验主要是获取斜拉索振动阻尼，测试中采用激光式位移传感器观测了阻尼器的变形。试验中的位移观测为阻尼器的行程设计提供了重要依据。图 7-39 所示为 SJ26U 索在实桥试验中，几个时段观测到的黏性剪切阻尼器的变形，可见在这些时段中，变形最大的幅值达到 15mm 以上。其中激励起的索振动引起的阻尼器变形幅值在 5mm 以下，如图 7-39 中的局部放大图所示。上述大幅变形为车辆或者风等活荷载引起的桥梁整体变形，以及索、梁线形变化引起的阻尼器变形，这在传统的阻尼器设计中常被忽略。图 7-40 展示了 SJ32U 索在试验过程中 4 个时段观测到的黏性剪切阻尼器的变形幅值，由于该索更靠近跨中，索长更大，活荷载引起的阻尼器变形幅值近 40mm。这些因素需要在阻尼器的选择和行程设计中加以考虑。

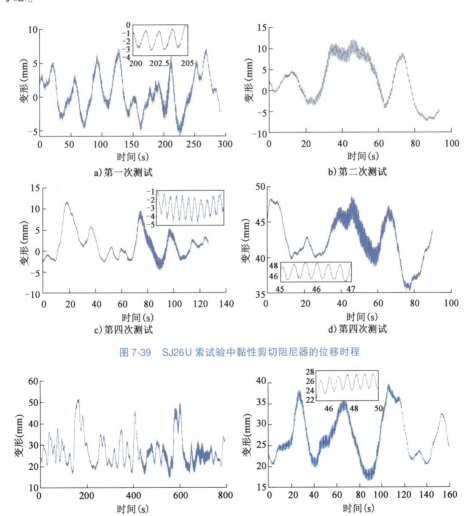

图 7-39　SJ26U 索试验中黏性剪切阻尼器的位移时程

图　7-40

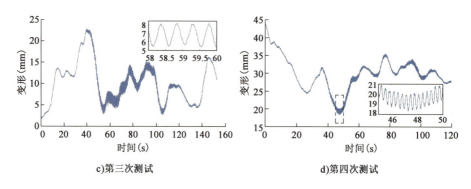

图 7-40 SJ32U 索试验中黏性剪切阻尼器的位移时程

7.3.6 阻尼器的比选与全桥应用

根据上一小节的测试,两种成熟的阻尼器在阻尼效果方面均基本能满足苏通长江公路大桥斜拉索减振的需求。考虑到苏通长江公路大桥交通繁忙、重载交通多、阻尼器更换的紧迫性以及美观因素,决定在原有支架上安装被动阻尼器减振。其中,18~34 号拉索选用黏性剪切阻尼器,主要基于以下因素:

(1)车辆等日常荷载作用下,18~34 号拉索阻尼器需要承受较大的准静力变形:从 18 号拉索至 34 号拉索,这种变形的最大行程在 1~4cm 之间;同时,索与梁的角度发生变化。黏性剪切阻尼器的插板和箱体为分离结构,能适应这种变形,无阻尼器达到行程造成受力剧增,导致构件破坏的风险,索与梁角度发生变化时不承受弯矩作用。

(2)黏性剪切阻尼器安装无须铰链接,无铰长期承受索-梁间的准静力变形引起的疲劳问题。

(3)黏性剪切阻尼器耐久性好,初始和维护成本低,安装维护便捷。

(4)黏性剪切阻尼器的黏性介质的黏度受到温度变化影响较大。另外,2019—2020 年索振动监测数据表明,苏通长江公路大桥索冬季较大幅度振动出现的频次及振动幅值均小于夏季。因此,黏性剪切阻尼器的参数按夏季的温度进行优化设计。

较短的 10~17 号拉索选用黏滞阻尼器主要基于以下考虑:

(1)10~17 号拉索的倾角较大,相应阻尼器的轴线与水平方向夹角减小,采用黏性剪切阻尼器可能发生台风下阻尼器黏性介质溢出的问题,黏滞阻尼器适用于大倾角拉索减振。

(2)黏滞阻尼器成本较低,维护较为方便,同时 17 号拉索及更短的索的阻尼器在车辆等准静力荷载下的变形幅度较小。根据观测,J18 索在准静力的作用下的行程约为 1cm。因此,铰链接承受的疲劳荷载相对较小,能够保证耐久性。

根据表 7-24~表 7-27 的结果,结合苏通长江公路大桥斜拉索的原设计,对替换的外置阻尼器的性能要求如下:

(1)替换阻尼器后,索前5阶振动的对数衰减率不小于0.03,索所有振动频率在3Hz以下的模态的对数衰减率不小于表7-10所列的最小对数衰减率值。

(2)18~34号拉索阻尼器的行程不小于±100mm,10~17号拉索的阻尼器的行程不小于±65mm。

(3)阻尼器本身及其连接件应具有足够的强度,要求能承受50kN的拉压荷载作用。

(4)支架刚度及施工安装要求:连接支架要有足够的刚度,以保证阻尼器正常工作。在最大阻尼反力的作用下,支架变形不得超过0.5mm。

(5)阻尼器的连接部位要具有较高的加工精度,连接件之间配合紧密,不得松动,以免影响减振效果。连接方式的设计要易于调节定位、施工和更换。

7.4 涡振控制措施

7.4.1 涡振处置背景

根据苏通长江公路大桥开通十年以来的现场观测、监测数据分析以及监控视频分析结果,发现斜拉索存在涡激振动现象。对于安装有外置阻尼器的索,当其振动模态对应的振型在外置阻尼器处为驻点时,外置阻尼器由于安装位置的原因不能起到减振作用,索因此出现涡激共振引起的高频振动[26]。根据相关研究报告,已经更换阻尼器的NJ32D索和安装原MR阻尼器的NJ32U索均发生了高阶涡激振动。注意,NJ32U索在2019年6月底完成原有MR阻尼器更换为黏性剪切阻尼器的工作。两根索更换了外置阻尼器后仍出现了高阶高频振动,典型的振动时程及频谱如图7-41所示。总体而言,发生该种振动时,索面外振动幅度大约是面内振动幅值的1/5。

同时,苏通长江公路大桥未安装外置阻尼器的短索(1~9号拉索)常出现较为明显的振动[21]。例如,观测记录表明,NA9U索在检测期间发生了较大幅度的振动,最大振动响应加速度达14m/s^2,面外加速度响应最大值达到2.5m/s^2。根据2019年11月对SJ9U索的振动监测,索面内振动的小时均方差最大能达到14m/s^2;在风速为5m/s附近,索出现了涡激振动,振动频率在8.8Hz左右,对应索的15阶振动。根据2020年1—3月对SJ8U索的振动监测,该索几乎每天都会出现高频、大加速度振动,振动加速度最大超过50m/s^2。SJ8U索2020年2月6日16:00—17:00的振动时程和频谱如图7-42所示。

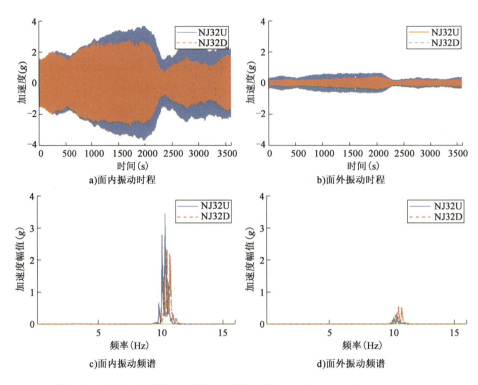

图 7-41　典型的长索高频大振幅振动时程和频谱（2019 年 9 月 13 日 20:00—21:00）

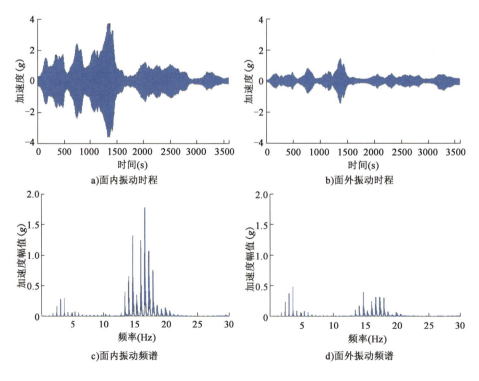

图 7-42　典型较短拉索 SJ8U 日常振动时程和频谱（2020 年 2 月 6 日 16:00—17:00）

长期的异常振动会对拉索的正常使用产生不利影响。首先,斜拉索长时间高频振动会使组成斜拉索的单根钢丝反复应力变化,导致其疲劳损伤,缩短斜拉索的使用寿命;其次,斜拉索异常振动引起斜拉索锚固端产生反复弯曲应力,极易破坏斜拉索的根部防护装置等,直接导致斜拉索锚固部分的钢护管产生疲劳破坏,护管封口松动,护管内和锚头等位置积水,加速斜拉索的锈蚀;最后,斜拉索异常振动会引起内外置阻尼器的破坏及桥梁振动等,使桥梁的使用者产生心理负担,增加不安全感,引起较严重的社会恐慌。由于苏通长江公路大桥结构形式复杂、社会关注度高,斜拉索的异常振动会带来严重的社会影响,因此有必要对斜拉索采取抑振工程措施,以解决斜拉索高频振动问题。

7.4.2 总体减振设计

针对苏通长江公路大桥长拉索外置阻尼器不能有效抑制高频振动和短拉索安装现有内置阻尼器后日常仍出现涡振的问题,利用斜拉索的导管安装内置式减振器,具体的安装方式和阻尼器性能要求如下:

(1)长索包括每个索面的18~34号索。在其梁端导管口安装高阻尼橡胶阻尼器控制高阶涡激振动,具体要求如下:

①高阻尼橡胶受压时的损耗因子达到0.32及以上。

②高阻尼橡胶阻尼器应该能够根据每根索的参数调节其橡胶厚度,达到刚度最优。并且,分析时仅考虑其受压侧的减振效果,即计算其刚度时考虑一半的材料,因受拉侧的橡胶可能脱开,不起减振作用。

③高阻尼橡胶阻尼器能够适应索和索导管的偏心等情况,保证与索和导管的贴合。

(2)每个索面的1~9号短索(除NJ8D索和NJ9D索已增设外置阻尼器外,其他未安装梁端外置阻尼器),将原有内置减振器替换为填充式的内置橡胶阻尼器,替换的内置阻尼器满足如下要求:

①阻尼器的损耗因子不小于0.25;

②根据每根索调整优化橡胶刚度(用量),由于阻尼器工作时橡胶受拉部分可能脱离(不起减振作用),因此在计算阻尼时仅考虑受压的50%橡胶材料的刚度系数;

③安装后,索低频振动对数衰减率达到0.01。

7.4.3 内置橡胶阻尼器

为了提升内置阻尼器的性能,以满足上述涡振控制需要,前期调研了多种国内外内置橡胶类阻尼器装置及其安装工艺。其中,目前国内主要采用预制型的橡胶块,以及楔块或者其他方式填塞的安装方式,如图 7-8 所示。这种安装方式对拉索与导管存在偏心的情况适应性较差,在长期高频涡振情况下容易松动或者卡死,减振效果相应降低。综合考虑,选用在日本多多罗大桥上安装的橡胶阻尼器,共有 3 种类型,如图 7-43 所示。第一种是在导管口直接灌注混合的高分子材料,凝固后形成填充橡胶阻尼器,该种阻尼器在多多罗大桥的短索梁端和昂船洲大桥斜拉索塔端进行了应用;第二种是将橡胶材料制成橡胶环,每个橡胶环分成两半,厚度为 10mm 左右,橡胶环内径和索外径相同,橡胶环外径小于索导管内径,安装时将橡胶环叠层放置后,在其与导管内壁之间填充树脂砂浆,砂浆凝固后高阻尼橡胶阻尼器开始工作;第三种类型的橡胶阻尼器安装方式与第二种不同,但采用的环形橡胶片一样,此时需要在导管口设置一个端板,法兰盘与端板之间采用螺栓安装,通过长条形螺栓孔适应索与导管的不对中情况。采用的叠层橡胶环上每 60°开一个孔,多层环采用螺杆串起来,在两端采用金属环片和螺母压紧。

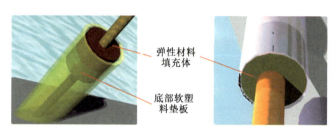

a) 灌注填充橡胶阻尼器

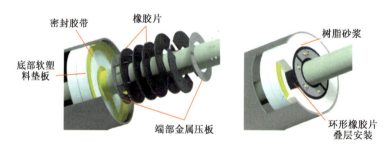

b) 灌注树脂安装叠层环形高阻尼橡胶片阻尼器

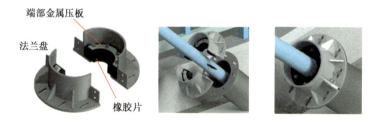

c) 法兰安装叠层环形高阻尼橡胶阻尼器

图 7-43 灌注填充橡胶阻尼器、叠层环形橡胶片阻尼器和环形片状高阻尼橡胶阻尼器

图 7-43 所示的橡胶阻尼器在索振动时橡胶发生挤压变形耗散能量。其中,灌注填充橡胶阻尼器的显著优点是能够和索及导管紧密接合,对高阶小振幅振动亦能起到较好的减振效果;由环形橡胶片叠层形成的阻尼器的特点是便于调节、拆卸维护,阻尼器的外侧与导管采用砂浆填充或者采用法兰安装,同样能够适应索和导管存在偏心的情况。

7.4.4 涡振处置效果

在内置高阻尼橡胶阻尼器全面安装前,在 SJ9U 索上安装了填充橡胶阻尼器,验证其对于短索日常振动的控制效果;在 SJ18U 索、SJ26U 索和 SJ32U 索上安装了环形高阻尼橡胶阻尼器,然后开展长期监测,检验其对于长索高阶涡振的抑制效果。在 SJ9U 索上安装的填充橡胶阻尼器的损耗因子为 0.25,实桥测试和监测结果表明,其减振效果基本满足要求,因此在全桥 72 根短索上推广实施;实施后进行了 SJ9D 索的测试验收。在其他 3 根索上安装的片状橡胶阻尼器的损耗因子为 0.32,采用橡胶与索抱紧、与索导管之间填充砂浆的安装方式。长期监测表明,长索高阶涡振得到有效抑制,因此在全桥 18~34 号索上实施。实施过程中,为了提升安装效率,采用法兰安装的方式。实施完成后,利用已经安装好的振动监测系统,持续监测了上述 3 根索以及 SJ33U 索、NJ32U 索等的振动状况。本小节主要介绍相关的试验和监测结果。相关的理论分析参见文献[27]。

1) 1~9 号拉索内置式阻尼器替换与减振效果测试

(1) 阻尼器实施与阻尼测试。

图 7-44 显示了 SJ9U 索上安装填充高阻尼橡胶阻尼器的过程,具体包括:①前期主材料和辅助材料、设备的准备;②导管口安装物的拆除;③导管口清理;④采用绳索临时固定索(该索在微风情况下有振动);⑤垫材现场制作安装;⑥导管口搭设模板和灌注口;⑦弹性材料与硬化剂现场混合、搅拌;⑧灌注橡胶材料、养护;⑨拆除模板与修整。

a) 准备完成

b) 清理导管口

图 7-44

c) 索临时固定

d) 垫材安装完成

e) 搭设模板

f) 填充材料和硬化剂

g) 现场搅拌

h) 橡胶材料灌注

i) 拆除模板、修整

j) 安装完成

图 7-44　填充高阻尼橡胶阻尼器施工过程

SJ9U 索的填充高阻尼橡胶阻尼器成型后,进行了实桥试验。具体试验方法见第 6 章,测试结果见表 7-28。注意索 1 阶振动对数衰减率为 0.0123,2~4 阶振动的对数衰减率约为 0.009,基本满足预期要求。阻尼值总体较小的原因是内置阻尼器安装距离小,对于 SJ9U 索,相对安装位置仅为 1.01%。

SJ9U 索试验结果   表 7-28

模态	频率(Hz)	模态阻尼比(%)	对数衰减率	斯柯顿数
1	0.592	0.20	0.0123	5.8
2	1.172	0.14	0.0091	4.1
3	1.758	0.13	0.0083	3.8
4	2.319	0.14	0.0089	4.1
5	2.905	0.14	0.0089	4.1

在全桥 72 根短索按照图 7-44 的步骤完成填充高阻尼橡胶阻尼器安装后,在 SJ9D 索上再次开展了阻尼测试试验。此次试验同时采用加速度传感器和微波雷达测量拉索振动的加速度和位移,分别进行阻尼分析。现场成功激起了 SJ9D 索的前 5 阶振动(覆盖了所有 3Hz 以下模态),根据索自由衰减时段的加速度响应计算得到的频率、阻尼比及对应的对数衰减率见表 7-29。将采用微波雷达测量得到的位移时程分析得到的结果也列入表 7-29。表中数据表明,测试结果与 SJ9U 索测试的结果吻合,前 5 阶模态振动的对数衰减率基本达到 0.01 的水平,对应的斯柯顿数 S_c 在 5 左右,能够满足控制日常涡振的需求。加速度传感器测试结果与微波雷达测试结果相吻合。

SJ09D 索试验结果   表 7-29

模态阶数	加速度测试结果			微波雷达位移测试结果		
	频率(Hz)	阻尼比(%)	对数衰减率	频率(Hz)	阻尼比(%)	对数衰减率
1	0.598	0.252	0.0158	0.598	0.239	0.0150
2	1.187	0.179	0.0113	1.190	0.176	0.0110
3	1.776	0.148	0.0093	1.782	0.147	0.0092
4	2.368	0.136	0.0111	2.368	0.203	0.0128
5	2.972	0.150	0.0094	2.972	0.126	0.0079

(2)长期监测。

SJ8U 索和 SJ9U 索于 2019 年安装了振动监测系统。SJ8U 短索于 2021 年 5 月 28 日完成填充橡胶阻尼器的安装。图 7-45 和图 7-46 显示了 2021 年 3 月 1 日—9 月 30 日期间,该索振动的面内、面外加速度的日最大值和日均方根值。可见,安装阻尼器前,该索几乎每天都出现较大幅度的振动,振幅常超过加速度量程($5g \approx 50 \mathrm{m/s^2}$)。安装阻尼器之后,拉索的大幅振动的次数明显减小,在台风"烟花"期间振动达到最大幅值 $30 \mathrm{m/s^2}$,也小于安装阻尼器前的加速度最大幅值。

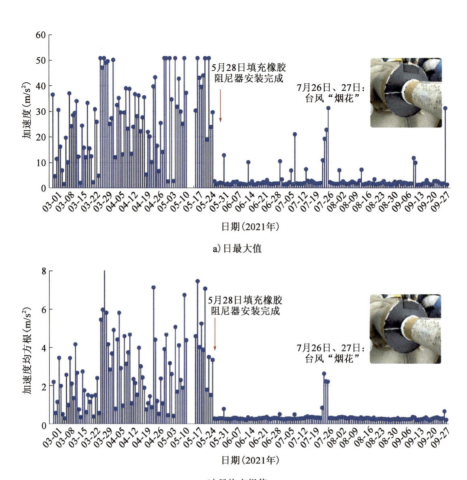

a) 日最大值

b) 日均方根值

图 7-45　SJ8U 索安装填充橡胶阻尼器前后面内振动加速度统计特性

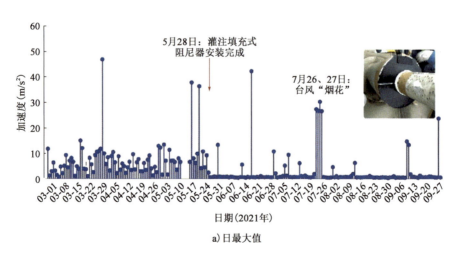

a) 日最大值

图 7-46

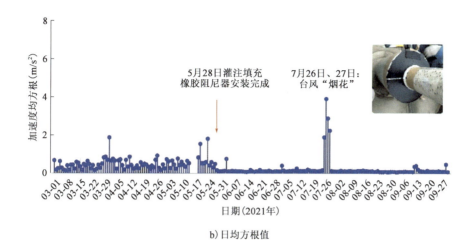

b) 日均方根值

图 7-46　SJ8U 索安装填充橡胶阻尼器前后面外振动加速度统计特性

SJ9U 索安装的阻尼器与 SJ8U 安装的内置阻尼器完全相同。该索的阻尼器于 2019 年 11 月安装完成。图 7-47 显示了 2021 年 3 月 1 日—9 月 30 日期间,该索振动的面内加速度的日最大值和日均方根值;图 7-48 显示了 2021 年 3 月 1 日—2021 年 9 月 30 日期间,该索振动的面外加速度的日最大值和日均方根值。可见,大部分时日拉索均不出现大幅振动,振动的最大振幅出现在台风"烟花"期间,且其值小于安装阻尼器前的振幅;从均方根值也可以看出,拉索出现较大幅振动的持续时间较短;阻尼器对拉索面内外振动均有较好的抑制效果;阻尼器安装完成近两年,长期监测表明,阻尼器性能和功效与安装之初一致。

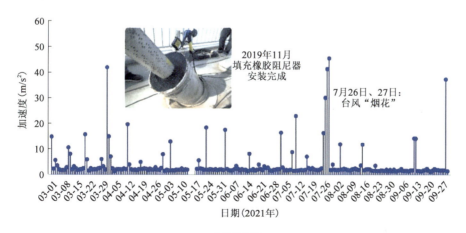

a) 日最大值

图　7-47

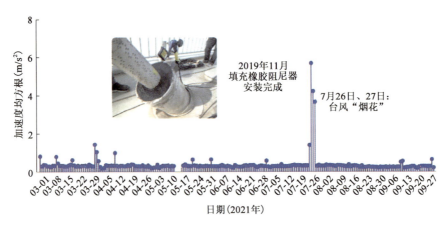

b）日均方根值

图 7-47　安装填充橡胶阻尼器的 SJ9U 索面内振动加速度统计特性

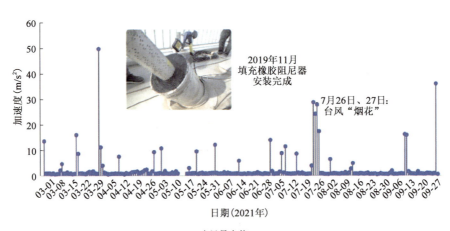

a）日最大值

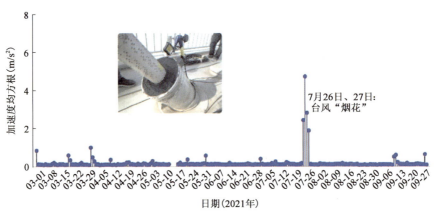

b）日均方根值

图 7-48　安装填充橡胶阻尼器的 SJ9U 索面外振动加速度统计特性

2) 18～34号拉索内置式阻尼器安装与减振效果监测

长索采用损耗因子更高的片状高阻尼橡胶阻尼器。在减振效果测试阶段,选中的 SJ18U 索、SJ26U 索和 SJ32U 索采用了填充砂浆的安装方式。采用如下步骤施工:①前期进行主材料和辅助材料、设备的准备;②拆除导管口安装物;③清理导管口;④现场制作安装垫材;⑤安装橡胶片下侧金属压板、橡胶片和上侧金属片,拧紧螺栓,压紧多层橡胶片;⑥在导管口下半部分安设模板;⑦现场混合、搅拌、制作树脂砂浆,第一次灌注树脂砂浆;⑧在导管口上半部分安设模板和灌注口,第二次灌注树脂砂浆;⑨拆除模板;⑩清理,修补砂浆空隙。片状高阻尼橡胶阻尼器施工过程(填充砂浆)如图 7-49 所示。

a)施工前套管口清空

b)清理套管口

c)垫材安装完成

d)环形片状橡胶阻尼器及压片

e)橡胶片安装

f)模板搭设完毕

图 7-49

g)砂浆制作材料

h)搅拌制作砂浆

i)填充砂浆

j)拆除模板

图7-49 片状高阻尼橡胶阻尼器施工过程(采用填充砂浆)

上述3根索完成片状高阻尼橡胶阻尼器安装后,监测显示高阶涡振得到有效抑制,因此在18~34号索上全面安装。为提升安装效率,采用了法兰盘安装方式,安装的步骤大为简化,主要包含4个主要步骤:①清理索导管口和防护准备;②焊接法兰连接板;③安装高阻尼橡胶阻尼器;④完成防水、密封和防锈处理。片状高阻尼橡胶阻尼器施工过程(采用法兰盘安装)如图7-50所示。

a)施工前准备

b)焊接法兰盘连接板

图 7-50

第7章 苏通长江公路大桥斜拉索减振系统设计与升级

c)安装片状高阻尼橡胶阻尼器

d)完成密封、防水和防锈处理

图7-50 片状高阻尼橡胶阻尼器施工过程(采用法兰盘安装)

由于安装了外置阻尼器的长索涡振主要出现在高阶模态,对应索的40阶以上,频率超过10Hz,难以采用人工或者激振器进行共振激励获取阻尼。因此,主要采用长期监测的方式评价高阶涡振的处置效果。以下主要介绍NJ32U索和SJ33U索的监测结果,其他监测的拉索情况与之类似。

(1)NJ32U索。

于2021年4月28日完成NJ32U索片状高阻尼橡胶阻尼器的安装(采用法兰盘安装)。图7-51显示了2021年3月1日—9月30日期间,NJ32U索在安装加速度传感器位置的面内加速度日最大值和均方根值,图7-52显示了索在安装加速度传感器位置的面外加速度的日最大值和日均方根值。对比安装片状高阻尼橡胶阻尼器前后拉索振动的情况,可以看出:①在安装片状高阻尼橡胶阻尼器之前,拉索在多日出现振动,振动加速度超过加速度的量程($5g=50\text{m/s}^2$),安装高阻尼橡胶阻尼器后,拉索振动的面内、面外加速度最大约为10m/s^2,最大振幅减小为安装前拉索最大振幅的1/5以下;②安装片状高阻尼橡胶阻尼器后拉索振动的日均方根值亦大幅减小,说明拉索振动持续的时间也极大得到控制;③高阻尼橡胶阻尼器对拉索面内和面外的减振效果相当;④安装阻尼器后,在台风"烟花"经过苏通长江公路大桥期间,拉索的面内外振动幅度有所增加,但是幅值和持续时间均小于安装阻尼器前拉索的振动的幅值和持续时间。

(2)SJ33U索。

2019年,在索内置阻尼器试验和监测项目开展过程中安装了振动监测系统。该索于2021年6月8日完成高阻尼橡胶阻尼器的安装(采用法兰盘安装)。图7-53显示了2021年3月1日—9月30日期间该索在安装加速度传感器位置的面内振动加速度日最大值和日均方根值,图7-54显示了索在安装加速度传感器位置的面外加速度的日最大值和日均方根值。对比该索在安装阻尼器前后的振动情况可以看出,高阻尼橡胶阻尼器有效减小了该索的振动幅值和出现振动的概率。

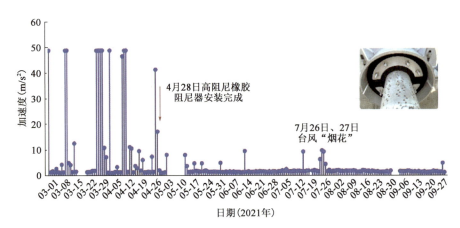

a) 日最大值

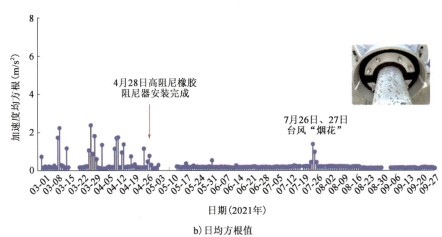

b) 日均方根值

图 7-51　NJ32U 索安装高阻尼橡胶阻尼器前后面内振动加速度统计特性

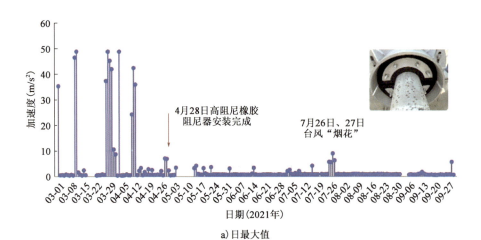

a) 日最大值

图 7-52

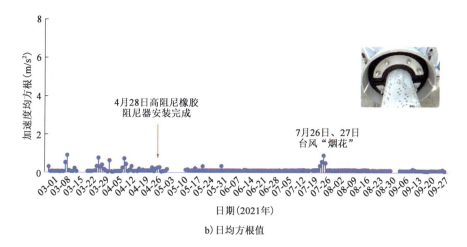

b) 日均方根值

图7-52 NJ32U索安装高阻尼橡胶阻尼器前后面外振动加速度统计特性

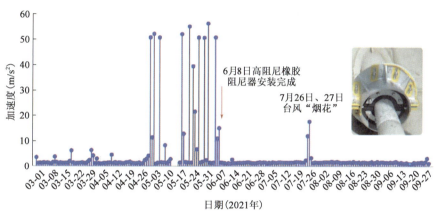

a) 日最大值

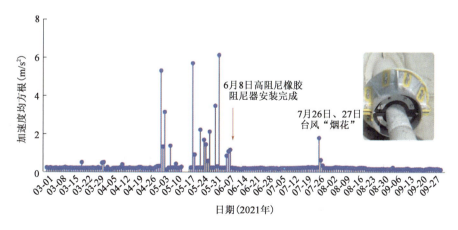

b) 日均方根值

图7-53 SJ33U索安装高阻尼橡胶阻尼器前后面内振动加速度统计特性

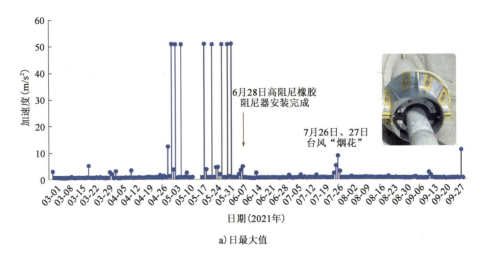

a) 日最大值

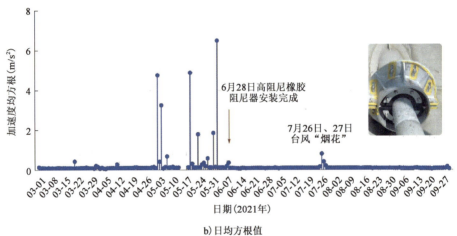

b) 日均方根值

图 7-54　SJ33U 索安装高阻尼橡胶阻尼器前后面外振动加速度统计特性

7.5　升级后的减振系统及维护要点

7.5.1　升级后的减振系统概述

在苏通长江公路大桥斜拉索减振初步设计时,针对超长索风雨激振,考虑采用 MR 阻尼器半主动控制,降低阻尼器的安装高度,在运营 10 年期间起到了很好的减振效果。但是,超长索在运营期间仍然出现了高阶涡振,未安装外置阻尼器的短索出现日常涡振。为了更好地控制拉索振动,在2019年的斜拉索减振系统升级中,全面的阻尼器单体和实索试验表明,外置被动阻尼器基本可以提升阻尼覆盖3Hz以下的振动模态。此外,采用拉索梁端导管内安装高阻尼橡胶阻尼器的方式,解决了短索日常振动和长索高阶涡振控制问题。升级后的苏通长江公路大桥斜拉索减振系统总体布置如图7-55所示。注意,此后在苏通长江公路大桥上还开展了新型阻尼器和减振措施的试验研究,因此,个别拉索的阻尼器安装与图7-55所示的方案有所差别。

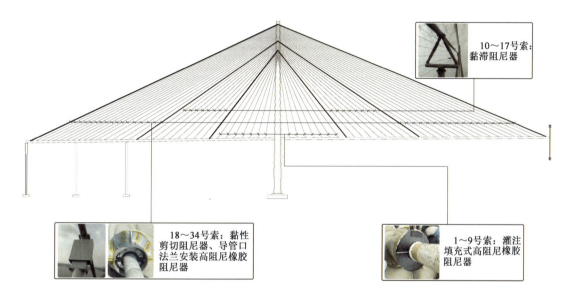

图7-55 苏通长江公路大桥斜拉索减振系统升级后总体布置

7.5.2 阻尼器的检查和养护要点

苏通长江公路大桥斜拉索阻尼器系统更换升级以后,需要进行定期检查和维护,以保证减振系统的正常工作和延长其寿命。图7-56显示了减振装置养护流程,以下分别针对外置阻尼器和内置橡胶阻尼器的检查和养护要点进行介绍。

1) 外置阻尼器

外置阻尼器的检查宜与桥梁经常检查相结合,发现重大隐患时应组织专项检查。表7-30列出了黏性剪切阻尼器和黏滞阻尼器的日常检查要点。常规检查(日常巡检、经常检查和周期性检查)中观测到索的明显振动,填写附表B-1;阻尼器检查时,填写"斜拉索外置阻尼器检查记录表"(附表B-2、附表B-3)记录缺陷,并保存相关的影像资料。

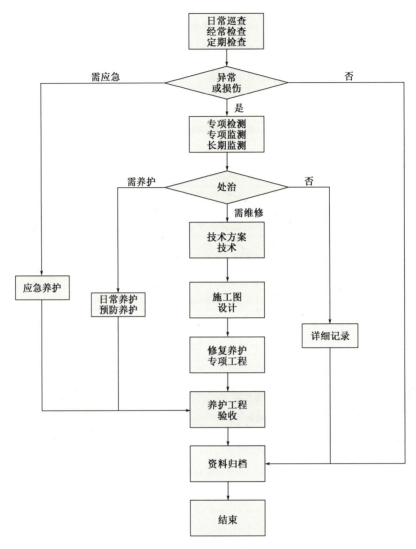

图 7-56 减振装置养护流程

斜拉索外置阻尼器检查要点　　　　表 7-30

检查类别	专项构件	检查要点
日常巡查	黏滞阻尼器	构造完整性:是否存在脱落或断裂、组件缺失(包括连接螺栓等)、黏滞流体泄漏、阻尼器偏心
日常巡查	黏性剪切阻尼器	构造完整性:是否存在脱落或断裂、组件缺失(包括限位器、连接螺栓等)、黏性体泄漏、上下箱体偏心
经常检查	黏滞阻尼器	工作状态:是否存在卡死、黏滞流体泄漏、空程;铰连接是否存在异响、卡死或间隙;是否存在索夹偏转,并涵盖日常巡查应检查的内容
经常检查	黏性剪切阻尼器	工作状态:是否存在卡死、黏性体流出抛洒;是否存在防尘罩和插板部分面外偏转,并涵盖日常巡查应检查的内容

续上表

检查类别	专项构件	检查要点
定期检查	黏滞阻尼器	不同材质的构件外观状况、构件防护性能、构造完整性、工作状态、变位痕迹、几何状态(索夹滑动与转动痕迹、阻尼器与斜拉索之间的角度关系、两个阻尼器间的角度关系),并涵盖日常巡查和经常检查应检查的内容
	黏性剪切阻尼器	不同材质的构件外观状况、构件防护性能、构造完整性、工作状态、几何状态(索夹滑动与转动痕迹、上部插板与箱体的对中关系、阻尼器与斜拉索的角度关系),并涵盖日常巡查和经常检查应检查的内容
专项检查	黏滞阻尼器	单体性能试验,索阻尼测试,焊缝无损探伤
	黏性剪切阻尼器	打开阻尼器,检查黏性介质的性态和体积;单体性能试验,索阻尼测试;焊缝无损探伤
专项监测	黏滞阻尼器	阻尼器变形监测,斜拉索振动响应监测(桥梁长期监测覆盖的拉索监测数据分析)
	黏性剪切阻尼器	阻尼器变形、黏性介质温度监测;斜拉索振动响应长期监测(桥梁长期监测覆盖的拉索监测数据分析)

2) 内置阻尼器

苏通长江公路大桥斜拉索内置阻尼器检查要点见表 7-31。常规检查(日常巡检、经常检查和周期性检查)中观测到安装内置阻尼器的斜拉索的明显振动,填写附表 B-1。阻尼器检查时,填写"斜拉索内置阻尼器检查记录表"(附表 B-4)记录缺陷,并保存必要的影像资料。

斜拉索内置阻尼器检查要点　　　　　表 7-31

检查类别	专项构件	检查要点
日常巡查	灌注填充式阻尼器	"将军帽"、胶封及钢箍是否完好;拉索是否振动,振动时阻尼器安装位置是否存在卡死、异响情况
	高阻尼橡胶阻尼器	"将军帽"、胶封及钢箍是否完好;拉索是否振动,振动时阻尼器安装位置是否存在卡死、异响情况;对于采用法兰盘安装的高阻尼橡胶阻尼器,是否存在法兰盘螺栓松动、螺栓孔和法兰盘端板接缝密封胶破损等
经常检查	灌注填充式阻尼器	同日常巡查
	高阻尼橡胶阻尼器	同日常巡查
定期检查	灌注填充式阻尼器	打开"将军帽",检查阻尼器的外观形态和工作状态;填充橡胶是否存在被挤出或陷入索导管内部的情况;填充橡胶是否存在磨损;填充体与索和套管内壁间是否存在间隙,并涵盖日常巡查和经常检查应检查的内容
	高阻尼橡胶阻尼器	打开"将军帽",检查阻尼器的外观形态和工作状态;固定橡胶片的压片和螺栓是否松动;高阻尼橡胶片是否存在磨损;橡胶片与索体间是否存在间隙,橡胶片与法兰盘内壁(或树脂填充)间是否有间隙),并涵盖日常巡查和经常检查应检查的内容

续上表

检查类别	专项构件	检查要点
专项检查	灌注填充式阻尼器	取填充材料样品测试材料性能；索阻尼测试
	高阻尼橡胶阻尼器	取出橡胶片测试材料性能；索阻尼测试
专项监测	灌注填充式阻尼器	阻尼器变形监测、斜拉索振动响应监测（桥梁长期监测覆盖的拉索的监测数据分析）
	高阻尼橡胶阻尼器	阻尼器变形监测、斜拉索振动响应监测（桥梁长期监测覆盖的拉索的监测数据分析）

斜拉索阻尼器日常养护除了应包括日常巡查工作以外，还应涵盖保养和小修等工作，其主要原则为：对可能危及安全的损坏，应限时修复；对可能迅速发展的损坏，应限期修复；对安全无明显影响且发展缓慢的损坏，可选择适宜施工的季节限期修复。当专项构件尚未发生损坏但为预防病害的发生，或有轻微损坏和病害迹象时，应适时实施预防养护。特别是在每年度台风季节之前，应完成全桥斜拉索阻尼器的预防性检查、预防性保养等工作。当专项构件局部出现明显损坏，或局部丧失服务功能时，应实施修复养护工程。当全桥斜拉索专项构件出现大范围结构性损坏时，或局部易损位置专项构件使用性能和抗灾能力明显不足时，或专项构件病害等级评定达到三级时，或因台风等自然灾害或事故灾害引起突发性损毁后，应实施局部或整体更换等专项养护工程。修复养护和专项养护工程宜及时实施并限期完成，对发展缓慢的损坏，可选择适宜施工的季节实施，实施前应采取相应的交通管制措施。当因台风等自然灾害或事故灾害引起突发性损毁后，或引发重大使用性能退化存在重大舆情风险时，应及时实施应急养护进行抢通、抢修和保通。抢修后尚未达到损毁前的技术状况时，应进一步实施专项养护工程予以恢复。

斜拉索阻尼器养护具体包括日常养护、预防养护、修复养护及专项养护、应急养护，具体内容见表7-32。

斜拉索阻尼器养护类型及具体内容 表7-32

养护类型	具体内容
日常养护	应保持专项构件各组件的完整、清洁，防止因为材料老化、变质或组件缺失而失去作用；应及时清除专项构件周围的垃圾杂物，特别是黏滞阻尼器缸体和连接轴承等位置附着的粉尘杂质，保证正常工作状态；应及时对构件表面防尘罩破损、涂装破损进行维护，定期对轴承等位置涂抹润滑防腐油脂；明确养护责任主体和责任人，并根据闭环管理流程，检查日常保养实施的及时性、有效性；日常养护任务下达、执行和检查宜与桥梁管养信息化系统相关联，提升养护作业的信息化和电子化管理水平；日常养护所用备品备件应与原有构件相配套，详细登记备品备件消耗量，并及时补充；养护实施过程中应注意采取临时减振耗能措施；养护作业应严格按照相关安全作业标准、规程等要求执行
预防养护	根据异常天气发生的周期性规律，每年度至少应完成两次预防性养护工作，包括每年台风季节之前和冬季大风季节之前，应完成全桥斜拉索阻尼器的预防性检查、预防性保养等工作；应及时补充替换老化变质材料或缺失组件；应总结归纳各类阻尼器的易损位置和易损零部件等，进行预防性的维修替换；预防养护宜从合格供方名录库中选择具有相应专业资质的单位承担；预防养护所用零部件应与原有构件相配套，所用性能应不低于原有产品标准；养护实施过程中应注意采取临时减振耗能措施；养护作业应严格按照相关安全作业标准、规程等要求执行

续上表

养护类型	具体内容
修复养护及专项养护	对涂装劣化、轴承磨耗等发展缓慢的损坏，可选择适宜施工的季节进行养护作业；应总结归纳各类阻尼器的易损位置和易损零部件等规律，根据养护需求，合理规划修复养护、专项养护的实施时机；所采取的措施应与原构造具有良好的和易性和相容性；修复养护、专项养护宜从合格供方名录库中选择具有相应专业资质的单位承担；修复养护、专项养护项目应进行技术方案设计，并宜进行一阶段施工图设计，技术特别复杂的，可采取技术设计和施工图设计两阶段设计；修复养护、专项养护所用零部件应与原有构件相配套，所用性能应不低于原有产品标准
应急养护	针对台风自然灾害或车辆撞击事故灾害引起突发性损毁，或其他引发重大使用性能退化后的重大舆情风险，制定专项应急预案，根据损毁或风险等级启动相应等级应急预案；应急养护后应组织对斜拉索构件进行专门检测、监测和评估，当尚未达到损毁前的技术状况时，应进一步实施专项养护工程予以恢复；应急养护所用备品备件应与原有构件相配套，详细登记消耗量，并及时补充

本章参考文献

[1] 游庆仲,何平,董学武,等.苏通大桥——主跨1088米的斜拉桥[J].中国工程科学,2009,11(3):14-19,80.

[2] 张喜刚,陈艾荣.苏通大桥设计与结构性能[M].北京:人民交通出版社,2010.

[3] MUTSUYOSHI H,CABALLERO A,BRAND W,et al,Acceptance of cable systems using pre-stressing steels,Recommendation[M]. Germany: The International Federation for Structural Concrete(FIB),2019.

[4] WEBER F,DISTL H. Amplitude and frequency independent cable damping of Sutong Bridge and Russky Bridge by magnetorheological dampers[J]. Structural Control and Health Monitoring,2015,22(2): 237-254.

[5] WEBER F,DISTL H,HUBER P,et al. Design,implementation and field test of the adaptive damping system of the Franjo Tudjman Bridge nearby Dubrovnik,Croatia,In IABSE Symposium Report[J]. Zurich,Switzerland: International Association for Bridge and Structural Engineering,2007,93(3):39-46.

[6] JOHNSON E A,CHRISTENSON R E,SPENCER JR B F. Semiactive damping of cables with sag[J]. Computer-Aided Civil and Infrastructure Engineering,2003,18(2):132-146.

[7] 孙利民,周海俊,陈艾荣.索承重大跨桥梁拉索的振动控制装置种类与性能[J].国外桥梁,2001(4):36-40.

[8] 时晨.斜拉索阻尼器非线性参数优化与实索减振试验研究[D].上海:同济大学,2004.

[9] SUN L,HUANG H. Design,implementation and measurement of cable dampers for large cable-stayed bridges[C]. IABSE Congress Report. Zurich,Switzerland: International Associa-

tion for Bridge and Structural Engineering,2008:242-243.

[10] SUN L,HUANG H,LIANG D,Studies on effecting factors of damper efficiency for long stay cables[C]. Earth & Space 2008: Engineering, Science, Construction, and Operations in Challenging Environments. Long Beach,CA,USA,3-5 March,2008:1-10.

[11] SUN L,SHI C,ZHOU H,et al. A full-scale experiment on vibration mitigation of stay cable [C]. IABSE Symposium Report. Zurich, Switzerland: International Association for Bridge and Structural Engineering,2004:31-36.

[12] SUN L,SHI C,ZHOU H,et al. Vibration mitigation of long stay cable using dampers and cross-ties[C]. In: Proceedings of the 6th international symposium on cable dynamics, Charleston,SC,USA,19-22 September, Liège, Belgium: Electrical Engineers Association of the Montefiore Institute(AIM),2005:443-450.

[13] 梁栋,孙利民,黄洪葳,等.大跨度斜拉桥拉索减振阻尼器的试验研究[J].土木工程学报,2009,42(8):91-97.

[14] 周海俊,孙利民,周亚刚.应用油阻尼器的斜拉索实索减振试验研究[J].公路交通科技,2008,25(6):55-59.

[15] 周海俊.斜拉索振动控制理论与试验研究[D].上海:同济大学,2009.

[16] 周亚刚.斜拉索-辅助索系统动力特性和减振研究[D].上海:同济大学,2007.

[17] LILIEN J L,DA COSTA A P,Vibration amplitudes caused by parametric excitation of cable stayed structures[J],Journal of Sound and Vibration,1994,174(1): 69-90.

[18] COSTA A P,MARTINS J A C,BRANCO F,et al,Oscillations of bridge stay cables induced by periodic motions of deck and/or towers[J]. Journal of Engineering Mechanics,1996,122(7): 613-622.

[19] ZHOU P,LIU M,KONG W,et al,Modeling and evaluation of magnetorheological dampers with fluid leakage for cable vibration control[J]. Journal of Bridge Engineering,2021,26(2):4020119.

[20] 邬家利,王修勇,黄佩.磁流变阻尼器力学性能降低原因分析[J].湖南科技大学学报(自然科学版),2020,35(2):51-55.

[21] GE C,CHEN A. Vibration characteristics identification of ultra-long cables of a cable-stayed bridge in normal operation based on half-year monitoring data[J]. Structure and Infrastructure Engineering,2019,15(12):1567-1582.

[22] PTI DC-45. Cable-Stayed Bridge Committer. DC45. 1-18: Recommendations for Stay Cable Design,Testing,and Installation[S]. Farmington Hills: Post-Tensioning Institute,2018.

[23] KUMARASENA S,JONES N P,IRWIN P,et al,Wind-induced Vibration of Stay Cables

[R]. Technical Report Technical Report FHWA-HRT-05-083, McLean, VA: Federal Highway Administration, 2005.

[24] CHEN L, DI F, XU Y, et al. Multimode cable vibration control using a viscous-shear damper: case studies on the Sutong bridge[J]. Structural Control and Health Monitoring, 2020, 27(6): 2536.

[25] CHEN L, SUN L, XU Y, et al. A comparative study of multimode cable vibration control using viscous and viscoelastic dampers through field tests on theSutong bridge[J]. Engineering Structures, 2020(224): 111226.

[26] DI F, SUN L, CHEN L. Suppression of vortex-induced high-mode vibrations of a cable-damper system by an additional damper[J]. Engineering Structures, 2021(242): 112495.

[27] 孙利民,狄方殿,陈林,等. 斜拉索-双阻尼器系统多模态减振理论与试验研究[J]. 同济大学学报(自然科学版),2021,49(7):975-985.

第 8 章
总结与展望

8.1　总　　结

近20年来,我国建成了大批大跨径斜拉桥,斜拉索的减振技术也越来越受到重视,在应用基础、设计理论方法、减振装置、减振系统维护等方面取得了明显的进步。我国大跨径斜拉桥的建设方兴未艾,跨径极限不断被突破,并向多塔、公铁两用、斜拉-悬索协助体系等方向发展,给斜拉索减振带来了新的挑战。此外,一些已建成的斜拉桥拉索的减振系统已经工作10年以上,面临着维修甚至更换升级需求。在此背景下,本书结合苏通长江公路大桥的工程实践,系统介绍了大跨径斜拉桥拉索减振理论及技术,并有针对性地提出了千米级斜拉桥超长拉索面临的特有振动问题,主要内容总结如下:

(1)回顾了斜拉索动力分析模型、典型振动类型、振动案例,以及近年来关于拉索振动机理的研究,着重关注了抑制各类振动的设计需求。

(2)有针对性地回顾了抑制斜拉索常遇振动的气动措施,以及各类措施的研究结论和进展。

(3)详细介绍了斜拉索阻尼器系统动力分析理论,特别是典型黏滞阻尼器和高阻尼橡胶阻尼器的斜拉索阻尼优化设计曲线,同时包括阻尼器内刚度、支撑柔度、索垂度和抗弯刚度的折减效应,并且介绍了多点位安装阻尼器系统的基本分析方法。

(4)介绍了斜拉索-辅助索-阻尼器系统的基本概念、类型以及理论和试验研究进展,为未来更大跨径缆索桥梁减振提供技术储备。

(5)阐述了斜拉索以及斜拉索减振系统减振效果的测试方法、仪器设备和测试方案,整理了斜拉索固有阻尼的长期测试数据,回顾了苏通长江公路大桥初始设计时实施的多类阻尼器的测试结果。

(6)详细介绍了苏通长江公路大桥斜拉索减振方案的初始设计和阻尼器更换升级工程,包括阻尼器测试、实桥阻尼测试和长期监测效果评价,以及阻尼器日常检查和维护的要点。

(7)详细介绍了苏通长江公路大桥斜拉索安装外置阻尼器后出现的涡振问题,以及采用内置橡胶阻尼器的处置方案。

8.2 展　　望

尽管大跨径斜拉桥拉索减振近年取得了较为丰富的理论和技术成果,并且应用于工程实际,但是仍然有不少相关技术值得进一步研究。以下列出作者认为需要关注的部分工作：

(1) 目前国内缺乏斜拉索减振设计标准,仅在桥梁抗风和桥梁阻尼器规范中有部分关于斜拉索减振目标和阻尼器设计方面的内容,亟须结合国内斜拉索减振实践和最新发展制定专门标准。

(2) 须对斜拉索振动引起的疲劳寿命影响进行定量分析,进而可以更加科学地确定拉索的减振控制目标。

(3) 斜拉索减振措施与整个桥梁的造型和设计息息相关,例如索-梁、塔-梁的锚固类型,因此需要将斜拉索减振设计与整个桥梁的设计同步进行。

(4) 随着更大跨径斜拉桥、斜拉-悬索体系桥梁的设计和建设,需要结合主梁、主塔、索的布设研发和创新减振体系,辅助索减振措施将成为必然选择,需要加紧深入研究。

(5) 新型斜拉索的减振阻尼器、气动措施还在不断涌现,须继续开展实桥测试验证和长期应用检验。

(6) 更加重视斜拉索减振措施的检查、维养和及时更换工作。

(7) 索导管口阻尼器的选型、设计和施工工艺与国外相比,存在较大差距,亟须后续加强斜拉桥的设计和维护。

(8) 斜拉索阻尼器受重车、温度、静风荷载影响较大,日工作行程可达数百米,连接件的耐久性直接影响其工作的可靠性和抑振效果,需要在设计中加以考虑。

附 录

附录 A 拉索上两点分布阻尼器系统动力分析

如附图 A-1 所示,拉索在两端固定,拉索长度记作 L,索力记作 H,单位长度拉索质量记作 m,拉索轴向刚度记作 EA。考虑拉索两个阻尼器的出力分别为 $f_{d1}(t)$ 和 $f_{d2}(t)$,阻尼力作用的位置分别为 $x = l_1$ 和为 $x = l_1 + l_2$。为了描述拉索面内振动,定义 x 轴沿着拉索弦的方向,初始点位于距离阻尼器较近的索锚固点,$y(x)$ 和 $v(x,t)$ 分别表示拉索的静力变形和动位移。

附图 A-1 所示的索被两个阻尼器分为 3 个索段,将索的锚固点和阻尼器连接点采用 j 进行编号。其中,$j = 0$ 为拉索靠近阻尼器的锚固点,$j = 3$ 为索的另外一个锚固点,$j = 1,2$ 对应两个阻尼器的连接点。位于 j 和 $j+1$ 节点之间的索段记作索段 $j(j = 1,2,3)$,并且定义局部坐标系 $(x_j, v_j)(j = 0,1,2)$,其中 x_j 为以索锚固点或者阻尼器连接点为坐标原点沿着索弦线的坐标轴,$v_j(x_j, t)$ 为对应索段的动位移。

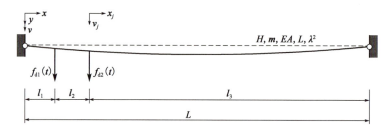

附图 A-1 小垂度拉索上两点分布安装阻尼器系统模型

与前文一致,对于小垂度的索,索的静力变形可以采用抛物线函数进行近似,即:

$$y(x) = 4d\left(1 - \frac{x}{L}\right)\frac{x}{L} \quad (\text{附 A-1})$$

式中,d 为索在跨中的垂度。上式未直接考虑索倾角的影响,倾角可以在定义索垂度参数 λ^2 [式(2-20)] 时加以考虑。每个索段的振动方程可以采用下述的偏微分方程表示:

$$H\frac{\partial^2 v_j}{\partial x_j^2} + h\frac{d^2 y}{dx^2} = m\frac{\partial^2 v_j}{\partial t^2} \quad (\text{附 A-2})$$

式(附 A-2)中,h 为索振动时索力的变化量,其仅为时间的函数。考虑一个长度为 ds 的线单元在受到轴向力伸长后的长度为 ds_1,根据几何关系有:

$$\frac{h}{EA}\frac{ds}{dx} = \frac{ds_1 - ds}{ds} \approx \frac{dx}{ds}\frac{du}{ds} + \frac{dy}{ds}\frac{dv}{ds} \quad (\text{附 A-3})$$

式(附 A-3)表示索上一个初始位置在(x,y)的点在索伸长后位于$(x+u,y+v)$。结合索在两端固定的边界条件,即$u(x,t)$和$v(x,t)$在索端部恒为0。式(附 A-3)乘以$(ds/dx)^2$后,在索长范围内进行积分,可以得到下式:

$$\frac{hL_e}{EA} = \frac{mg}{H}\int_0^L v(x,t)dx = \frac{mg}{H}\sum_{j=1}^{3}\int_0^{l_j} v_j(x_j,t)dx_j \quad \text{(附 A-4)}$$

式中,$L_e = \int_0^L (ds/dx)^3 dx \approx [1+8(d/L)^2]$,$L_e$表示索伸长后的长度,一般略大于索长$L$。考虑索的自由振动,方程(附 A-2)的解具有如下的一般形式:

$$\begin{cases} v_j(x_j,t) = \tilde{v}_j(x_j)\exp(i\omega t) \\ h(t) = \tilde{h}\exp(i\omega t) \end{cases} \quad \text{(附 A-5)}$$

式中,$(\tilde{\ })$表示相应时间变量的复幅值。将通解表达式(附 A-5)代入方程(附 A-2)可以得到:

$$\frac{d^2\tilde{v}_j}{dx_j^2} + \beta^2 \tilde{v}_j = \frac{8d}{L^2}\frac{\tilde{h}}{H} \quad \text{(附 A-6)}$$

式中,$\beta = \omega\sqrt{m/H}$为索振动的波数。同样,方程(附 A-4)可以写成如下的形式:

$$\frac{\tilde{h}L_e}{EA} = \frac{mg}{H}\sum_{j=1}^{3}\int_0^{l_j} \tilde{v}_j(x_j)dx_j \quad \text{(附 A-7)}$$

将索段j在其端部的振动位移分别记作$\nu_{j-1}(t)$和$\nu_j(t)$。同样,在索的自由振动中它们可以写成时间和空间变量分离的形式,即:

$$\nu_{j-1}(t) = \tilde{\nu}_{j-1}\exp(i\omega t)$$

$$\nu_j(t) = \tilde{\nu}_j\exp(i\omega t)$$

然后,可以得到索动位移$\tilde{v}_j(x_j)$的解的表达式如下:

$$\tilde{v}_j(x_j) = \tilde{\nu}_{j-1}[\cos(\beta x_j) - \cot(\beta l_j)\sin(\beta x_j)] + \tilde{\nu}_j\frac{\sin(\beta x_j)}{\sin(\beta l_j)} + \frac{8d}{(\beta L)^2}\frac{\tilde{h}}{H}$$

$$[1 - \cos(\beta x_j) - \tan\frac{\beta l_j}{2}\sin(\beta x_j)] \quad \text{(附 A-8)}$$

将式(附 A-8)代入方程(附 A-7)后,方程左右两边乘以βL^3得到下式:

$$\frac{8d\tilde{h}}{H}\left[\beta L - \frac{(\beta L)^3}{\lambda^2}\right] + \sum_{j=1}^{3}\left\{(\beta L)^2\tan\frac{\beta l_j}{2}\left[\tilde{\nu}_{j-1} + \tilde{\nu}_j - \frac{16d}{(\beta L)^2}\frac{\tilde{h}}{H}\right]\right\} = 0 \quad \text{(附 A-9)}$$

根据索在阻尼器安装位置的力平衡关系,可以得到下式:

$$\left.\frac{\mathrm{d}\tilde{v}_{j+1}}{\mathrm{d}x_{j+1}}\right|_{x_{j+1}=0} - \left.\frac{\mathrm{d}\tilde{v}_j}{\mathrm{d}x_j}\right|_{x_j=l_j} = \frac{\tilde{f}_{\mathrm{d}j}}{H} \quad (j=1,2) \tag{附 A-10}$$

式中,$\tilde{f}_{\mathrm{d}j}(j=1,2)$表示阻尼力的复数幅值,即$f_{\mathrm{d}j}(t)=\tilde{f}_{\mathrm{d}j}\exp(\mathrm{i}\omega t)$。将式(附 A-8)代入式(附 A-10),得到:

$$\frac{\tilde{v}_{j-1}\beta}{\sin(\beta l_j)} - \tilde{v}_j\beta[\cot(\beta l_j)+\cot(\beta l_{j+1})] + \frac{\tilde{v}_{j+1}\beta}{\sin(\beta l_{j+1})} =$$
$$-\frac{8d}{(\beta L)^2}\frac{\tilde{h}}{H}\left(\tan\frac{\beta l_j}{2}+\tan\frac{\beta l_{j+1}}{2}\right) \frac{\tilde{f}_{\mathrm{d}j}}{H} \quad (j=1,2) \tag{附 A-11}$$

最终,将方程(附 A-9)和方程(附 A-11)整合为如下矩阵形式:

$$\boldsymbol{S\Phi} = \boldsymbol{0} \tag{附 A-12}$$

式中,$\boldsymbol{\Phi}=\begin{bmatrix}\tilde{v}_1 & \tilde{v}_2 & 8d\tilde{h}H^{-1}\end{bmatrix}^{\mathrm{T}}$;

$$\boldsymbol{S} = \begin{bmatrix} (\beta L)^2 \sum_{j=1}^{2}\tan\frac{\beta l_j}{2} & (\beta L)^2 \sum_{j=2}^{3}\tan\frac{\beta l_j}{2} & 2\left\{\frac{BL}{2} - \frac{4}{\lambda^2}\left(\left(\frac{BL}{2}\right)\frac{BL}{2}\right)^3 - \sum_{j=1}^{3}\tan\frac{\beta l_j}{2}\right\} \\ -\sum_{j=1}^{2}\cot(\beta l_j) - \frac{\tilde{f}_{\mathrm{d}1}/H}{\beta\tilde{v}_1} & 1/\sin(\beta l_2) & -\left(\tan\frac{\beta l_1}{2}+\tan\frac{\beta l_2}{2}\right)(\beta L)^{-2} \\ 1/\sin(\beta l_2) & -\sum_{j=2}^{3}\cot(\beta l_j) - \frac{\tilde{f}_{\mathrm{d}2}/H}{\beta\tilde{v}_2} & -\left(\tan\frac{\beta l_2}{2}+\tan\frac{\beta l_3}{2}\right)(\beta L)^{-2} \end{bmatrix} 。$$

方程(附 A-12)具有非零解要求方程的系数矩阵行列式为零,即$\boldsymbol{S}=\boldsymbol{0}$。那么,单索在同端安装两个阻尼器的系统的频率方程可以化简为下式:

$$\Theta + 2\Xi_1\chi_1 + 2\Xi_2\chi_2 + 4\Lambda\chi_1\chi_2 = 0 \tag{附 A-13}$$

其中,$\chi_1=\dfrac{f_{\mathrm{d}1}/H}{\beta\tilde{v}_1}$; $\chi_2=\dfrac{f_{\mathrm{d}2}/H}{\beta\tilde{v}_2}$; $\Theta=\sin\dfrac{\beta L}{2}\sin\dfrac{\beta L}{2}-\Omega\cos\dfrac{\beta L}{2}$; $\Xi_1=\sin\dfrac{\beta(L-l_1)}{2}\sin\dfrac{\beta l_1}{2}$

$\left[\sin\dfrac{\beta L}{2}-\Omega\cos\dfrac{\beta l_1}{2}\cos\dfrac{\beta(L-l_1)}{2}\right]$; $\Xi_2=\sin\dfrac{\beta(L-l_3)}{2}\sin\dfrac{\beta l_3}{2}\left[\sin\dfrac{\beta L}{2}-\Omega\cos\dfrac{\beta l_3}{2}\cos\dfrac{\beta(L-l_3)}{2}\right]$;

$\Lambda=\prod_{j=1}^{3}\sin\dfrac{\beta l_j}{2}\left[\sin\dfrac{\beta L}{2}+\prod_{j=1}^{3}\sin(\beta l_j)-\Omega\prod_{j=1}^{3}\cos\dfrac{\beta l_j}{2}\right]$; $\Omega=\left[\dfrac{\beta L}{2}-\dfrac{4}{\lambda^2}\left(\dfrac{\beta L}{2}\right)^3\right]$。

如果忽略索垂度的影响,即采用索的张紧弦模型,上述频率方程可以简化为下式:

$$\sin(\beta L)+\chi_1\sin[\beta(L-l_1)]\sin(\beta l_1)+\chi_2\sin[\beta(L-l_3)]\sin(\beta l_3)+$$
$$\chi_1\chi_2\prod_{j=1}^{3}\sin\beta l_j=0 \tag{附 A-14}$$

对于近似反对称模态($n=2,4,\cdots$),频率方程可以写成如下形式:

$$\tan\frac{\beta L}{2} = \frac{N_1}{N_2} \qquad (\text{附 A-15})$$

式中：$N_1 = 2\chi_1 \sin^2\frac{\beta l_1}{2}\left[\sin\frac{\beta L}{2} - \Omega\cos\frac{\beta l_1}{2}\cos\frac{\beta(L-l_1)}{2}\right] +$

$2\chi_2 \sin^2\frac{\beta l_3}{2}\left[\sin\frac{\beta L}{2} - \Omega\cos\frac{\beta l_3}{2}\cos\frac{\beta(L-l_3)}{2}\right] + 4\chi_1\chi_2 \sin\frac{\beta l_1}{2}\sin\frac{\beta l_3}{2}\sin\frac{\beta(l_1+l_3)}{2}$

$\left[\sin\frac{\beta L}{2} + \prod_{i=1}^{3}\sin(\beta l_j) - \Omega\prod_{i=1}^{3}\cos\frac{\beta l_j}{2}\right]$；

$N_2 = \sin\frac{\beta L}{2} - \Omega\cos\frac{\beta L}{2} + \chi_1\sin(\beta l_1)\left[\sin\frac{\beta L}{2} - \Omega\cos\frac{\beta l_1}{2}\cos\frac{\beta(L-l_1)}{2}\right] +$

$\chi_2\sin(\beta l_3)\left[\sin\frac{\beta L}{2} - \Omega\cos\frac{\beta l_3}{2}\cos\frac{\beta(L-l_3)}{2}\right] + 4\chi_1\chi_2 \sin\frac{\beta l_1}{2}\sin\frac{\beta l_3}{2}\cos$

$\frac{\beta(l_1+l_3)}{2}\left[\sin\frac{\beta L}{2} + \prod_{j=1}^{3}\sin(\beta l_j) - \Omega\prod_{j=1}^{3}\cos\frac{\beta l_j}{2}\right]$。

类似地，可以得到近似对称模态（$n = 1,3,\cdots$）的频率迭代表达式：

$$\tan\frac{\beta L}{2} = \Omega + \Omega\frac{-2\sin\frac{\beta l_1}{2}\sin\frac{\beta(L-l_1)}{2}}{N_3} \qquad (\text{附 A-16})$$

式中：$N_3 = \sin\frac{\beta L}{2} + 2\chi_1\sin\frac{\beta l_1}{2}\sin\frac{\beta(L-l_1)}{2} + 2\chi_2\sin\frac{\beta l_3}{2}\sin\frac{\beta(L-l_3)}{2} + 4\chi_1\chi_2\prod_{j=1}^{3}\sin\frac{\beta l_j}{2}\sin^{-1}$

$\frac{\beta L}{2}\left[\sin\frac{\beta L}{2} + \prod_{j=1}^{3}\sin(\beta l_j) - \Omega\prod_{j=1}^{3}\cos\frac{\beta l_j}{2}\right]$。

本书中第 4.3.5 节中的公式均基于式（附 A-15）和式（附 A-16）推导化简得到，具体参见第 4 章文献[37]。除了近似公式方法之外，还可以采用合适的数值方法直接求解方程（附 A-14），得到系统频率与阻尼。

附录 B 索振动检测与阻尼器养护记录表

拉索振动记录表   附表 B-1

日期时间	＿＿年＿＿月＿＿日 ＿＿时＿＿分＿＿秒	记录人	
索号			
风速情况描述		降雨情况描述	
振动方向	面内(竖向) □　　面外(水平) □　　面内外 □		
振动频率	<3Hz □　　3～10Hz □　　>10Hz □		
外置阻尼器处振动情况	(面内)锁定 □　　(面内)有变形 □　　其他＿＿＿＿ (面外)锁定 □　　(面外)有变形 □		
导管口拉索振动情况	(面内)锁定 □　　(面内)有变形 □　　其他＿＿＿＿ (面外)锁定 □　　(面外)有变形 □		
阻尼器支架	面外无变形 □　　面外明显变形 □　　其他＿＿＿＿		
黏性剪切阻尼器	防尘罩面外偏转 □　　黏性介质溅出 □ 异响 □　　其他＿＿＿＿		
黏滞流体阻尼器	索夹扭转 □　　异响 □　　其他＿＿＿＿		
其他描述			
视频、图片附件名称			

斜拉索外置阻尼器检查记录表(黏滞阻尼器)　　　　　附表 B-2

日期时间		索号		表格编号	
实施单位				记录人	
检查内容				描述	
外观状态及构造完整性	阻尼器、支架外观状态(是否存在锈蚀、防护脱落、黏滞流体泄漏?若存在,具体描述程度和位置)				
	组件损坏与缺失(是否存在铰连接销轴、支架焊缝、索夹螺栓等组件的缺失、破损和开裂?如存在,具体描述位置和程度)				
工作状态	阻尼器(活塞与缸体之间是否存在卡死,阻尼器变形是否存在异响,活塞与缸体是否在一条线上,是否有刮擦缸体痕迹,两个阻尼器间的角度是否发生变化?如存在,具体描述程度)				
	连接部件(是否存在索夹转动、沿索弦线滑动痕迹,活塞杆及缸体触碰连接铰耳板、连接铰卡死、连接铰部分出现异响与间隙?)				
	支架(索振动中支架是否出现明显变形或振动?)				
专项检测	单体性能试验(简要描述单体性能试验方法和结果,另附详细报告;检测连接间隙及变形情况,可与单体测试同时进行)				
	斜拉索阻尼测试(简要描述索阻尼测试方法和结果,另附详细报告)				
专项监测	索与阻尼器专项监测(简要描述监测项目、结果及结论)				
长期监测(若斜拉桥监测系统覆盖索振动监测、风雨等环境变量监测,定期分析历史数据、简述分析结论,附监测报告)					

斜拉索外置阻尼器检查记录表（黏性剪切阻尼器） 附表 B-3

日期时间		索号		表格编号	
实施单位				记录人	

检查内容		描述
外观状态及构造完整性	阻尼器、支架外观状态（是否存在阻尼器箱体外壳及支架锈蚀、黏性介质流出？若存在，具体描述程度和位置）	
	组件损坏与缺失（是否存在防尘罩、防溅漏橡胶圈、限位器、支座螺栓、索夹螺栓等组件的缺失、破损和开裂？如存在，具体描述位置和程度）	
工作状态	阻尼器（是否插板与箱体顶死、刮擦、阻尼器变形存在异响，插板与箱体是否在一条线上且对中？如存在，具体描述程度）	
	连接部件（是否存在索夹转动、沿索弦线滑动痕迹，阻尼器支座和索夹上螺栓松动？如存在，具体描述）	
	支架（索振动中支架是否出现明显变形或振动？如存在，具体描述振动幅值和方向）	
专项检测	单体性能试验（简要描述单体性能试验方法和结果，另附详细报告）	
	斜拉索阻尼测试（简要描述索阻尼测试方法和结果，另附详细报告）	
专项监测	索与阻尼器专项监测（简要描述监测项目、结果及结论）	
长期监测（若斜拉桥监测系统覆盖索振动监测、风雨等环境变量监测，定期分析历史数据、简述分析结论，附监测报告）		

斜拉索内置阻尼器检查记录表(高阻尼橡胶阻尼器)　　附表 B-4

管理单位				表格编号	
路线编码		路线名称		桥梁中心桩号	
桥梁编码		桥梁名称		实施单位	
检查内容		病害描述		备注	
外观状况	老化变质				
	开裂				
构造完整性	组件缺失				
安装位置	位置错动				
	位置滑落				
工作状态	抑振效果(目视)				
专项检测	橡胶硬度测试				
	阻尼效果				
专项监测	斜拉索振动监测				

附录 C　主要术语释义

术语	释义
斜拉-悬索体系桥梁	结合了斜拉桥和悬索桥特性的协作体系桥梁,能在一定程度上兼顾斜拉桥和悬索桥的优势
密索体系	拉索间距小,主梁以受压为主的一种斜拉桥拉索布置体系
导向器	在拉索锚固端端口安装的装置,使拉索在导管口居中位置
分隔架	悬索桥双吊索之间的连接装置,能够有效抑制吊索尾流驰振
索导管	索两端靠近锚固端安装在索外侧的钢护管
健康监测系统	采用不同类型传感器对桥梁结构安全状态进行监控与评估,为桥梁的维护维修和管理决策提供依据与指导
半主动控制	介于被动控制和主动控制中间的一种控制手段,依赖外部激励信息通过少量能量改变结构特性,达到减振效果
气动措施	通过控制结构外形更改气动力,进而实现减振的措施
外置阻尼器	需要增设支架安装的连接斜拉索与主梁或者斜拉索与桥塔的阻尼器
内置阻尼器	安装在拉索梁端和塔端预埋导管出口处的阻尼装置,常见为内置式高阻尼橡胶阻尼器
索网结构	通过辅助索将相邻斜拉索连接形成的多索-辅助索系统
黏滞阻尼器	以黏滞液体为阻尼介质的被动速度相关型阻尼器
高阻尼橡胶阻尼器	利用高阻尼橡胶制作成的阻尼器,主要有剪切型和挤压式两种
电涡流阻尼器	依靠电磁感应产生阻尼的一种阻尼器,无须介质流体,具有结构简单、可靠性高、耐久性好、阻尼系数易调节等优点
减振锤	在输电线和拉索减振中应用的一类阻尼器,主要包含锤头、连接锤头和夹持点的钢绞线,类似于调谐质量阻尼器
磁流变阻尼器	内部充满磁流变液,磁流变液具有随外加磁场变化的可逆流变特性,可以通过改变输入电压实现对阻尼力的调节
黏性剪切阻尼器	通过剪切黏性材料消耗能量的一种阻尼器,主要包含盛放黏性材料的箱体、黏性材料、剪切插板和连接部件
摩擦阻尼器	通过摩擦耗能的阻尼器
形状记忆合金阻尼器	采用形状记忆合金制成的阻尼器
负刚度阻尼器	通过主动、半主动控制或机械措施产生刚度削弱效果,与阻尼器组合增强阻尼器的减振效果
惯容阻尼器	在原有阻尼器上附加惯性装置,能够产生与两端加速度成正比的惯性力,提升原有阻尼器的阻尼效果

续上表

术语	释义
钢丝绳减振器	以钢丝绳变形来耗能的减振装置
辅助索	连接相邻斜拉索或者吊索的构件或者减振装置
螺旋线	贴附于拉索表面并沿着拉索长度方向螺旋缠绕的线,能够减抑制风雨激振等振动
表面凹坑	在拉索表面压制特定形状和大小的凹坑,会对水流的形状产生影响,破坏水线的形成,抑制风雨激振
纵向肋条	拉索表面沿轴向布置纵向凸起条或压制的纵向凹槽,以抑制拉索风雨激振和轴向流激振
椭圆环	在斜拉索上间隔一段距离布置的一个环,环的平面平行于来流方向,减弱轴向涡脱,从而减小局部激励
发散振动	结构在振动中不断从外界吸收能量使振动越来越大,直至损坏
风雨激振	在风和降雨共同作用下,带水线斜拉索发生的振动
涡激振动	气流绕经结构时产生旋涡脱落,当旋脱落频率与结构的自振频率接近或相等时,由涡激力所激发出的结构振动现象
驰振	振动的拉索等结构从气流中不断吸收能量,振幅逐步增大的发散性自激振动
抖振	在风的脉动力、上游构造物尾流的脉动力或风扰流结构的紊流脉动力的作用下,结构或构件发生的一种随机振动现象
参数共振	桥面或桥塔在斜拉索弦长方向的小幅振动引起的一种斜拉索横向振动放大现象
线性内部共振	桥面或桥塔在垂直于斜拉索弦长方向的小幅振动引起的一种斜拉索横向振动放大现象
尾流驰振	一定距离内的并列结构或构件在上游结构或构件的尾流诱发下,下游结构或构件产生的一种驰振现象
干索驰振	拉索在干燥环境(没有雨线或冰层附着)下发生的驰振
覆冰驰振	在气温降低状态下,拉索表面形成的覆冰层导致拉索重心与轴线发生偏移,使得拉索在风荷载作用下更容易发生扭转,产生气动负阻尼并发生驰振
雷诺数	描述可压缩流体流过物体(如绕着拉索的风)的关键参数
斯特劳哈尔数	和涡激振有关的量纲一参数,在较大的风速范围内保持常数
斯柯顿数	与索等结构单位长度质量、阻尼、直径和空气密度相关的一个气动参数
气动力系数	表征在风作用下结构构件所受气动力大小的量纲一参数,一般需要通过风洞试验确定
风攻角	风的主流方向与水平面之间的夹角
卡门涡街	在流体中的阻流体,在特定条件下会出现不稳定的边界层分离,阻流体下游的两侧会产生两道非对称排列的旋涡
驻点	拉索在特定模态下振动时位移始终为0的点,阻尼器安装在该位置处对该阶振动没有控制效果
紊流强度	描述脉动风速随时间和空间变化程度的参数,为风速的脉动分量的标准差与平均风速之比
轴向流	由于风的水平来流和斜拉索之间存在一个夹角,因此可以将风的作用分解成沿索横截面方向分量和索轴向分量的轴向来流
基频	结构自由振动时的最低振动频率
阻尼	在振动中,由于外界作用和/或系统本身固有的原因引起的振动幅度逐渐下降的特性
固有频率	拉索等结构构件在自由振动一段时间内发生的振荡周期数

续上表

术语	释义
固有阻尼	结构构件本身固有的阻尼
附加阻尼	结构在阻尼器等外部措施影响下增加的阻尼
面内振动	拉索在索面内竖向振动,拉索主要的振动方式
面外振动	拉索水平方向且垂直于拉索所在竖向平面的振动
对数衰减率	在自由振动衰减曲线中,任意两个相邻振幅之比的自然对数
阻尼比	阻尼系数与临界阻尼系数之比,表达结构体标准化的阻尼大小
等效阻尼比	气动措施本身不产生阻尼效果,但可通过其减振效果反推等效阻尼比,作为气动措施效果的评价指标
最大模态阻尼比	采取减振措施后,斜拉索的模态阻尼比随着减振措施的参数改变而变化,存在一组参数,使得索特定模态获得最大阻尼比
阻尼系数	黏滞流体阻尼器在以单位速度变形时产生的阻尼力值
最优阻尼系数	斜拉索获得最大阻尼比时对应的阻尼系数
非线性黏滞阻尼器	黏滞阻尼器的阻尼力与运动速度之间的指数关系不为1(线性)
等效线性阻尼器	将非线性黏滞阻尼器或其他阻尼器按一个周期内消耗能量相等或其他原则等效获得的线性黏滞阻尼器
垂度	拉索在静力平衡状态下由于自重引起的索跨中的竖向变形
量纲一参数	对参数进行量纲归一化后获得的参数,能更好地表示参数的一般性质
计算流体力学	一种使用数值方法在计算机中对流体力学的控制方程进行求解,从而可预测流场流动的方法
复模态分析	对于一般黏性阻尼的线性振动系统,将其振动表达为复振型与周期性时间函数乘积的形式,消除时间变量,进而求解系统频率振型的一种分析方法
张紧弦模型	将斜拉索考虑为一根柔软的绳索,忽略其抗弯刚度和垂度的影响
受拉梁模型	将斜拉索考虑为欧拉梁,即考虑拉索的抗弯刚度,但是不考虑其垂度效应
风洞试验	在风洞中,研究气体流动及其与结构和构件的相互作用,以获取风环境参数、结构气动力、验证抗风性能的试验
节段模型试验	将结构或构件的代表性节段加工成或模拟成刚性模型,所进行的获取结构风致响应、检验抗风性能的试验
缩尺模型试验	将结构按一定缩尺比缩小后进行开展风洞试验
单体性能试验	评价阻尼器单体的性能以及获取阻尼器关键参数的试验
自由衰减测试	在脉冲或初始位移激励引发结构自由衰减振动的条件下,通过测试幅值的变化,计算结构的对数衰减率及阻尼比
直接数值模拟	通过计算流体力学方程进行数值求解湍流模型
大涡模拟	针对紊流脉动的一种空间平均模拟方法
信噪比	系统中信号与噪声的比值,信噪比越大说明干扰越小
模态叠加	对线性结构响应分析时,通过叠加一定数量的结构模态近似准确的表示位移

附录 D 主要物理量

第 2 章 斜拉索振动

y——拉索竖向静力变形；

T——拉索索力；

s——索弧长坐标；

g——重力加速度；

m——拉索单位长度质量；

x——以索端为原点沿着索弦线的坐标系；

H——索力沿着水平方向的分量；

L——索端连线(弦线)长度或索模型长度；

$v(x,t)$——索横向振动位移；

$V(x,t)$——索截面上的剪力；

t——时间；

$f_{\text{ext}}(x,t)$——分布外荷载；

n——拉索振动模态阶数；

ω_n——拉索的第 n 阶圆频率；

f_n——拉索的第 n 阶振动频率；

$\tilde{v}(x)$——拉索的第 n 阶振型，表示沿着索长分布的振幅；

C——常数；

$h(t)$——振动引起的索力增量的水平分量；

E——索材料的弹性模量；

A——索钢丝的截面面积；

L_e——索变形后的弧线长度；

λ^2——索的垂度参数，也称 Irvine 参数；

$\bar{\omega}_n$——量纲归一化索第 n 阶圆频率；

I——索截面的惯性矩；

EI——拉索抗弯刚度；

Re——雷诺数；

ρ——流体密度，即空气密度；

U——风速；

D——索直径；

μ——气体黏度；

ν——运动黏度；

N_s——涡流激励频率；

S_t——斯特劳哈尔数；

ζ——模态阻尼比；

S_c——斯柯顿数；

C_D——阻力系数；

C_L——升力系数；

C_P——风压系数；

F_D——顺风向风对拉索节段作用力；

F_L——横风向风对拉索节段作用力；

P——拉索表面压强；

P_{st}——大气压强；

U_{crit}——索风振临界风速；

T_n——索第 n 阶振动周期；

c——计算临界风速中常数；

σ_s——拉索的恒载应力；

γ_{eq}——拉索的换算重度；

f_1——拉索的基频；

v_{max}——涡激共振振幅；

σ_{C_L}——升力系数标准差；

B——物体的特征高度；

α——风攻角；

F_Y——阻力和升力在 Y 方向上的合力；

C_{F_Y}——Y 方向作用力的系数；

U_r——气流对运动着的物体的相对速度；

$\dot{Y}$——物体在横风向的振动速度；

ω_1——物体振动一阶圆频率；

M——背风柱体单位长度质量；

C_x、C_y——x 和 y 方向的阻尼常数；

K_{rs}——约束背风柱体运动的直接弹簧系数和交叉弹簧系数；

F_x、F_y——x 和 y 方向的力分量；

U_w——尾流平均速度；

ΔT_{max}——索力周期性变化的幅值；

f_b——索端激励的频率；

T_0——索力初值；

θ_s——上水线平衡角；

C_m——力矩系数。

第 3 章　斜拉索气动措施减振

M——拉索节段质量；

y——拉索振动位移；

ζ——拉索固有阻尼比；

$\zeta_{F_y}^{qd}$——设有气动措施拉索的气动阻尼比；

C_L^{qd}——采取气动措施的索的升力系数；

C_D^{qd}——设有气动措施的索的阻力系数；

ζ_s——拉索固有阻尼与气动阻尼之和；

ζ_{dx}——气动措施的等效阻尼比。

第 4 章　斜拉索阻尼器减振

$F_d(t)$——阻尼力；

c_d——阻尼系数或者黏滞系数；

$u(t)$——阻尼器的变形,即其两端的相对位移量和索在阻尼器位置的横向振动位移；

$\dot{u}(t)$——阻尼器的变形速率；

α——黏滞阻尼器的非线性系数；

c_{eq}——等效阻尼系数；

k_d——阻尼器刚度系数；

t_c——温度；

d_e——黏性剪切阻尼器黏性体厚度；

S——黏性剪切阻尼器黏性体剪切面积；

A——变形幅值；

i——虚数单位；

φ——损耗因子；

F_k——滑动摩擦力；

$\mathrm{sgn}(\ )$——符号函数；

W_v——黏滞阻尼器在一个周期内的耗散能量；

W_f——摩擦阻尼器在一个周期内的耗散能量；

$\tilde{v}_d$——阻尼器位置斜拉索的振幅；

c——MR 阻尼器在低速状态下的阻尼系数；

k——MR 阻尼器刚度系数；

u_1——MR 阻尼器黏滞单元 c_1 两端的相对位移；

c_0——MR 阻尼器在高速状态下的阻尼系数；

k_0——MR 阻尼器在高速状态下的刚度系数；

z——MR 阻尼器模型中的进化变量；

u_{sd}——减振锤锤头的位移；

k_{sd}——减振锤的刚度；

c_{sd}——减振锤的阻尼；

m_{sd}——减振锤锤头的质量；

ω_{sd}——减振锤的特征频率。

$u(t)$——拉索在阻尼器位置的横向振动位移；

a——阻尼器安装位置距离拉索近端长度；

a'——阻尼器安装位置距离拉索远端长度；

$\delta(\ )$——狄拉克函数；

x——以近端为原点拉索横坐标；

x'——以远端为原点拉索横坐标；

β——拉索的复波数；

η——量纲一阻尼系数；

$\mathrm{Im}(\ )$——复数的虚部；

$\mathrm{Re}(\ )$——复数的实部；

$\zeta_{n,\max}$——拉索第 n 阶最大模态阻尼比；

$c^{\mathrm{optd},n}$——拉索第 n 阶最优黏滞阻尼系数；

$\bar{k}_d$、$\tilde{k}_d$——量纲一阻尼器刚度系数；

$\tilde{k}_d^{opt}$——用于索减振时高阻尼橡胶阻尼器量纲一刚度系数的最优值；

$u_s(t)$——支架的变形量；

k_s——支架刚度系数；

μ——量纲一的黏弹性阻尼器刚度系数；

ξ——量纲一的阻尼器支架刚度系数；

r_{sn}——拉索垂度对阻尼系数的修正系数；

r_s——支架柔度对最优阻尼系数的修正系数；

R_f——拉索抗弯刚度对模态阻尼比折减系数；

R_{sn}——拉索垂度对模态阻尼比折减系数；

R_s——支架柔度对模态阻尼比折减系数；

r_f——拉索抗弯刚度对阻尼系数的修正系数；

q、r——拉索抗弯刚度相关参数；

ε——量纲一的抗弯刚度；

β_n^0——无附加阻尼器时第 n 阶垂索波数；

L_e——考虑垂度后有效索长；

d——拉索跨中垂度；

θ——拉索两锚固端之间连线与水平面的夹角；

l_1、l_2、l_3——拉索上两处安装阻尼器后三段索的长度；

a_1、a_2——索上两处阻尼器中阻尼器 1 与阻尼器 2 分别与其临近锚固点间的距离；

$\bar{l}_1$、$\bar{l}_2$、$\bar{l}_3$——拉索上两处安装阻尼器后三段索的量纲一长度；

$\bar{a}_1$、$\bar{a}_2$——索上两处阻尼器中阻尼器 1 与阻尼器 2 分别与其临近锚固点间量纲一距离；

$\bar{\omega}_n$——第 n 阶拉索量纲一频率；

c_1、c_2——索上两处阻尼器中阻尼器 1 和阻尼器 2 的黏滞阻尼系数；

$\bar{c}_1$、$\tilde{c}_1$、$\bar{c}_2$、$\tilde{c}_2$——索上两处阻尼器中阻尼器 1 和阻尼器 2 的量纲一黏滞阻尼系数；

$R_{sn}^{(1)}$、$R_{sn}^{(2)}$——垂度对拉索阻尼比影响系数；

ρ_a——两处阻尼器各自与其临近索锚固点间距之比；

k_1、k_2——索上两处阻尼器中阻尼器 1 和阻尼器 2 的刚度系数；

$\bar{k}_1$、$\tilde{k}_1$、$\bar{k}_2$、$\tilde{k}_2$——索上两处阻尼器中阻尼器 1 和阻尼器 2 的量纲一刚度系数；

μ_{sd}——减振锤质量比。

第5章　斜拉索辅助索减振

$k_{j,i}$——辅助索对应各节段的刚度；

c_j——安装在拉索 j 上阻尼器的阻尼器阻尼系数；

G_{1j}——MOGA 优化目标；

ζ_{obj}——模态阻尼比优化目标；

ζ_{min}——最小模态阻尼比；

$\chi_1 、 \chi_2 、 \chi_3$——三根辅助索的安装位置参数；

χ_4——辅助索的刚度参数；

χ_5——阻尼器的安装位置参数；

$\chi_6, \cdots, \chi_{13}$——8 个阻尼器的黏滞阻尼系数。

第6章　斜拉索减振效果测试

$u(t)$——阻尼器加载位移信号；

$\dot{u}(t)$——对应阻尼器变位的速度；

k_d——估计的阻尼器刚度系数；

c_d——估计的阻尼器阻尼系数。

A_0——幅值系数；

$\tilde{\zeta}$——试验估算的模态阻尼比；

$\tilde{\omega}$——试验频谱中读取的频率值；

$\tilde{\delta}$——试验估算的对数衰减率；

N——拉索振动衰减信号两个峰值点间隔的周期数目；

A_j——拉索振动衰减信号第 j 个峰值点的振幅。

第7章　苏通长江公路大桥斜拉索减振系统设计与升级

A_{max}——拉索各阶振动允许的最大振幅。